简牍学与丝路文明研究丛书

第二辑

主编◎田澍 刘再聪

商人与近代甘宁青社会变迁研究

李晓英◎著

中国社会科学出版社

图书在版编目（CIP）数据

商人与近代甘宁青社会变迁研究/李晓英著. —北京：中国社会科学出版社，2024.6

（简牍学与丝路文明研究丛书. 第二辑）

ISBN 978-7-5227-3201-5

Ⅰ.①商… Ⅱ.①李… Ⅲ.①商业史—作用—社会变迁—研究—西北地区 Ⅳ.①K294

中国国家版本馆 CIP 数据核字（2024）第 049357 号

出 版 人	赵剑英
责任编辑	李凯凯
责任校对	胡新芳
责任印制	王 超

出　　版	中国社会科学出版社
社　　址	北京鼓楼西大街甲 158 号
邮　　编	100720
网　　址	http://www.csspw.cn
发 行 部	010-84083685
门 市 部	010-84029450
经　　销	新华书店及其他书店

印刷装订	三河市华骏印务包装有限公司
版　　次	2024 年 6 月第 1 版
印　　次	2024 年 6 月第 1 次印刷

开　　本	710×1000　1/16
印　　张	16.25
字　　数	258 千字
定　　价	86.00 元

凡购买中国社会科学出版社图书，如有质量问题请与本社营销中心联系调换
电话：010-84083683
版权所有　侵权必究

《简牍学与丝路文明研究丛书》
总序

简牍是中国历史上最早的实用性书写材料,其书写制度在中国书籍发展史上产生了深远的影响。中国大规模使用简牍的时代一直延续至晋代,西北地区甚至还发现了唐代的木牍。可以说,竹木简牍是中国历史上最重要的文字载体之一,承载着华夏文明蕴含的无尽智慧。

西北简牍所承载的历史文化信息是丝绸之路文化、长城文化、敦煌文化的重要组成部分。20世纪70年代以前发现的简牍,几乎全部出自西北,尤以甘肃为多。因此之故,前后出土了近7万枚秦汉晋简牍的甘肃,在学界享有"简牍之乡"的美誉。西北简牍是了解汉晋王朝开发河西、经略西北的最直接资料,展现了张骞"凿空"之后丝绸之路辉煌发展的历史,展现了中原与中亚、西亚等地民族之间友好交流、交往、交融的历史,展现了中国与丝绸之路沿线各国共同推进世界文明进程的历史。简牍文献资料、简牍考古资料的整理与研究,有助于阐发中华文明厚重的历史底蕴和丰富的文化内涵。

简牍学随着对丝绸之路的考察和研究的兴起而肇始。1914年,罗振玉、王国维依据西方探险家在敦煌等地发现的简牍材料,整理出版了《流沙坠简》,被视为简牍学的开山之作。1925年,王国维在《最近二三十年中中国新发见之学问》中提出近代学术资料的五项重大发现,其中一项就是"敦煌塞上及西域各地之汉晋木简"。可以说,中国简牍学的诞生直接得益于甘肃简牍的发现,而对甘肃简牍不断深入研究一直是国际简牍学发展的重要推动力。

西北师范大学是国内外最早开展简牍学研究的高等院校之一,具有悠久的学术传统,弦歌不辍。1939年,考古学家黄文弼受聘为国立西北联合大学史地系教授，从教之余，着手整理新疆考察报告，完成了《罗布淖尔考古记》，其中第四篇就是《木简考释》。武威汉简出土之后，甘肃师范大学教授何士骥（乐夫）随即展开初步研究，并于1962年协助陈梦家先生完成《武威汉简》一书。改革开放以来，西北师范大学一直高度重视简牍学发展，在全国高校中率先创办简牍学研究所（1995年），同年开始编辑出版学术辑刊《简牍学研究》；最早开展简牍学方向硕士研究生（1995年）和博士研究生培养（2005年），编写出版国内第一部面向本科生的教材《简牍学教程》（2011年）。40多年来所取得的进步，学界有目共睹。

2021年底，甘肃省实施省属高校一流学科建设突破工程，简牍学作为"绝学"冷门学科名列其中，西北师范大学简牍学科发展迎来了历史上最好的机遇。在新的历史机遇面前，西北师范大学不断拓展学术空间，凝聚国内外多方面的研究力量，全面致力于以简牍学为核心的交叉学科建设。

首先，广泛开展与国内外文博系统及科研机构的合作。与甘肃省文物局签约共建简牍研究院，与甘肃简牍博物馆、甘肃省文物考古研究所、内蒙古额济纳博物馆等单位联合开展简牍文献整理与研究；与瑞典皇家科学院"斯文·赫定基金会"、雅典大学等单位联合开展海外藏简牍资料整理研究与人才培养；与清华大学、武汉大学、复旦大学、东北师范大学及香港大学冯平山图书馆等科研院所开展高水平学术交流合作。目前，各类合作项目稳步推进，已经取得了良好效果。

其次，坚持基础研究，注重交叉发展，提升文化服务能力。从"简牍文化资源"的角度定位"简牍学"的学术覆盖范围，凝练出简牍语言文字研究、西北简牍文献研究、简牍与丝绸之路文明研究、简牍文化资源保护利用研究四个方向。坚持以传统的文字、文献研究为核心，注重简牍与语言文字研究、简牍与秦汉史研究、简牍与丝绸之路史研究、简牍与书法艺术研究。着眼于以"数字简牍"网站为重点的学术资源数据库整合和网络平台建设，主动服务于全国简牍学科建设与发展。并引领以信息技术为支撑的简牍文化推广活动，主动服务地方文旅事业发展。

最后，着力于简牍文本整理，注重内涵式发展，及时推出高水平科研成果。开展简牍研究，最基础的工作就是对简牍内容的整理。西北简牍所系残章断句，文本不完整、内容缺少系统性。为适应简牍学学科内涵式发展的需求，在开展悬泉汉简、肩水金关汉简等整理研究的基础上，西北师范大学简牍研究院正在组织实施西北简牍再整理、二十世纪简牍考古资料汇编等系列工作。目前，已经编辑出版了《简牍学与丝路文明研究丛书》第一辑。本次编辑出版《简牍学与丝路文明研究丛书》第二辑，将更进一步发挥简牍"新史料催生新问题"的学术功能，开拓丝绸之路文明史研究的新领域。

田澍　刘再聪
2024 年 2 月 23 日

目　　录

导　论 ……………………………………………………………… (1)

第一章　清前中期甘宁青地区的商业发展 ……………………… (17)
　第一节　背景：甘宁青地区在中国 ……………………………… (17)
　　一　甘宁青的自然地理环境 …………………………………… (18)
　　二　多样化的经济类型 ………………………………………… (27)
　第二节　清前中期甘宁青的商人及商业概况 …………………… (36)
　　一　茶马贸易下的茶商 ………………………………………… (36)
　　二　民间商贸的兴起及重要商业市镇的出现 ………………… (45)
　小结 ………………………………………………………………… (60)

第二章　商人与近代甘宁青地区主要的国内商贸活动 ………… (62)
　第一节　茶叶贸易 ………………………………………………… (62)
　　一　晚清甘宁青茶务 …………………………………………… (63)
　　二　民国时期甘宁青茶叶贸易的发展 ………………………… (72)
　　三　商人与甘宁青茶叶市场 …………………………………… (78)
　第二节　水烟贸易 ………………………………………………… (88)
　　一　兰州水烟生产区域及数量 ………………………………… (88)
　　二　烟坊之兴衰 ………………………………………………… (96)
　　三　烟坊之运营 ………………………………………………… (103)
　小结 ………………………………………………………………… (111)

第三章 近代甘宁青皮毛出口贸易中的商人群体 (113)

第一节 甘宁青的皮毛产地及产出数量 (114)
　　一　甘宁青的皮毛产地 (114)
　　二　皮毛大体产量 (120)

第二节 甘宁青皮毛的出口 (124)
　　一　贸易概况 (125)
　　二　甘宁青的皮毛市场网络 (134)
　　三　天津—内地之间的商人组织 (147)
　　四　甘宁青羊毛市场中的居间商人 (159)

　小结 (171)

第四章 商人与甘宁青社会变迁 (173)

第一节 商路变迁联动下甘宁青城镇的近代发展 (174)
　　一　"旧工具新利用"的商贸路线变迁 (174)
　　二　黄河水运商业群的近代勃兴 (183)
　　三　北方草原之路甘宁青段城镇的兴盛 (196)

第二节 多种交易方式下蒙藏游牧社会的近代化趋向 (203)
　　一　交易方式的变迁 (203)
　　二　蒙藏民族思想观念及生活方式的近代变迁 (214)

　小结 (225)

结　语 (227)

参考文献 (237)

导　　论

一　问题的缘起

人类社会的进步，往来穿梭的商人功不可没，马克思说商人是"这个世界发生变革的起点"[①]。商人来到了这个世界，虽然没有承担社会变革的任务，不是自觉的革命者，但是通过"中介"作用，在客观上，通过对"物品的转移"，他们成为了社会的一个革命要素，促进着社会变革。因此，有关商人特别是近代商人与社会的研究一直是经济史研究的一大热点。到目前为止，国内关于商人与近代社会的研究，在诸多学界先贤和前辈的积极探索与努力研究中，已经取得了众多优秀的成果，如唐力行的《商人与中国近世社会》[②]、虞和平的《近代中国商人》[③]、马敏的《官商之间——社会剧变中的近代绅商》[④]及《商人精神的嬗变：辛亥革命前后中国商人观念研究》[⑤]、彭南生的《中国近代商人团体与经济社会变迁》[⑥]、朱英的《近代中国商人与社会》[⑦]等，都是高水平研究中国近代商人的代表作。近年来，朱英、邱捷、尹铁、宋美云、庞玉洁、冯筱才、徐鼎新、钱小明、罗群等人的学术著作，也都为上海、天津、广东、浙江、江苏、云南等地区商人与区域社会关系的研究做出了突出

[①]　马克思：《资本论》第三卷，人民出版社1975年版，第1019页。
[②]　唐力行：《商人与中国近世社会》，商务印书馆2006年版。
[③]　虞和平：《近代中国商人》，华夏出版社1996年版。
[④]　马敏：《官商之间——社会剧变中的近代绅商》，天津人民出版社1995年版。
[⑤]　马敏：《商人精神的嬗变：辛亥革命前后中国商人观念研究》，华中师范大学出版社2011年版。
[⑥]　彭南生：《中国近代商人团体与经济社会变迁》，华中师范大学出版社2013年版。
[⑦]　朱英：《近代中国商人与社会》，湖北教育出版社2002年版。

的学术贡献。

中国国土面积辽阔，地形、地貌复杂，民族成分众多，文化类型多样，经济发展水平不平衡，在长久的历史发展过程中，不同地理空间或者不同的区域尽管具有共同性的一面，然而受到诸多因素的影响，更多的应该说更具独特性或个体性。美国著名汉学专家费正清等人通过多年的研究后，特别提出，把"中国"作为一个单一的"整体"来对待并且加以研究，正在为详细研究所揭示的诸多情况所减弱，中国众多区域"文化的差异性"，"虽仍在打动旅行者的心，但这一陈旧观念却正被国内所发现的各种亚文化群所打破"①。因而，他提出："面对这个国家的规模和地理差异、地方社会组织的不同以及不同领域内发展的不平衡，要努力找到这整个变革动态的单一进程或关键，难免要失败。"② 就此而言，从不同独具特性的区域来体悟整体史的研究，即"把中国按'横向'分解为区域、省、州、县与城市，以展开区域性与地方历史的研究"③。通过"考察特殊来折射一般以加深对历史的理解"，才能更好地"展示一幅更为广阔的地域性图画"④。可见，"区域史是史学研究自身发展的必然趋势，也是史学服务于地方社会文化发展需求的客观要求"⑤。

土地广袤的中国西北的甘宁青地区，无论是自然地理环境，还是人文习俗，都有别于近年来颇受中外史学家青睐的华北平原和江南地区。从自然地形上看，其形如蝴蜂折翼，中细而首尾广袤，斜置于全国之中央，首西北而尾东南。就全国而言，甘宁青自为全国几何的中心区域；就腹里言（指旧关内十八省，内蒙古南部及东三省）则甘宁青实为"偏处西北之边缘区域"⑥。就黄土高原、内蒙古高原、青藏高原关系而言，它位于三大高原的交汇地带；从经济地理上看，它位于农业区和牧业区

---

① ［美］费正清、费维恺：《剑桥中华民国史》（下卷），中国社会科学出版社1993年版，第2页。
② ［美］费正清、费维恺：《剑桥中华民国史》（下卷），中国社会科学出版社1993年版，第7页。
③ ［美］柯文：《在中国发现历史——中国中心观在美国的兴起》（增订本），林同奇译，"译者代序"，中华书局2002年版，第8页。
④ 陈君静：《近三十年来美国的中国地方史研究》，《史学史研究》2002年第1期。
⑤ 王先明：《"区域化"取向与近代史研究》，《学术月刊》2006年第3期。
⑥ 沙学浚：《甘肃省之历史地理的背景》，《西北文化月刊》1947年第1卷第1期。

的结合部；从民族分布上说，它位于汉族聚居区和游牧民族聚居区的结合部；从地缘政治上看，它位于边疆地区和中原地区的结合部。美国学者查理斯·格利尔曾明确指出，甘宁青地区是农耕畜牧两大文明的结合部，或者说是两者的过渡地带。地理位置和人口成分的结合，"使得这一地区成为政治和种族的过渡地带"①。甘宁青地区不一定被视为中国传统社会在中国近代转型下变迁的缩影，但是通过对近代甘宁青地区区域社会的内部运行机制的分析，至少可以为国内不同区域间的比较研究提供一个典型事例，与此同时，通过考察特定区域商人特质及其在近世区域社会变革特有功能的"历史现场"，可能更加有助于整体史取向的区域史研究的深入和发展。

事实上，甘宁青地区早在民国时期就受到了国内史学家的关注，西北知名史学家慕寿祺编纂的《甘宁青史略》(40卷)，1937年由兰州俊华出版社编印出版。近年来，王劲的《甘宁青民国人物》②，刘进的《中心与边缘：国民党政权与甘宁青社会》③，秦永章的《甘宁青地区多民族格局形成史研究》等④，都对这一自成单元的区域做了政治、社会、民族格局等诸多方面的探讨。诚如美国加州学派学者彭慕兰曾关注到的：到18世纪，"中国既有富裕的江南也有贫穷的甘肃（包括宁夏和青海——引者注）"⑤。步入近代以来，甘肃尽管依然是"山土硗瘠，风气苦寒，民力艰难，甚于他省"⑥。但也并不能以此说明，伴随着近代中国社会的发展和前行，甘宁青地区在社会变迁中是停滞不前的，也不能说，作为社会驱动力的一个重要组成部分的商人群体在甘宁青社会变迁过程中缺乏动力，而是长期以来学界的研究着眼点过多地在东南沿海及长江中下游等经济发达区域，对中国西北地区，特别是甘宁青地区历史发展进程的研究及其探索着力不够而造成的。

---

① [美]查理斯·格利尔：《青海省，文化边境的变革》，华盛顿大学硕士论文（未刊稿），1969年。
② 王劲：《甘宁青民国人物》，兰州大学出版社1995年版。
③ 刘进：《中心与边缘：国民党政权与甘宁青社会》，天津古籍出版社2004年版。
④ 秦永章：《甘宁青地区多民族格局形成史研究》，民族出版社2005年版。
⑤ [美]彭慕兰：《大分流》，史建云译，江苏人民出版社2003年版，中文版序言，第2页。
⑥ 升允、长庚、安维峻：《甘肃新通志》卷9，《中国西北文献丛书》第23册，兰州古籍书店1990年版，第18页。

即便如此，在我国商业文明中，甘宁青由于其独特的区位条件，在此地承担商品交流的商人曾经也是独树一帜、独领风骚，因此一些学者在这一领域进行了一些开拓性的研究，如李清凌的《西北经济史》为我们了解从远古到晚清西北地区的经济发展态势及其制约因素做了较为细致的梳理①；杨重琦、魏明孔的《兰州经济史》从原始社会绚丽多彩的兰州彩陶论述至近代兰州的经济发展，一直延续到欧亚大陆桥贯通等等不同时段，针对兰州经济发展活动做了相关论述。其中第3章用"步履维艰"对近代兰州商业做出了论述②；王致中、魏丽英的《中国西北社会经济史研究》（上、下），探究了我国西北地区各族人民自远古以来，到近代社会末期社会经济发展及变迁的历程，其中第13章对近代西北商业类型做了具体分析；③ 李明伟的《丝绸之路与西北社会经济研究》对丝绸之路及其与西北社会经济发展做了探讨，其中下编第4章对丝绸之路贸易与西北商镇发育做了论述。④ 魏永理的《中国近代西北开发史》对近代以来西北地区的农牧业、手工业、工业、贸易事业做了分析，其中第5章对西北近代贸易事业的开发做了较为详尽的分析。⑤ 翟松天的《青海经济史》（近代卷）对近代以来青海地区的商业、优点、金融、财政等做了论述，其中第5章、第7章分别对近代青海畜牧业和商业进行了探讨⑥；徐安伦、杨旭东的《宁夏经济史》对各个历史时期的宁夏经济发展的规律做了揭示，并分析了不同时期经济发展的特点⑦；魏明孔、杜常顺的《历史上西北民族贸易与民族地区经济开发》指出多民族集聚重要地区的西北，民族贸易尤其显得重要，由其构成当地社会经济不可或缺的基本内容之一⑧；党诚恩、陈宝生的《甘肃民族贸易史稿》从秦汉以前各部落之间的物物交换，论述到近现代甘肃贸易发展的概况，特别值得一提的是

---

① 李清凌：《西北经济史》，人民出版社1997年版。
② 杨重琦、魏明孔：《兰州经济史》，兰州大学出版社1991年版。
③ 王致中、魏丽英：《中国西北社会经济史研究》（上、下），三秦出版社1996年版。
④ 李明伟：《丝绸之路与西北社会经济研究》，甘肃人民出版社1992年版。
⑤ 魏永理：《中国近代西北开发史》，甘肃人民出版社1993年版。
⑥ 翟松天：《青海经济史》（近代卷），青海人民出版社1998年版。
⑦ 徐安伦、杨旭东：《宁夏经济史》，宁夏人民出版社1998年版。
⑧ 魏明孔、杜常顺：《历史上西北民族贸易与民族地区经济开发》，中国社会科学出版社2012年版。

该著作着重介绍了新中国成立以来，甘肃的民族贸易状况及其所取得的成就①；黄正林的《农村经济史研究：以近代黄河上游区域为中心》考察了近代百余年间黄河上游区域农村经济的传承与变迁问题。同时，为了说明农村经济的继承性与延续性，对许多问题的论述并不限于近代，而是追溯到了明清时期。特别是该论著的第 11 章对黄河上游农村市场做了十分详尽的分析。②上述诸多学术著作尽管都对各个历史时期西北地区社会经济发展概况做出了论述，也对甘宁青地区商人、商业及社会经济发展做了一些积极有益的探索，但是对近代以来甘宁青商人、商业发展还缺乏全景性、系统性的论述。

此外，一些学术论文在这一方面也做出了诸多学术贡献，其中魏丽英的《西北市场的地理格局与商路》，在对西北地区的市场地理格局与商路进行了较为深入的探讨的同时，进而指出，近代西北地区商品不发达，是受到交通不便等诸多因素影响。③樊如森、杨敬敏的《清代民国西北牧区的商业变革与内地商人》指出，清末至民国，"由于内地和国际市场对西北畜产品需求的不断增大，严苛的照票贸易又逐步为开放的自由贸易所替代，这些变革既与当时国内外的政治经济环境相表里，也与内地各省商人的努力进取密不可分"④。黄正林的《近代西北皮毛产地与流通市场》，认为近代西北皮毛市场兴起是以天津开埠为起点。皮毛市场的勃兴，对西北区域市场与国际市场的联系产生了至关重要的作用，增加了西北地区经济发展的现代化因素。⑤胡铁球的《近代西北皮毛贸易与社会变迁》，指出自清代晚期以来，皮毛贸易对西北社会经济发展起到了至关重要的作用，是西北地区商业、金融运行的"发动机"。他指出，皮毛贸易的发展不仅使西北城镇布局发生了演变，而且在游牧民财富的不断积累下，西北牧民的消费结构也发生了变化。⑥杨红伟的《近代西北羊毛贸

---

① 党诚恩、陈宝生：《甘肃民族贸易史稿》，甘肃人民出版社 1988 年版。
② 黄正林：《农村经济史研究：以近代黄河上游区域为中心》，商务印书馆 2015 年版。
③ 魏丽英：《西北市场的地理格局与商路》，《甘肃社会科学》1996 年第 4 期。
④ 樊如森、杨敬敏：《清代民国西北牧区的商业变革与内地商人》，《历史地理》2011 年第 25 辑。
⑤ 黄正林：《近代西北皮毛产地与流通市场》，《史学月刊》2007 年第 3 期。
⑥ 胡铁球：《近代西北皮毛贸易与社会变迁》，《近代史研究》2007 年第 4 期。

易研究中的几个问题》,提出利用新理论、新方法,特别是重提长时段、全局史观,强调区域社会的特质,不仅对于纠正近代西北羊毛贸易研究中的时下之弊尤为必要,也是历史研究回归自身研究目的的必然要求。① 邵彦涛的《客商与同籍专业化模式:近代兰州客商的产业链条探析》提出,近代兰州客商通过联结"客籍市场—原籍市场—区域外市场"三个不同级别的市场体系,构建起了一个稳定的三角形产业链。② 陈红梅的《清朝晚期甘、宁、青各民族间的经济文化交往》认为清朝晚期,由于社会的发展,甘宁青地区各民族间的经济文化交往更为密切。③ 此外,黄正林的《民国时期宁夏农村经济研究》④、樊如森的《民国时期西北市场体系的构建》⑤、谢亮的《近代西北商品市场变动中的回商与京兰商路》⑥、乔南的《商路、城市与产业——晋商对近代西北经济带形成的作用》⑦、李建国的《近代甘青农牧区商贸活动问题探析》⑧、赵珍的《近代青海的商业、城镇与金融》⑨ 等等学术论文都对西北地区的商人、商业和社会经济做过一些有益的探索,但是这些研究也仅对甘宁青商业、商业的某个层面进行了论析,也还没有把近代甘宁青区域社会发展中起过重要作用的商人做整体性的考证和梳理的研究。

总而言之,学界先贤的研究成果,是本书开展研究的基础和前提。但是,就目前我国史学界对西北地区特别是甘宁青地区商业史的研究而言,仍然存在碎片化及平面化的现象,到目前为止,还缺乏系统性、整体性的研究。首先,从地域上说,甘宁青地区在我国是一个比较特殊的地区,在民国以前这一地区又多次作为一个共同的行政区域而存在。到

---

① 杨红伟:《近代西北羊毛贸易研究中的几个问题》,《兰州大学学报》2019年第5期。
② 邵彦涛:《客商与同籍专业化模式:近代兰州客商的产业链条探析》,《湖北师范学院学报》2012年第5期。
③ 陈红梅:《清朝晚期甘、宁、青各民族间的经济文化交往》,《西北第二民族学院学报》1997年第2期。
④ 黄正林:《民国时期宁夏农村经济研究》,《中国农史》2006年第2期。
⑤ 樊如森:《民国时期西北市场体系的构建》,《中国经济史研究》2006年第3期。
⑥ 谢亮:《近代西北商品市场变动中的回商与京兰商路》,《宁夏社会科学》2011年第1期。
⑦ 乔南:《商路、城市与产业——晋商对近代西北经济带形成的作用》,《经济问题》2015年第5期。
⑧ 李建国:《近代甘青农牧区商贸活动问题探析》,《西北师大学报》2016年第2期。
⑨ 赵珍:《近代青海的商业、城镇与金融》,《青海社会科学》1998年第4期。

目前为止，并没有人把甘宁青这一地区的商人及社会变迁作为一个整体，加以系统性的研究。其次，从研究内容上说，中、东部发达地区的发展史不是中国史的唯一解释，它只是试图从一个角度简化"广阔中国"历史发展过程中丰富灿烂的多样性特点，从这个角度而言，同时关注中国其他地区，特别是土地广袤、长久以来一直被视为"封闭落后的"地处中国内陆腹地的西北地区进行考察，才能搞清楚中国历史发展进程中"往昔的独特性"。最后，从研究方法上说，与直接反映社会经济发展论述不同，商人本身所显示的只是其本身所从事的商业活动而已，而研究方法的选择受到历史学、经济史等学科对相关问题认识主流观点的影响，难以凸显商人在"世界变革的起点"中所扮演的角色。毫无疑问，过去的社会经济环境与当前存在着一定的差距，如何将传统史学研究方法与新研究方法进行归纳和演绎，需要更深层次的思考。

二 相关概念的厘定

（一）甘宁青地区

尽管区域划分的标准不尽相同，但是李伯重先生认为作为一个特定的区域进行研究必须具备三个要素：第一，在地理上必须具有完整性；第二，在人们心目中是一个特定的概念；第三，不仅有相当紧密的经济联系，而且经济发展水平要基本一致。① 本书把 1929 年分省后的甘肃、宁夏、青海看成一个整体、独立的区域来加以研究，原因在于 1929 年以前，三省在政区上本来就是一个整体的区域。自明代设行省以来，宁夏和青海在行政区划上一直属于甘肃省。由于省属范围过大，民国十七年（1928 年）9 月 5 日，中央政治会议第 153 次会议，决定将青海改为行省。青海在建省前分为两个行政区划，在东部农业区设西宁府，归甘肃省管辖；牧区叫"青海"，由"钦差办理青海蒙古番子事务大臣"（钦差行台设在西宁，所以简称"西宁办事大臣"，辛亥革命后改为"西宁办事长官"，后改为"蒙番宣慰使"）管理，隶属于清王朝中央的"理藩院"。1928 年 10 月 17 日第 159 次会议，国民政府"将甘肃旧西宁道属之西宁、大通、乐都（碾伯）、循化、巴燕（巴戎）、湟源、贵德七县划归青海省，

---

① 李伯重：《简论"江南地区"的界定》，《中国社会经济史》1991 年第 1 期。

定西宁为青海省治。拉卜楞设置局，改为夏河县，划归甘肃"①。又决定将宁夏道②八县（宁夏县、宁朔县、平罗县、中卫县、灵武县、金积县、盐池县、平远县原属 8 县，另认可冯玉祥在五原誓师后新置之磴口县）和宁夏护军使辖地（阿拉善旗、额济纳旗）合并建为宁夏省，以宁夏城（今银川）为省治。③

到 1929 年，青海省④、宁夏省先后成立。"民国十八年以前，宁夏、青海本均为甘肃之一部，十八年因鉴于境域过大，控制不易，乃实行分省，但此三省关系之密切，并不应分省而有所变易。盖无论从政治上军事上以及经济上看，此三省仍有不可分之关系也。"⑤ 故时人评述曰："近虽分为三省，而通常每以甘宁青呼之。"⑥ 显然，由于地理、历史原因，分省后的甘宁青三省在政治、经济、文化方面仍有密切的联系，所以完全可以把三省作为一个共同的经济区域来研究。如果本书中没有特别指出，1929 年前的甘肃省是包括宁夏、青海地区在内的。

（二）商人

传统上的商人是指贩卖货物的人。近代以后，随着各种新式商业的不断涌现和工商业兼营现象的日益普遍，商人所涵盖的范围也随之扩大，

---

① 黎小苏：《青海建省之经过》，《新亚细亚》1934 年第 8 卷第 3 期。

② 清初为宁夏府，民国初年改为宁夏道，名曰朔方，后改为宁夏，又改灵州为灵武县，宁夏厅为金积县，花马池分州为盐池县，而固原州属之平远县亦划归宁夏，改称镇戎，后改称豫旺，并置宁夏护军使，辖西套蒙古两旗。民国十六年（1927 年）置磴口县。民国十七年（1928 年）10 月 17 日，经国民政府决议，以旧甘肃省宁县道属 8 县及宁夏护军使辖地合并建为宁夏省。民国十八年（1929 年）1 月 1 日省府正式成立。民国二十三年（1934 年）元旦，因黄河分隔，治理不便，又分中卫胜金关以东之地，析置中宁县。二十七年（1938 年）改豫旺为同心县，二十九年（1940 年）改宁夏为贺兰县，并添置永宁、惠农两县，三十年（1941 年）设陶乐县。参见叶祖灏编《宁夏纪要》，1947 年正论出版社发行，第 3 页。

③ 宁夏通志编纂委员会编：《宁夏通志·行政建置卷》，方志出版社 2010 年版，第 137 页。

④ 1929 年青海正式成立后，1930 年增设民和、共和、门源、互助、同仁、玉树、都兰等七县。1931 年，将巴戎县改为化隆县。1933 年，增设囊谦县。1935 年，设同德县。自此，全境共辖 16 县及蒙古 29 旗，玉树 25 族，果洛 5 族，近海 8 族等。参见许公武《青海志略》，商务印书馆 1945 年版，第 6—7 页。

⑤ 魏崇阳：《西北巡礼（续）》，《新亚细亚》1934 年第 8 卷第 6 期。

⑥ 《赵连芳关于考察首北农业及畜牧业报告致秦汾函（1934 年 8 月 21 日）》，载中国第二历史档案馆《中华民国史档案资料汇编》第 5 辑 第 1 编《财政经济：农业》，凤凰出版社 2018 年版，第 664 页。

商人成为了所有当时参与实业活动的人,不仅晚清、民国时期的习俗如此,而且在法律上亦有明确的规定。比如1914年,北洋政府颁布的《商人通例》规定:商人为商业之主体之人。包括买卖、赁贷、制造、加工、水电、煤气、出版、印刷、金融、信托、劳务承揽、旅店、保险、运输、托运、牙行、居间、代理等业之人,只要是业主、投资者或经营管理者,都包括在商人的范畴之内。① 这不仅使商人从法律上得到了认可,而且商人的涵义也有了扩大。应该说,近代商人的范围是包括工商两界在内的。职是之故,从近代中国社会及甘宁青社会的实际情况出发,本书所探讨和研究的商人是近代以来一种广义上的商人。

三 理论与方法

在历史研究中,法国年鉴历史学派的著名学者布罗代尔创立了一种独特的方法,这种方法把历史分为几个层次,或者说,把历史时间区分为三个时段,即地理时间、社会时间、个体时间。后来,他又明确地把这三个时段称为"长时段""中时段""短时段",并分别把这三个时段加以概念化,即把"长时段"称为"结构",把"中时段"称为"局势",把"短时段"称为"事件"。他的"结构"概念是指长期不变或变化相当缓慢的,但在历史上却具有重要地位和关键作用的因素,包括地理、气候、生态环境、社会组织、思想传统等,这些结构性的要素,决定了影响着区域社会的历史进程,正如布罗代尔自己所言,"多少世纪以来,人类一直是气候、植物、动物种群、农作物以及整个慢慢建立起来的生态平衡的囚徒"②。"局势"的概念是指较短时期(10年、20年、50年)内起伏兴衰、形成周期和节奏的一些对历史起重要作用的现象,如人口增长、物价升降、生产增减、工资变化等等。"事件"则是指一些突发的事件,如革命、条约、地震等。布罗代尔向人们展示了历史在三个层面上,按不同的时间运动周期立体演进的宏大画面;强调了长时段因素对中时段、短时段因素的隐蔽性制约作用;人的历史主体性原则充分

---

① 章开沅、罗福惠:《比较中的审视:中国早期现代化研究》,浙江人民出版社1993年版,第180页。

② [法] 布罗代尔:《论历史》,刘北成、周立红译,北京大学出版社2008年版,第34页。

体现在每个层面历史演进过程中。布罗代尔认为，历史其实就是三种时段或三个历史概念的辩证关系。① 全面的时间、全面的空间和全面的人，也就成为了历史研究的三要素。德国学者弗兰克也曾在《白银资本》中明确指出："当代历史学家和社会理论家一直缺少的就是一个整体视野。历史学家最喜欢用显微镜来考察和猜想在一个很短暂时间里的一个小片段。"② 而用"显微镜"做工具研究太多，难免会有些近视。显然，长时段研究方法是理解历史演进过程最好方法之一，因为通过历史发展结构化的分析，可以避免对"局势""事件"理解的偏差。这也诚如民国地理学家胡焕庸提出的研究学问或观察事务的两种方法，"其一是以显微镜为工具做横的观察，其二则以望远镜为工具做纵的探讨"③。

施坚雅（G. William. Skinner）所开创的"区域体系理论"认为中国实际上由九大经济区域构成，各区自有其特点。作为一个经济空间理论人类学家，施坚雅创设了一整套的模式，他运用德国地理学家克里斯塔勒（Walter Christaller）"中心地理论"对传统中国的农村的中心市场（central market）、中介市场（intermediate market）、标准市场（standard market）的市场层级结构进行了划分，并对农村市场相关问题进行研究。施坚雅认为："单纯的村落无论从结构上还是功能上都是不完全的，构成中国乡村社会基本结构单元的应该是以基层集镇为中心，包括大约18个村庄在内的，具有正六边形结构的基层市场共同体。"④ 一般而言，中心市场"通常在流通网络中处于战略性地位，有重要的批发功能。一方面，是为了接受输入商品并将其分散到它的下属区域去；另一方面，为了收集地方产品并将其输往其他中心市场或更高一级的都市中心"。至于中间市场显然是基于"在商品和劳务向上下两方的垂直流动中都处于中间地位"。标准市场亦为基层市场"一种农村市场，是农产品和手工业产品向上流动进入市场体系中较高范围的起点，也是供农民消费的输入品向下

---

① 张芝联：《费尔南·布罗代尔的史学方法》，《历史研究》1986年第2期。
② ［德］贡德·弗兰克：《白银资本：重视经济全球化中的东方》，刘北成译，中国编译出版社2000年版，第64页。
③ 胡焕庸：《从第三次世界大战到大同》，《国立政治大学校刊》1947年第260期。
④ 刘玉照：《村落共同体、基层市场共同体与基层生产共同体——中国乡村社会结构及其变迁》，《社会科学战线》2002年第5期。

流动的终点"①。尽管近年来中外学者对施坚雅的这种模式都有所商榷，但是他的研究至少为我们提供了很多有用的思考，为我们进一步讨论和研究甘宁青商业市场结构提供了一个具有重要意义的借鉴方法和新的参照系。

此外，本书不是就商人本身研究商人，而是将甘宁青的商人、商业发展过程置于近代社会变迁的大背景下，从而进一步分析近代甘宁青地区的社会蜕变及转型过程中商人所起作用的历程；另外分析社会变迁对活动于甘宁青商业舞台上的商人自身的影响。这样一来，也许就能更加凸显甘宁青区域历史上活动着的人的作用。

四 重点、难点

（一）重点

首先，通过商人这一纽带，展现出近代甘宁青地区丰富多彩、多元化、多样化的地区特色的同时，也说明各民族互相合作、相互交流是社会经济发展的前提和保障。其次，利用新经济社会学和新制度经济学的网络理论及科斯的交易成本理论，分析商人群体如何将商业活动嵌入近代甘宁青传统社会中。最后，利用社会学的社会变迁理论分析甘宁青社会，一方面了解商人群体在近代甘宁青地区社会变迁过程中所起的作用，另一方面分析社会变迁对活动于甘宁青商业舞台上的商人自身的影响。

（二）难点

本书的难点在于资料的搜集创新。由于近代西北地区文化衰落，文风不盛，遗留下来的历史文献资料十分稀缺，所以资料的搜集将给本书的研究带来较大的难度。为此，本书的研究人员，除从正史、文集、满铁调查资料进行搜集外，还将不遗余力地对田野调查、口述史资料、档案资料进行搜集、甄别和利用。另外，对近代以来的各级政府出版物及时人创办的报刊、杂志上的资料等，也要尽量做到"竭泽而渔"。

---

① ［美］施坚雅：《中国农村的市场和社会结构》，史建云、徐秀丽译，中国社会科学出版社 1998 年版，第 6—8 页。

五　主要目标与预期社会效益

（一）主要目标

一方面，甘宁青地区不一定被视为中国传统社会近代变迁的缩影，但是通过对近代甘宁青地区的区域内部运行机制的分析至少也可以为国内不同区域间的比较研究提供一个典型事例，因此本书试图在中国商人史、中国近代区域经济史和社会史等多个研究领域拓展一个新的研究方向，在广泛细致地搜集、筛选资料的基础上，深入系统地对商人与近代甘宁青地区社会变迁做出较为深入和饱满的实证研究；另一方面，甘宁青"过渡地带"的特殊性，决定了这一地理空间商人所活动的市场，更多呈现出人类学家所指出的，不是简单的市场，而是库拉圈、互惠场所、夸富宴的举行地、再分配的网络、社会的竞技场和文化展示的舞台。因此，本书更注重对观念形态、行为规范、道德准则、宗教信仰在交易过程中发生的作用的分析。

（二）预期社会效益

本书是基于近代甘宁青地区商品经济迅速发展、社会进步这一显著的历史前提下，通过探索历史经验教训，研析目前西北地区的社会发展现状，提出了通过藏族、蒙古族、回族、汉族群体间借助商人这一群体互动，在重铸多民族聚居区自古以来形成的合作互助机制，以再造西北边疆区域经济发展的辉煌。

六　资料介绍

甘宁青三省"居西北版图之中心，为通达边陲之孔道，中原与外藩往来之枢纽，亦一切政治、文化、经济之过站也"[①]。甘宁青尽管自古以来为形胜之地，但是由于历史上各种原因，有关这一地区的文献记载却十分有限。尽管如此，本书在史料方面还是尽量搜集当时的一些史志、报刊、调查资料等，以力求本书的研究结论坚实可信。

（一）地方史志和文史资料

清代及民国时期所修的一些地方志，如《甘肃通志》《甘肃新通志》

[①] 杨劲支：《建设甘青宁三省刍议》，京华印书馆1932年版，第2—3页。

《甘宁青史略》《皋兰县志》《兰州志》《兰州府志》《武威县志》《西宁府新志》《银川小志》《河州续志》《夏河县志》《永登县志》《肃州新志》《民国固原县志》《丹噶尔厅志》等等，虽然这些方志资料的记述"字简意赅"，特别是有关商人和商业的记述更加"简洁"，或者说是粗劣，但是依然为本书的相关研究提供了晚清及民国时期甘宁青社会的部分资料。1990年以后甘肃、青海、宁夏三省的地方志办也陆续新修了不少的地方志，这些新修的志书虽然对新中国成立前地方的社会经济发展仅仅做了一些概述性的描述，但是也为本书甘宁青商人和商业的研究提供了一些基本的线索。

新中国成立后，甘宁青各级政协文史委员会先后组织人员编写的文史资料，如《甘肃文史资料选辑》《青海文史资料选辑》《宁夏文史资料》《兰州文史资料选辑》《临夏文史》《西宁城中文史资料》等等，都根据当事人或亲属的回忆，记录下了很多从业人员经历，有些可能因为年代较为久远，记录下的内容有时会语焉不详，但是因为这些资料有些是当事人的亲身经历，有些是亲闻、亲见，加上选材自由，这些资料就从不同的角度较为真实地展现了不同行业、不同人群的本貌，因为这些资料比较具体，所以对其他资料有很大的补充作用，职是之故，甘宁青各地区的文史资料，亦能为本书研究提供一些较为重要的资料，但是，在文史资料的使用过程中，要注意和其他史料的对照及相互印证，这样才能最大程度地展现所要研究对象的真实性。

（二）报刊资料与时人论著

民国时期的报刊资料价值很高，特别是关于甘宁青的边情的相关杂志，更能填补相关资料的不足，如《新青海》《西北经济》《西北通讯》《边事研究》《资源委员会季刊》《边政公论》《新亚细亚》《蒙藏月刊》《中农月刊》《新西北》《禹贡》等期刊，《西京日报》《甘肃民国日报》《西北文化日报》等报纸，这些报刊所登载的内容均为时人文论，大多反映了西北地区的政治、经济、文化、民族等等多方面的内容，涉及面非常广泛，相关内容也比较翔实可靠，因而，这些资料是本书相关研究的珍贵文献。

除此报刊资料外，民国时期的一些论著，特别是20世纪二三十年代，伴随民族危机的加深，在开发西北的呼声中，一批具有远见卓识和社会良知的知识分子,为了让时人了解西北"民族之复杂,社会之分歧,文化语言之各别,生活习惯之不同"①,以便认明西北在政治、经济发展中之地位,他们纷纷来到西北考察,并以切身经历对包括甘宁青在内的西北社会的实际情况做了著述,如顾执中、陆诒组成了"青海考察团"在青海各地进行了十天考察后,成书为《到青海去》。② 1935年,范长江以《大公报》旅行记者的身份赴中国西北、西南地区,并将沿途见闻如实发表在《大公报》上,次年结册出版为《中国的西北角》。③ 马鹤天的《甘青藏边区考察记》详记了每日、每站里程,住宿点,或翻山、或渡水、越荒原,风暴冰雪,沃野鲜花,形道变化等诸多方面的内容。④ 安汉、李自发受西北农林专科学校派遣于1934年夏开始至年底对甘宁青农业做了考察,其中包括甘宁青的自然环境、农业经济、畜牧业等的一些情况。⑤ 林竞从1918年7月到1919年8月,通过日记的形式,对所经之蒙、新、甘宁等沿线地区如包头、石嘴山、兰州、肃州、安西等地的风土人情及商业概况都做了记载,出版的《蒙新甘宁考察记》,为我们了解其所经地区状况提供了重要的参考价值。⑥ 此外,陆亭林的《青海省幕帐经济与农村经济之研究》(上、下卷)⑦、陈赓雅的《西北考察记》⑧、范长江的《塞上行》⑨、周希武的《玉树调查记》⑩ 及《宁海纪行》⑪、高良佐的《西北随轺记》⑫、林鹏侠的《西北行》⑬、蒋经国的《伟大的西北》⑭、杨劲之的《建设甘青宁三省刍议》⑮ 等都在不同程度上反映了甘

---

① 田生兰:《开发西北与青海之蒙藏民族问题》,《新青海》1933年第1期。
② 顾执中、陆诒:《到青海去》,商务印书馆1933年版。
③ 范长江:《中国的西北角》,新华出版社1980年版。
④ 马鹤天:《甘青藏边区考察记》,胡大浚点校,甘肃人民出版社2003年版。
⑤ 安汉、李自发:《西北农业考察》,正中书局1936年版。
⑥ 林竞:《蒙新甘宁考察记》,刘满点校,甘肃人民出版社2003年版。
⑦ 陆亭林:《青海省幕帐经济与农村经济之研究》(上、下卷),出版者、出版年不详。
⑧ 陈赓雅:《西北考察记》,甄暾点校,甘肃人民出版社2002年版。
⑨ 范长江:《塞上行》,新华出版社1980年版。
⑩ 周希武:《玉树调查记》,青海人民出版社1986年版。
⑪ 周希武:《宁海纪行》,王晶波点校,甘肃人民出版社2002年版。
⑫ 高良佐:《西北随轺记》,建国月刊社1936年版。
⑬ 林鹏侠:《西北行》,宁夏人民出版社2000年再版。
⑭ 蒋经国:《伟大的西北》,宁夏人民出版社2001年再版。
⑮ 杨劲之:《建设甘青宁三省刍议》,京华印书馆1932年版。

宁青的一些社会政治、经济面貌,有较强的史料价值。

(三) 调查资料

通过实地调查得来的资料,能较为准确、客观地反映所调查地区全面、多方位的情况,为我们后来研究者研究这些地区历史发展过程,提供了重要材料。例如铁道部经济调查队1935年陇海铁路沿线及附近地区(包括皋兰、天水等县)的人口、农工商况各业及过境货物,交通,捐税等调查后形成的《陇海铁路甘肃段经济调查报告》;① 铁道部业务司、财务司调查科的萧梅性对兰州城市概貌、行店、帮口、农产、畜产等内容的《兰州商业调查》②;贸易委员会西北办事处调查课的《甘肃羊毛调查报告》对甘肃羊毛的生产、甘肃羊毛贸易做出调查后,对甘肃羊毛应该改进的地方提出了意见和建议;③《青海羊毛调查报告》对青海羊毛产业及产区做了一定的调查④。甘肃省银行经济研究室的《甘肃之特产》对甘肃所产之食盐、药材、水烟等的地域分布、产量及运输等都做了相应的调查。⑤

此外,日本间谍机构东亚同文会为侵略中国,培养众多学生对中国众多省份进行了调查,其中《中国省别全志》(第六卷新疆省)⑥,对甘肃的交通、气候及兰州、狄道、渭源等诸多城镇的沿革、市场的物价,交通及商业等都有所涉略;日本人中村信的《蒙疆经济》⑦、几志直方的《西北羊毛贸易と回教徒の役割》⑧、田中时雄的《支那羊毛》⑨ 也都为我们研究西北经济提供了一些具体的资料。俄国人克拉米息夫的《中国西

---

① 铁道部业务司商务科:《陇海铁路甘肃段经济调查报告书》,1935年版。
② 萧梅性:《兰州商业调查》,陇海铁路管理局1935年版。
③ 贸易委员会西北办事处调查课:《甘肃羊毛调查报告》,贸易委员会西北办事处调查课1943年版。
④ 李自发:《青海羊毛调查报告》,贸易委员会西北办事处调查课1945年版。
⑤ 甘肃省银行经济研究室编:《甘肃之特产》,甘肃省银行总行1944年版。
⑥ 东亚同文馆:《中国省别全志》(第6册,甘肃省附新疆省),台北:南天书局1988年版。
⑦ [日] 中村信:《蒙疆经济》,徐同功译,载《内蒙古史志资料选编》第9辑,内蒙古地方志编纂委员会总编室1985年编印。
⑧ [日] 几志直方:《西北羊毛贸易と回教徒の役割》,东京:东亚研究所昭和15年(1940年)。
⑨ [日] 田中时雄:《支那羊毛》(日文),南满铁路株式会社昭和5年(1930年)发行。

北部之经济状况》①，不仅对蒙甘新进出口市场及贸易中心做了记述，而且对西北地区的农牧出产加以分析，上述调查资料也都为本书的相关研究奠定了相应的资料基础。

---

① ［俄］克拉米息夫（W. Karamisheff）：《中国西北部之经济状况》，王正旺译，商务印书馆 1933 年版。

第一章

清前中期甘宁青地区的商业发展

商人在甘宁青地区的兴起和发展取决于两个因素，即特殊的地理区位及经济类型的多样化。就地理区位而言，甘宁青地区位于亚洲中部、中国的西北部，自汉代以来，就处于沟通中原王朝和西域、中亚地区商业贸易往来与文化交流的枢纽及桥梁地位。与此同时，由于受自然地理环境的影响，甘宁青的经济类型具有农业经济、畜牧业经济及农牧交错相间的经济形态，资源禀赋的差异，使经济类型互补长久以来就成为该地区经济发展过程中的固有格局。以其所有易其所无的余缺调剂的商业贸易活动，决定了以畜牧业经济为主体的游牧民族和以农业为主体的农耕民族各得其所、相互依存关系的长期存在。清代前中期，随着官方茶马贸易的兴办和停罢，民间商业贸易也随之兴起并逐渐发展了起来，随着商品经济的发展，他们在社会经济中占有越来越重要的地位。

第一节 背景：甘宁青地区在中国

甘宁青位居西北之中心，"东联陕绥，南界川藏，西接新疆，北邻蒙古，万山络绎，幅员广大，土地辽阔，不特为边陲之孔道，且为中原与外番来往之枢纽，其牲畜繁殖，农产品茂盛及物产蕴藏之丰富"[①]。该地区地势较高，总体上属于山地高原区，并且正好处于中国最高、最大和

[①]《赵连芳关于考察西北农业及畜牧业报告致秦汾函（1934年8月21日）》，载中国第二历史档案馆《中华民国史档案资料汇编》第5辑 第1编《财政经济：农业》，凤凰出版社2018年版，第664页。

最干旱的三大高原的青藏高原、黄土高原、内蒙古高原的边缘、交界或交汇地带。独特的自然地理环境，在很大程度上影响了甘宁青地区的社会经济发展。在长久的历史发展过程中，适合甘宁青地区的地理环境，这里既有以畜牧业为主的草原牧区，又有以旱作业为主的农业区，还有两者混合的区域。不同的地理环境决定了人们不同的生活方式及与之相适应的经济类型，并由此形成了不同的部落群体和不同的族群。明清以后，在甘宁青地区的山地高原区主要生活着以从事游牧业为主的藏族和蒙古族等，在浅山、河川等地则生活着以农耕为主的汉族。游牧民族"逐水草而牧"的生产生活方式难以满足他们全部或部分日常生活所需，与汉族农业社会建立联系，以有易无的余缺调剂就成为游牧经济正常且有序进行的必要环节。资源禀赋的差异，使游牧对农耕有着强烈的依赖，与此相对应，农耕也有与畜牧业经济交往的动力和需求，因此，伴随着清初茶马贸易的兴起和衰落，在各级各类商人的带动下，甘宁青地区的民间贸易也发展和活跃了起来。

一 甘宁青的自然地理环境

自然地理环境是人类社会赖以生存与发展的基础，离开自然环境，人类就不可能进行生产和生活。现代自然地理环境无疑又是历史时期地理环境的延续和发展，作为影响社会发展的因素而言，自然地理环境又是一个相对不容改变和累积性的因素。尽管任何一个区域在社会经济的发展进程中，都会受到多种因素的影响和制约，但就甘宁青地区来说，其独特的地理环境，更在很大程度上决定着该地区社会生产力的发展，而生产力的发展又决定着与之关联的一切经济关系的演变，换言之，自然地理环境是影响和制约甘宁青地区社会经济发展的关键要素。通过对自然地理环境的分析，在展示一种演变缓慢而又能揭示永恒价值的历史之际，了解社会发展经济的优势条件及制约因素，"在这种情况下，地理不再是目的本身，而成了一种手段。地理能够帮助人们重新找到最缓慢的结构性的真实事物，并且帮助人们根据最长时段的流逝路线展望未来"①。借助地理环境的影响，我们可以找到影响社会经济发展的真实"镜像"。

我国学者王笛在《跨出封闭的世界——长江上游区域社会研究》亦称："地理环境和气候作为一个长期相对稳定的因素，时刻影响着人类的活动，研究政治制度、历史事件及人物思想或许可以轻视自然环境的影响，但考察一个以农业为主的传统社会，这却是一个必须注意的重要因素。在传统社会中，自然环境是影响社会发展和生产力布局的主导因素。"② 自然地理环境的差异性影响着区域社会经济的发展，而不同经济发展方式又是人类对地理环境适应性自然选择，但是，王笛只是认为在以农业为主的传统社会中，自然地理环境在社会经济发展中是一个必须注意的重要因素。事实上，无论是从传统到现代化的变迁中，还是在近现代社会的发展中，自然地理环境对社会经济的发展都起着关键性的作用，它对近现代社会变迁亦具有加速或延缓的效能。这也正如列宁所言："地理环境的特性决定着经济关系以及随在经济后面的所有其他社会关系的发展。"③ 因此，要深入研究区域社会与经济的发展概貌，自然地理环境是我们必须加以注意的一个关键抑或重要的因素。

甘宁青地区是在地理位置上是我国西北边隅三个毗连的省区，位于东经89°24′至108°47′，北纬31°32′至42°57′之间。三省区深居内陆，远离海洋，疆域广阔，"东接关中，西控边徼。自古以来，分合迁徙，因革损益，名随代易，制与地殊"④。三省的疆域及行政区划在不同的历史时期又是复杂多变的。民国时期陇右耆儒慕寿祺⑤先生曾对甘宁青三地疆域

---

① ［法］费尔南·布罗代尔：《菲利普二世时代的地中海和地中海世界》（上卷），唐家龙等译，商务印书馆1996年版，第19页。
② 王笛：《跨出封闭的世界——长江上游区域社会研究》，中华书局1993年版，第14页。
③ 《列宁全集》第38卷，人民出版社1959年版，第459页。
④ （清）许容、李迪等：《（乾隆）甘肃通志（上）》，刘光华等点校，兰州大学出版社2018年版，第72页。
⑤ 慕寿祺，字少堂，甘肃镇远人。曾于民国年间编《甘宁青史略》，并于1937年兰州俊华印书馆印编，该书分为正编30卷、副编5卷，共40册，达100多万字。该书起自伏羲，迄于民国十八年（1929年）。将甘肃、宁夏、青海三省区上下4000余年90余县之史事汇为一书，取材于正史、历代笔记，还大量采用了金石档案资料，涉及甘、宁、青的政治、经济、军事、民族、宗教、文化等多方面的内容，是目前唯一一部系统介绍甘宁青历史的编年体史书，是研究西北地方史的重要资料。

的沿革和变迁做过如下描述：

甘宁青本古雍梁州地，羌戎居之。其间如匈奴之侵河西，元昊之占宁夏，藏王之据青海，历起纷争。降至元代，置甘肃行中书省，明立宁夏巡抚，清设青海办事大臣，规模略具。然川甘陕甘每多兼理，尤以后者为甚；而宁青二者，历史上又均并入甘省；即今新疆迪化一带，亦系甘肃辖境，迨光绪年间，新疆改设行省，始将镇西府划入。故甘宁青三省管辖之嬗变，实不啻一部甘肃疆域沿革史也。

甘肃于秦时，仅置陇西（、）北地二郡；迄汉武帝，乃添设天水、安定、武都三郡，续并河西地，分设武威、酒泉、张掖、敦煌四郡，昭帝时复置金城郡。唐贞观间，改置朔方、河西、陇右、泾原诸州；贞元后，河西陇右陷于吐蕃，五代因之。北宋时，河西朔方入于西夏；南渡后，金人复于陇东置庆原、临洮二路。元灭西夏，始设行省，明置布政使，清置右布政使。民国成立，一仍旧辖；迄民国十七年，宁青设省，始将宁夏道（、）西宁道划出。现辖县六十六，设治局三。

宁夏于秦汉时，为北地郡。晋时为赫连勃勃所据，号忻都。隋属朔方郡夏州，唐属灵州。宋沦于西夏，改名中兴府。元置灵夏路，隶甘州行省。明为宁夏卫，属陕西都司。清置宁夏府，民初设宁夏道。迄民国十七年改省，将甘肃宁夏道，宁朔，灵武，平罗，金积，中卫，镇戎，盐池八县并入；翌年成立，新设中卫，磴口二县，合共十县。至西南之阿拉善与额济纳二旗，遂在县境内，但其行政系统则有另属。

青海于汉武帝时，置河西郡，并于西宁东设宁羌校尉，而赵充国屯田湟中，亦在其地。后汉筑湟中护羌二城，三国时沦于西羌。东晋时，吐谷浑，鲜卑等据之。隋平吐谷浑，置西海，河源二郡。唐代吐蕃强盛，尽有其地，并包推陇西，河湟，松潘一带。宋属西夏，元定吐蕃，置贵德州。有明一代，仅遣官诏谕蕃酋以羁縻之。清初厄鲁特汗侵入，建青海蒙古。清中叶平定青海，置青海办事大臣，驻节西宁；寻建安西府，隶甘肃省。民初置青海办事长官，旋改宁海镇守使。迄十七年，将西宁道属西宁，碾伯，循化，大通，贵德，巴戎，湟源十七县，改建行省。并先后增设都兰，玉树，民和，互助，门源，共和，同仁，囊谦，同德，称多等十县。计共辖县十七，设治局三。蒙藏各族均属之。①

宁青两省，历史时期均为甘肃的一部或大部。分省后，三省之中的青海土地面积最大，包括柴达木大平原、果洛区域、玉树族居住区及青海湖全境。②共230万方里，人口256万左右（大约为60万左右——引者注），平均每方里1个多人（应为0.26个人——引者注）；甘肃110余万方里，人口620万左右，平均每方里5个半人；宁夏91万余方里，人口140万左右，平均每方里2人。③其时，三省总面积占全国总面积占全国总面积12.6%。④可以说，甘宁青三省，土地广袤，而人口稀少，从整体上而言，居住分散，每方里人口密度与东南各省相比，有霄壤之别。人力不足，土地广大，土地荒芜就成为了一种必然现象。⑤

就三省地理位置而言，乃为"西北巨镇，控扼边塞，其间山川雄峙，城郭公廨，设险凭胜"⑥。由此亦可知，甘宁青三省地理位置在西北之重要地位。从地缘上看，甘宁青地区属于山地高原区，并且"正好处于中国最大高原——黄土高原、最高高原——青藏高原、最干旱的高原——内蒙古高原的边缘和交会地带。甘宁青地区的东部是黄土高原的组成部分，东北部又是内蒙古高原的组成部分，西部是青藏高原的组成部分。其地势西高东低，海拔高度从东到西呈阶梯状上升。三个省区周围有一系列的高山峻岭，把这三个省区和其他地区分隔开来：在其东面是陇山，

---

① 慕少堂：《甘宁青疆域沿革考》，《新西北》1939年第2卷第1—2期合刊。
② 叶骥才译：《青海羊毛之产销概况》，《经济学月刊》1934年第1卷第3期。
③ 席微庸：《西北》，中华平民教育促进会1937年版，第4页。这里需要加以说明的是，甘宁青分省后并无准确的人口统计和调查，据1931年《宣传半月刊》载国民政府内政部调查，时甘肃人口628万，青海有人口61.5万，宁夏为145万。1936年朱其华在《中国人口透视》中，指出甘宁青没有分省前，甘肃有人口大约900万，分省后大约为700万。据此推算，席微庸对青海人口的记述显然有误。
④ 孔祥熙：《甘青宁经济纪略》，中央银行经济研究处总务科1935年版，第2页。
⑤ 刘鸣龙：《西北垦殖的今昔》，《新亚细亚》1936年第11卷第1期。
⑥ （清）许容、李迪：《（乾隆）甘肃通志（上）》，刘光华等点校，兰州大学出版社2018年版，第14页。

隔山与陕西省相邻；其西面有阿尔金山脉，隔山与新疆省①相望；其北面有马鬃山、合黎山、龙首山、贺兰山诸山，隔山是一望无际的内蒙古大草原；在其南面是唐古拉山，与山相隔的是西藏为邻"②。在漫长的历史发展进程中，诸山环抱的三省区由一条河——黄河，将三省区之间的政治、经济、文化中心绾合贯通起来，但是他们与其他省份的政治、经济、文化中心都隔山隔水，距离较远。民国时期致力于西北地理研究的学者汪公亮先生曾言，"水性使人交通，山势使人阻绝，水势使人合，山势使人离"③。在山为阻隔、水为联结的传统和近代社会中，甘宁青三省之间在政治、经济、文化上等诸多方面都表现出很大的趋同性，"经济发展水平相近并有着较为密切的联系，政治方面呈紧密联系、相互影响之状态"④。

四周高山环绕的甘宁青地区，"偏处一隅，与中原颇形隔阂"⑤。因而在长久的历史发展进程中，无论是它的政治、军事、文化，还是它的经济发展水平，都是一个较为独特、体系完整的区域，或者说是地理单元。尽管如此，但也不意味着这是一个与外界相隔离封闭的地域，因为四周看似重重叠叠的高山峻岭中都有许多的山口，如蜿蜒于宁夏境内之贺兰山，甘肃、宁夏天然分界之合黎山，以及河西走廊北侧之龙首山、马鬃山等诸山的结合处都有山口，仅贺兰山之山口就有40多处。⑥这些山口都位于表面上看来连绵的山岭中间的低矮处，这些地方便形成一个个利于交通的豁口。这些豁口的存在，不仅为诸山南北之人群交往提供了便利，也为货物的交流提供了通道。山口——这一交通"要道"的存在，

---

① 1757年，清朝平定了长期割据西北的准噶尔政权。两年后，清朝平定了伊斯兰教的白山派的首领大小和卓叛乱，巩固了对西域各地的军政统辖，1762年清政府在新疆设"伊犁将军"，管辖天山南北各地事务，1875年，陕甘总督左宗棠就任钦差大臣，督办新疆事务。到1877年底，清军陆续收复了中亚浩罕汗国（费尔干纳）阿古柏侵占的天山南北诸地。1881年2月，清政府收复被沙俄强行占领长达十一年之久的伊犁。光绪十年（1884年），清政府正式在新疆建省，并取"故土新归"之意改称西域为"新疆"。

② 秦永章：《甘宁青地区多民族格局形成史研究》，民族出版社2005年版，第3页。
③ 汪公亮：《西北地理》，正中书局1936年版，第150页。
④ 王劲：《甘宁青民国人物》，兰州大学出版社1995年版，第4页。
⑤ 杨劲之：《建设甘青宁三省刍议》，京华印书馆1932年版，第23页。
⑥ 叶祖灏：《宁夏纪要》，正论出版社1947年版，第5页。

就为不同时期不同民族和族群间的相互沟通和往来奠定了基础。就连"横亘在河西走廊南边的祁连山脉,高大雄伟而被称为'天山',但其中缺口亦复不少,像党河、疏勒河、北大河等南北流向河流的河谷地带,就成为河西走廊与青海之间重要的交通要道,历史上著名的丝绸之路东西横越整个甘宁青地区。南部高耸的唐古拉山,也没有真正成为甘宁青地区与西藏交往的阻隔"①。横贯中国西部,跨越世界屋脊的"唐蕃古道"②的形成即是明证。③毫无疑问,诸多的天然通衢,为不同历史时期本区域民族、族群与"外界"的交流,或者"外界"的民族、族群进入甘宁青地区提供了先天的便利条件。

在气候方面,甘宁青由于深居我国内陆地区,距海遥远,海洋暖湿气流不易到达,因而降水稀少,是典型的温带大陆性气候,冬季极冷,夏季很热,冷暖分明,寒暑变迁,颇为剧烈。"冬天漫山冰雪,居民围炉御寒,虽穿重裘而不觉暖,并且时常有北风从蒙古挟沙土吹来,以致黄尘蔽天,空气混浊。夏天气候炎热,往往达华氏寒暑表一百零四度,偶或云腾致雨,那就顿觉寒冷,必须穿棉夹衣。"④降雨次数少,夏雨盛于冬雨,雨量最多之时即在温度最高之时。"雨水每年以三、四、五月为最缺,适当农事正需雨水之时。七、八、九月为雨量最多之季,则为农人正收获之期。"⑤年降雨小于400毫米的干旱、半干旱地区占据了该地区的绝大部分。同时,由于蒸发量极大,超过降水量的几倍甚至几十倍,因而水资源的限制更为突出。水资源的缺乏,成为制约该地经济发展的一个重要因素。⑥除了气候干旱以外,由于气温变化剧烈,即便一日之中亦有剧烈之变动,气温年较差和日较差都非常大,经常会出现霜冻、冰雹、大风等极端天气。但从另一个角度而言,由于干旱少雨,所以晴朗

---

① 秦永章:《甘宁青地区多民族格局形成史研究》,民族出版社2005年版,第3页。
② 唐蕃古道亦有丝绸南路之称。是我国古代历史上一条非常著名的交通大道,也是唐代以来中原内地去往青海、西藏乃至尼泊尔、印度等国的必经之路。唐蕃古道起自陕西西安(长安),途经甘肃、青海,至西藏拉萨(逻些),全长3000余公里。
③ 陈新海:《青甘宁民族关系的基本框架探析》,《青海民族研究》1998年第4期。
④ 陈博文:《甘肃省一瞥》,商务印书馆1926年版,第2页。
⑤ 安汉、李自发:《西北农业考察》,正中书局1936年版,第6页。
⑥ 何一民:《20世纪中国西部中等城市与区域发展》,巴蜀书社2005年版,第124—125页。

的天气比较多,太阳的辐射力度也较强,日照时间也较同纬度的我国东部地区为多。

具体而言,由于土地广袤,在甘宁青区域内部气候也多有变异。如宁夏东部为黄河流域,气温较同纬度地区温暖,年降水量为38.83公分,但阿拉善、额济纳两旗,则纯为沙漠性大陆气候,夏酷热,冬严寒,皆臻极点。① 甘肃东南天水一带,由于无高山峻岭阻隔,汉水低谷送来湿气,故而雨量颇丰,气候温和。青海西宁附近黄河下游及海中一带,气候温和,寒暑适中,雨量亦多,最冷时达摄氏零下20度,最热时不及摄氏26.7度。夏季早晚可着夹衣,冬季小河概被冰封。"黄河上源及西部一带四月仍有积雪不消,河流多被冰封,五月释冰,秋季空气干燥,七月即雪,晴时亦沙砾飞扬,黄尘蔽天,空气混浊。严冬寒时堕指裂肤,手足耳鼻冻僵后,若加剧热则必脱落,即在六月严暑,早晚亦须衣裘。"② 玉树一带,因属青藏高原之一部,海拔极高,平均高度在5000米,此地春来迟,而秋早至,飓风扫地,惨淡凶猛。③ 而柴达木一带则夏季非常炎热干燥,"可热饼萎叶,十一月可结冰,因温度干燥,其热甚于江南"④。

尽管甘宁青大部分为高原地带,高度自1000米至3000米以上。⑤ 但是在其区域内部,地貌、地形等也呈现出复杂多样的一面。由于唐古拉山、巴颜喀拉山、祁连山、积石山、六盘山、贺兰山等高大山脉纵横其间,高山、大岭占了很大面积。发源于青海巴颜喀拉山北路之黄河,曲折盘亘贯穿这一地区,使这一地区既有适合农业生产的冲积平原,又有适合山地农业的丘陵,还有适合畜牧业生产的茫茫草原。应该说,整个甘宁青地区的地形普遍高峻、地势复杂,其分布特点就是高山、大漠、高原、盆地、草原、谷地等相间分布。

甘宁青黄河流域之宁夏北部,皋兰、西宁一带,"土尚膏腴,田畴相望,有塞上天府之称。甘肃东南部多属黄土之阶级层,土壤肥沃,为三

---

① 叶祖灏:《宁夏纪要》,正论出版社1947年版,第11页。
② 许公武:《青海志略》,商务印书馆1945年版,第25—26页。
③ 汪公亮:《西北地理》,正中书局1936年版,第64页。
④ 王金绂:《西北地理》,立达书局1932年版,第27—28页。
⑤ 李松声、金希三等:《新编中国地理》,太岳新华书店1948年版,第63页。

省中富裕之区"①。宁夏南部地区,甘肃的河西走廊及其南部、东部山区,青海的东部高原区由于气候干旱,植被以大面积生长的草类为主,而且牧草种类多,其不同于中国东南地区,天然植被以乔木为主,是从事畜牧业生产的最佳场所。由于水草丰美,土宜产牧,故而"历代中原王朝也多将牧马苑监设在该地,如汉代的六牧师苑,隋唐的陇右牧监,明代陕西、甘肃的两苑马寺"②。寒冷的气候,牛羊遍地,绿草茵茵,气候、植被使然,为不同时期游牧民族在此地的生活和繁衍提供了地理生态基础。与此同时,在甘宁青黄河干流河谷地带的宁夏平原,位于合黎山、龙首山与祁连山之间的河西走廊,由于地势平坦,灌溉便利,故而成为了甘宁青发展农业生产的重要地区,特别是秦汉以降,这些地区逐渐被纳入中原地区,汉民族的不断迁徙进入,更使这一地区的农业生产规模不断扩大。"宁夏北部阿拉善额鲁特旗及额济纳土尔扈特旗及甘肃长城以外各部,皆系一望无垠之沙漠或隔壁,其间虽有黄土,亦为大风吹去。"③在甘宁青的一些丘陵和山区,则形成了半农半牧地带。④

适应着不同的气候类型,加上复杂地形、地貌等诸多因素的影响,生息繁衍在甘宁青地区的人群,在长久的历史发展进程中,创造了适合于当地自然环境和自身生存的生产生活方式,包括技术工具、产业结构和经济类型等,并在此基础上,形成了不同的部落群体或不同的族群,因之这一地区也成为了"古代中国最为重要的历史民族地区之一"⑤。根据自然地理形态、景观地貌特征以及经济类型等特点,甘宁青地区大致可以分为六个不同的自然区域。

(1) 河西走廊地区。位于黄河以西,祁连山地以北、北山山地以南,中间平地低落,成一天然走廊,故而该区自古被称为"河西走廊"。该区域自然天成,南北两侧有山地屏障。其地北临宁夏,南依青海,东南通关中,西北又与新疆蒙古接壤,东西绵延1000余公里,海拔平均不超过

---

① 安汉、李自发:《西北农业考察》,正中书局1936年版,第1页。
② 秦永章:《甘宁青地区多民族格局形成史研究》,民族出版社2005年版,第4页。
③ 安汉、李自发:《西北农业考察》,正中书局1936年版,第10页。
④ 秦永章:《甘宁青地区多民族格局形成史研究》,民族出版社2005年版,第4—5页。
⑤ 周星:《民族学新论》,陕西人民出版社1992年版,第237页。

1500 米。这里有水之处，可成沃野，无水之地便是浩瀚的戈壁。① 沃野上的绿洲是河西走廊精华之所在，沟渠纵横，灌溉便利，阡陌交织，农业发达。近代以来，"都市聚落亦即位于其间，武威、张掖、酒泉、敦煌，实为较大之沃野"②。自汉代以来，这里就成为了中西陆路交通与东西民族交流的咽喉要道，是以汉民族为主体的多民族杂居区，也是"北方草原民族经过河湟一带南下发展的转折点"③。

（2）青海西部、西南部牧区和甘南高原地区。这一地区因为是青藏高原的一部分或者边缘地带，平均海拔在 3 千米以上，由于地势高峻，因而气压较低，长冬少夏，空气稀薄，干燥少云，但日照强烈。以高原草甸为主的植被类型，使当地水草丰茂，牧场广大，牛肥马壮，自古以来就成为了以畜牧业生产为主的地区。牧草优良，牧业经营历史悠久，经验丰富，为北方游牧民族繁衍生息及明清时期蒙古族、藏民族等不同聚落在这一地区的聚居奠定了基础。直至近代，"蒙藏民族，亦多肉食而少谷食，且草地、荒地之地权，操自蒙藏王公及喇嘛"，振兴畜牧，仍然较垦殖为得计。④

（3）河湟谷地。包括"青海东部（日月山以东）、甘肃西部（兰州以西）包括今天的临夏地区。这里是黄土高原与青藏高原之间的过渡地带，是中原农业区和草原牧业区重要的结合地带"⑤。该地区海拔在 2000—4500 米之间。这里水源丰富，黄河及其支流湟水、洮河、大夏河等贯穿其间，气候相对温暖，宜耕宜牧。河流谷地流行精耕的灌溉农业生产，浅山地区进行着相对粗糙的自然农业生产，高山草地地带则开展着畜牧业生产。⑥ 由于宜农宜牧，故而长久以来，这一地区一直是多民族共居和繁衍生息的场所，也是骑马民族与农耕民族角逐、争夺的重要区域。

（4）甘肃东部（兰州以东）、宁夏南部地区。"这里属陇中黄土高原

---

① 陈正祥：《河西走廊》，国立中央大学理科研究所地理学部专刊1943年版，第1—3页。
② 陈正祥：《河西走廊》，国立中央大学理科研究所地理学部专刊1943年版，第16页。
③ 周星：《民族学新论》，陕西人民出版社1992年版，第237页。
④ 陈赓雅：《西北视察记》，甘肃人民出版社2000年版，第138页。
⑤ 秦永章：《试议"西北民族走廊"的范围和地理特点》，《中央民族大学学报》2011年第3期。
⑥ 关丙胜：《民国时期的河湟地方社会》，知识产权出版社2014年版，第11页。

（黄土高原在甘肃境内以陇山北段的六盘山为界，分为陇东黄土高原和陇西黄土高原）地区"①，大部分海拔在1000—1500米之间。随着秦汉以来对这一地区的农业开发，这一地区的水土流失日益严重，植被减少，地面破碎，沟壑纵横。尽管这一地区以农业生产为主，但由于降水量稀少、气候干燥，水土保持不易，没有固定水源进行农业灌溉，因此当地的农业生产极不稳定，丰歉不一。

（5）陇南山区地带。这里是秦岭山系的西延段，整体地势西高东低，海拔从东部的1500米上升到西部的3500米左右。这里地形复杂，山高谷深，重峦叠嶂，河流湍急，林木丰茂，气候类型上属于亚欧大陆内陆亚热带向暖温带的过渡区域，当地主要以山地林间及河谷农业为主。"历史上这一地区曾是氐、羌民族活动的重要区域。"②

（6）黄河冲积之宁夏北部平原。宁夏北部平原具体又可分为中心之中卫平原、中宁河谷地带之中宁平原及黄河"出青铜峡，平原宏开，大山渐远，是为贺兰平原"③。该地区地势平坦，海拔较低，平均在1000—1200米之间。由于黄河流经该区之时，水势渐缓，故而两岸形成了冲积平原，有黄河水的灌溉，加上历来河渠事业之发达，灵武县之秦渠，金积县之汉渠，其他如美丽渠、七星渠、大青渠等，④"土地肥美，沟渠数十道，皆引河水以资灌溉，岁用丰穰"。故而有"天下黄河富宁夏"，"南京北京都不收，黄河两岸报春秋"之美誉。⑤ 土肥水沃，"不但西北少有，即内地亦罕见"⑥。黄河两岸除了农业生产外，还分布着大量草场，也是宁夏地区畜牧业的主要产地。⑦

二 多样化的经济类型

总体上讲，甘宁青的地形属于山地高原区。然而地形、地貌类型的

---

① 秦永章：《甘宁青地区多民族格局形成史研究》，民族出版社2005年版，第7页。
② 秦永章：《甘宁青地区多民族格局形成史研究》，民族出版社2005年版，第7页。
③ 叶祖灏：《宁夏纪要》，正论出版社1947年版，第4页。
④ 刘鸣龙：《西北垦殖的今昔》，《新亚细亚》1936年第11卷第1期。
⑤ 王金绂：《西北地理》，立达书局1932年版，第44页。
⑥ 陈赓雅：《西北视察记》，甘肃人民出版社2002年版，第75页。
⑦ 黄正林：《农村经济史研究：以近代黄河上游区域为中心》，商务印书馆2015年版，第29页。

多样性和差异性，使适应自然地理概貌而形成的经济类型和产业结构也多呈现出复杂而多样的特点。这里既有以旱作业为主的农业区，也有畜牧业生产为主的草原牧区，还有两者混合型的地区，换言之，该地区"经济形态不再是单一的农业或游牧经济结构，而形成了农业经济、畜牧经济和半农半牧经济三大类型，其中半农半牧型经济突出地体现了该区域在经济上的过渡性"①。与此同时，表现为与其自然地理环境相适应的不同族群，以及不同族群基础上的不同生产、生活方式，特别是不同文化类型的立体分布格局。法国著名的社会学家谢和耐就曾指出："正是地理环境促使形成了某种生活方式并强加给它一些限制。在某种海拔高度之上和某些气候条件之外，小麦就要让位于大麦了，蒙古那辽阔的草原牧场更有利于大规模的饲养业而不是农业，需要大量灌溉的水稻种植业最理想的选择地是温带和热带那些能灌溉的平原。"② 可以说，正是甘宁青地形、地貌的复杂性，决定了该地区长久以来各民族不同的生产生活类型和经济形态。

自战国、秦汉以来，甘宁青地区就有着众多的民族如月氏、匈奴、乌孙、氐、羌等游牧民族的活动。到唐、宋、五代时期，这里更有吐谷浑、突厥、回鹘、吐蕃、党项、契丹等民族的扩张及迁徙活动。元代甘宁青地区又成为蒙古族占领的重要地区。明王朝建立后，在元代孕育并逐渐发展、形成起来的各个民族，已经开始以各自独立的面目出现在西北地区的历史舞台。明朝初期，甘宁青的居民主要有汉族、回族、蒙古族及藏族等多个民族。由于明王朝对甘宁青地区的经略，内地的汉族军民开始大规模地涌入到包括甘宁青在内的整个西北各地，由此使甘宁青地区的民族关系也发生了巨大变化，汉族成为该地区的民族主体，此后，在多方面影响着甘宁青地区的历史演进。

人口分布的疏密是各种地理因子反映的结果。自然地理环境优越、气候优良、土地肥沃之地，必然人口稠密；反之，在贫瘠的土地上，或干燥区域内，人口必因之而稀少，"故地理因素为控制人口分布的要件，

---

① 杜常顺：《明清时期黄河上游地区少数民族经济浅论》，《青海社会科学》1995年第4期。
② ［法］谢和耐：《中国社会史》，耿昇译，江苏人民出版社1995年版，第12页。

而人口分布则为地理环境的表征"①。甘宁青地区无论是古代还是近代各民族人口的分布都毫无例外地受到该地区自然地理条件的限制。甘宁青人口不仅稀少,而且分布极不平均。青海海拔较高,气候寒冷,东部一带人口较为稠密,向南向西递减,其中西南布哈河一带,沙碛弥漫,气候变化剧烈,故人口极稀。宁夏人口稠密之区皆在黄河附近,西北一带亦为沙碛不毛之地,人口也极为稀少。甘肃人口受地理环境限制更大,"西北一带人口稀疏,东南则人口稠密。徽县、成县一带,气候温和,居民群集与此。安西、敦煌一带,地势荒凉缺雨,人民生息殊非所宜"②。可见河西地区人口稀少的原因,完全是因为气候干旱少雨所致。

就总体而言,甘宁青人口分布为自然条件较好的东部较为稠密,而气候寒冷海拔较高的西部地区人口相对稀疏。在海拔2500米以上的高原山地地带,由于海拔高、气温低,牧草繁茂,主要分布着逐水草而迁徙的藏族和蒙古族等;在浅山、低地、河川等地,由于气候温暖,主要分布着以农业生产为主的汉、回等民族,如河西走廊、宁夏北部平原等都是汉民族聚居之地,他们的生活基本上以农业生产为主。换言之,历史时期甘宁青各族人民为适应自然环境,形成了人和自然和谐的生活方式,蒙古族、藏族等少数民族居住在自然环境比较恶劣、气候比较寒冷的高原和山地,如藏族居民主要分布在今天青海的海南、黄南、果洛、玉树、海北及甘肃的甘南、天祝等地;③ 蒙古族居民则分布在宁夏的阿拉善、额济纳;青海的柴达木盆地等地区相对高寒、多山,是蒙古族、藏族游牧民族的居地,汉民族人民所生活的地区,一般而言自然条件较为良好。

在历史上,生活在甘宁青地区的游牧民族受气候和自然地理环境的影响,常年过着逐水草而迁徙的生活,其生活来源主要以牛、马、羊等为主的畜牧业出产。这些游牧民族不仅以牲畜的皮毛为衣,遮风御寒,而且依靠牲畜业的肉食生产作为日常生活的必需品,所谓"韦韝毳幕,以御风雨;膻肉酪浆,以充饥渴"④。"挏乳以为酪,缀皮,捻毛以为衣,

---

① 严重敏:《西北地理》,大东书局1946年印行,第199页。
② 汪公亮:《西北地理》,正中书局1936年版,第150页。
③ 杨建新:《中国西北少数民族史》,宁夏人民出版社1988年版,第249页。
④ 《李陵答苏武书》,载张琪编《古文观止》,内蒙古人民出版社2007年版,第171页。

又斥其余,以易所无。"① 事实上,畜牧业对自然环境的依赖程度比农业大,"相对于四季的自然规律,游牧生活极端不稳定。夏季有大旱或草原大火之类,草地瞬间荒芜;情况最糟时若遇冬季寒流或大雪侵袭,险境环生之下,甚至有可能导致整个群体灭绝。从日常生活用品到农业生产工具及各式战斗工具,亦常无法完全自给自足"②。而牲畜大批死亡之后,又"不能迅速恢复,不似农业生产那样,从播种到收获,为期较短。牧业生产每遇到灾年,牲畜便大批死亡,一个富有的人家,顷刻之间可以变得一无所有"③。综观以上,游牧民族的生存形态受自然条件的影响和制约更深,干旱、严寒及冰雪等气候变化都会让辽阔的草原失去生机,从而使广大游牧民陷入衣食无着、生活困顿的窘境。

事实上,对游牧民族而言,畜牧业产品既是他们的生产资料,也是他们的生活资料,换言之,他们的衣、食、住、行等生活必需品都取之于畜牧。但是,畜牧业生产却满足不了他们的全部甚至部分日常生活的所需。实际上,一切生活用品都依赖家畜的纯粹游牧业是不存在的。游牧民族毕竟不能一年四季"咸食畜肉,衣其皮革,被旃裘"④。单一的畜产品生产无法满足日常需要,他们无论如何也需要一部分粮食、茶叶等农产品,所以历史上的游牧民族大多时候也从事部分农耕。汉代西域一些以游牧为主的国家,因自然环境不适合农业生产,为解决粮食等日常生活所需,曾一度到邻国"度田"。"民随畜牧逐水草,有驴马,多橐它"的鄯善国,就常常因为"地沙卤,少田,寄田仰谷旁国"⑤。"依耐国……少谷,寄田疏勒、莎车。"⑥ 尽管民随畜牧、逐水草,粮食需要别的国家供给外,茶叶也是游牧民族日常生活所需。清代已有官员在其奏稿中指出:"蒙番夙性肉食为粮,牲畜蕃滋,取资甚便,然不饮茶,则膨

---

① 周希武:《玉树调查记》,吴均校释,青海人民出版社1986年版,第91页。
② [日]杉山正明:《游牧民的世界史》,黄美蓉译,北京时代华文书局2019年版,第15页。
③ 国家民委《民族问题五种丛书》编辑委员会、《中国民族问题资料·档案集成》编辑委员会编:《当代中国民族问题资料·档案汇编〈民族问题五种丛书〉及其档案集成》第5辑《中国少数民族社会历史调查资料丛刊》第67卷,中央民族大学出版社2005年版,第29页。
④ (西汉)司马迁:《史记》卷110《匈奴列传》。
⑤ (东汉)班固:《汉书(下)》卷96上《西域传上》。
⑥ (东汉)班固:《汉书(下)》卷96上《西域传上》。

滞生疾，又必掺食炒面，始能果腹，是粮茶二物，为蒙番仰给内地要需。"①

除了必需的农产品外，游牧民族也需要一些基本的手工业产品，如铁器、布帛等。这些经济需求就像一个巨大的磁场，不停地吸引着游牧民族关注，"游牧民族本身或多或少都经营一些粗放农业和简单家庭手工业，但游牧经济本身的流动性不可能给予这些行业以大规模发展的机会和环境。其结果是必然导致游牧民族在经济上对农耕社会产生强烈的依赖性，从而他们必然要把目光转向农耕地区"②。换言之，畜牧业经济的脆弱性和非自足性所致的游牧社会日常所需货物之调剂，使他们自然而然地要把目光转向农耕地区，想方设法得到那里生产的物资，以使自己匮乏的物资得到相应的补充。可以说，游牧民族和农耕民族间无论是冲突，还是平等交往，往往都是由经济这一根本原因而引起，并由经济利益来决定的。这也恰如鱼宏亮先生所指："地理环境可能赋予人们某种独特的禀赋与气质，但这种独特性本身正如每个个体的独特性一样，总是从属于某种更高的价值认同。世界上大多数国家都拥有多样性的地理环境，但地理的界限从未成为族群与文化认同的鸿沟。游牧社会与农耕社会表面上看起来具有更多的差异性，但在深层经济结构中却存在互相不能分离的互补性需求。"③

概而言之，不同的自然地理环境，决定了不同的生存方式和生活习惯，而不同的生存方式和生活习惯，使得长久以来广大的汉族及周边的游牧民族形成了相互依赖的关系。尤其是对以游牧为生的少数民族，更是在很大程度上依赖农耕民族经济上的支持，如此才能满足他们日常生产生活所需。他们"虽然没有内部贸易的经济必要性，草原却有着对外贸易的必要性"④。这样一来，两种不同的经济类型相互间必然产生联系

---

① 吴丰培：《豫师青海奏稿》"请饬禁四川私贩黄茶折"，青海人民出版社1981年版，第161页。

② 蔡凤林：《中国农牧文化结合与中华民族的形成》，中国财政经济出版社2000年版，第9页。

③ 鱼宏亮：《跨越地理的环境之路——明清时期北方的游牧社会与农商社会》，《文史哲》2020年第3期。

④ [美]拉铁摩尔：《中国的亚洲内陆边疆》，唐晓峰译，江苏人民出版社2008年版，第49页。

和影响,在历史长河中,游牧民族通常通过两种途径从农耕地区获取他们所需的生活资料(主要是植物性资料),一种是掠夺,另一种是交易。在中原王朝衰落时进行掠夺,在中原王朝强盛时进行贸易往来。不同的历史时期,两种手段常常交替使用。汉初时的匈奴是通过武装掠夺来获取汉族的财物的,"初匈奴好汉缯絮食物"①,为得到汉族的粮食、布匹等物资便连年发动对中原内地的掠夺战争。汉王朝为了防止匈奴的掠夺,经过七十多年休养生息,国力逐渐强盛,于公元前133—前119年,先后派遣大将卫青、霍去病发动漠南之战、河西之战、漠北之战,并且通过通西域,隔绝了南羌、月氏,从而使匈奴单于失援,于是被迫远遁。此后,匈奴为了继续得到汉物,要么只有通过"献国珍宝"而得到汉朝政府的黄金、锦绣、缯布絮、粮食等赏赐,要么通过经济理性驱使下的"远驱牛马,与汉合市"方式而获得。②

为了满足西北游牧民族的物资需要,自隋唐时期起,中原王朝与包括甘宁青在内的整个西北少数民族之间绢(茶)马贸易制度就开始推行,这一制度一直延续到了清朝前期。茶马贸易的互市地点,主要安排在农耕—游牧的边缘地带。以其所有,易我所无,"牛羊为彼之所贱,我之所需,布疋糖茶为我之所贱,而彼之所需"③。互市制度成为了农耕民族和游牧民族用和平手段完成双方的物资交换最主要的形式。明清以前,中央王朝与周边少数民族,常常存在着对抗性的关系,交换仅是中原王朝对周边民族采取的"羁縻"政策中的一种方式,但是,这种交换方式并不能完全满足游牧民族的日常生产生活所需,而且每当中原王朝失去了对周边游牧民族控制的时候,掠夺就成为游牧民族获得自己日常所需物资的常用手段,这种特殊的财货转移方式,势必常常造成双方的对立和冲突。

中原王朝与周边游牧民族的关系既久远,又复杂,由于自然地理环境的自然分工不同,使得历史时期,掠夺、战争、防御、夯土筑墙、修建堡垒,乃至长城的建造,长久以来就成为游牧民族和农耕民族之间进行物资交换的一种选择,但是事实上通过这种交换物资的方式不但成本

---

① (西汉)司马迁:《史记》卷110《匈奴列传》。
② 李清凌:《西北经济史》,人民出版社1997年版,第96页。
③ 许公武:《青海志略》,商务印书馆1945年版,第79页。

过于昂贵，而且不能带来持久的经济效益。因为一般说来，表现为单纯性运动的掠夺或战争，尽管更多时候游牧民族在获取财物时其付出成本低于农耕民族，换言之，他们不必同时付出和农耕民族相等的代价，但是，两者的矛盾和冲突，付出的势必是社会共同体安定性保证，这不仅会给双方带来了财产拥有的不稳定性，而且每当双方实力发生变化时，带来的可能是巨大的灾难，不难想见，以获取财物为目的的掠夺或战争，其成本和收益常常是不成比例的。因此，没有任何一个共同体是可以依靠单纯性的掠夺或战争，来获取稳定的财物并维系其生存的。这就造成人类历史发展中的难题，使我们感到历史在其发展运行过程中，很多时候并不是理性的，我们只有在推进它的过程中进行努力，因之强调自生自发秩序的作用与主动进行理性的设计和变革性建构就变得同等重要，这时候，制度设计不仅是可能的，而且也成为了一种必要。① 因为，游牧经济最本质的需求是想用最"经济"的手段来获取自己日常的基本生活所需，而不是通过战争进行你死我活的较量。游牧经济与农耕地区的相互关系，本质上也不是对立的关系，而是以经济互补、余缺调剂为基础的睦邻友好往来。

恩格斯关于"应该从经济关系及其发展中来解释政治及其历史，而不是相反"的这一论断②，显然也适合于甘宁青农牧民族关系确立的解释。诺贝尔经济学奖获得者道格拉斯·C. 诺思就曾指出，若统治者通过提供基本规则的方式能有效地降低交易成本，社会经济就会得到发展和繁荣。③ 游牧与农耕之间如何利用"规则"达到双方的利益均衡，是经过复杂又长期的反馈机制来最终实现的。博弈论认为，社会交换具有"顺利地容纳竞争性和互补性利益"的功能，要么利益冲突，要么利益重叠，"这意味着一些状况是零和的（一方的获得就是另一方的失去），而其他状况可能是双赢的（各方皆有所收获）或双败的（各方皆有所失）"④。

---

① 阳春:《制度正义论》，广东人民出版社2016年版，第168页。
② 《马克思恩格斯选集》第4卷，人民出版社1972年版，第192页。
③ [美] 道格拉斯·C. 诺思:《经济史中的结构与变迁》，陈郁、罗华平等译，上海三联书店、上海人民出版社1994年版，第24页。
④ [美] 乔纳森·特纳:《社会学理论的结构》，邱泽奇等译，华夏出版社2001年版，第312页。

规范双方利益，构建和平秩序，实现非零和的交换，沟通三块高原的两种经济类型的最佳办法就是相互开放，互相通商，因为商业是以和平、平等的协商完成双赢的最佳途径。① 商业贸易往来也是一种最为积极有效的交易行为，这种交易行为是以利润为动机推动的，因此，其经济效益及社会效益更加明显。"在长期的中国封建社会里，由于出现某种程度的经济分业，广大经济地区的物产的差异，引起商业贸易的发达，所以商人每于国内各地在其有利的条件下形成为一个势力相当雄厚的地方资本。"②

中国封建社会进入明朝以后，随着蒙古族、藏族等民族在甘宁青定居局面的最后完成，农耕民族和游牧民族对抗性关系也已基本结束，掠夺已经不可能再作为游牧民族获取财物的方式了。在这一时期，汉民族越来越多地涌入到甘宁青地区，从而使游牧民族居住环境进一步恶化，这更直接导致了他们的生活对农耕民族依赖程度的加深。尽管萧正洪认为："清代西部地区农业垦殖的发展在空间上具有跳跃性或者说不连续性的特点，以往相对明确的农牧分界线变得不那么清晰了。"③ 然而，事实上游牧经济仍然在西北地区广为存在的客观现实，使中央政府依旧采取茶马贸易来满足游牧民族对茶叶等的日常生活所需，但是这种方式或手段，由于成本太高，有时候亦不能达到各地区内部经济的均衡，在这样一个前提下，自下而上的定期集市到经济贸易中心的各种市镇组成的市镇贸易网络④，也随之兴起和发展了起来，因为"交换主体都能通过交换获得更大满足。这可以从交换过程总是持续和大面积发生本身得到证明"⑤。

可见，不同交换主体之间相互联系的经济体系，承载着不同族群之

---

① 李德宽：《西北回族"复合型经济"与宏观地缘构造的理论分析》，《回族研究》2003年第4期。
② 傅衣凌：《明清时代商人及商业资本》，中华书局2007年版，第154页。
③ 萧正洪：《环境与技术选择——清代中国西部地区农业技术地理研究》，中国社会科学出版社1998年版，第23页。
④ ［美］王国斌：《转变中国：历史的变迁与欧洲经验的局限》，李伯重、连玲玲译，江苏人民出版社2010年版，第9页。
⑤ 刘峰：《经济选择的秩序——一个交易经济学理论框架》，上海交通大学出版社2006年版，第24页。

间的生活需求。换言之，甘宁青多样化的经济类型中经济结构中的互补，决定了该地区长久以来就存在着农耕物资和畜牧业产品交换及贸易往来，换言之，两者的经济互动或财富交易，决定了双方之间的依存关系，游牧民族需要茶叶、粮食等日常生活用品，而农耕民族需要牲畜等畜牧业产品。即便进入近代，停滞于游牧时代的蒙藏民族，"其生产的羊毛、羔皮、野兽皮、鹿茸、麝香、牛、羊、马、驼等又为西北经济上最有价值之出品……定居民以农产品工业品，交换游牧民之猎物及畜产品，游牧民亦然，换言之，定居民养活游牧民，同时游牧民亦养活定居民，二者相依为命，经济上发生密切之连锁关系"①。可以说，农业民族与游牧民族之间交易往来，促进了双方的经济发展和社会进步。"由于大量牲畜的输入，大大改善了中原地区各族农民和手工业者的劳动条件，提高了生产力，便利了商业运输，亦有利于骑兵的建设……中原农业区的农产品和手工业产品的大量进入游牧区，丰富了游牧民族吃饭、穿衣的需要，并促进了游牧区生产力的发展。"②

诚如拉铁摩尔（O. Lattimore）所指出的："我们必须承认，游牧生活不可能完全自给自足或独立。任何种类的剩余牲畜、毛、皮及其他生活用品，其不能在游牧社会中消费的剩余者，可以用来与农业社会交易。同时，在农业地区的边缘地带，将粮食运到草原比运到中国便宜，因此可以卖得较大利润。"③农业社会和游牧社会在经济上的互相依存，牲畜、皮、毛之类，都是可以和农业社会交换的产品，而农业社会与之交易也会获取更大的利润，这必然驱使着不同的商人群体奔走其间，换言之，农耕民族需要畜产品，而游牧民族需要粮食、茶叶、布匹、各种金属工具等，显而易见，由于资源禀赋的差异，使得生活于甘宁青地区的人群存在着强烈的交换要求和巨大的商业资源、商业利润及商业机会。这一切，为甘宁青地区的商人的兴起和发展提供了腾挪的空间与契机。

---

① 李自发：《青海蒙藏问题及其补救方针》，《新青海》1933 年第 1 卷第 12 期。
② 费孝通：《中华民族多元一体格局》，中央民族大学出版社 1999 年版，第 264 页。
③ [美] 拉铁摩尔：《中国的亚洲内陆边疆》，唐晓峰译，江苏人民出版社 2008 年版，第 227 页。

第二节　清前中期甘宁青的商人及商业概况

清朝前期，康熙、雍正、乾隆曾励精图治，从而使中国历史上又出现了一次盛世——"康乾盛世"，经过明末动荡的社会经济有了进一步的恢复和发展。随着甘宁青社会政局的稳定及其交通运输的改善，不同的民族共同体开始有效地纳入到中央政府统一的制度框架中，为满足西北地区蒙古族、藏族等少数民族的日常生活所需及国家国防建设之军马供应，茶马互市也在前朝的基础上重新得到加强，承担以茶易马的商人受官府的控制之际，也享受贸易保护，因此，他们对官府有着极强的依赖关系。此时，民间贸易也开始以扩散态势逐渐取代了官府主导的格局，商人活动日趋活跃，随着茶马贸易的停摆，甘宁青地区商业和各级市场渐趋发展了起来。

一　茶马贸易下的茶商

清代初期，由于战争所用马匹依然依赖于茶马贸易所获取，因此，政府在茶马法上沿用明代制度，以备军需，"每年榷茶中马，各厅员实掌其事"①。顺治二年（1645年）九月，巡视陕西茶马监察御史廖攀龙奏报，"目前百废难举，忧心转炽，又闻汉中道梗，商旅裹足，番情狡诈，羁縻甚坚，而寺监尽属缺员"，因而要求，"迅选补苑马七监等官，速催到任，以便责成"②。很快，清政府在甘宁青地区设置了五茶马司，"专差茶马御使一员，督理其事，驻劄巩昌府城，散引征茶，专司催征。分设西庄洮河甘五司，经收以备中马"③。其中西宁茶马司驻西宁，洮州茶马司驻岷州（治所今甘肃岷县），河州茶马司驻临夏（治所今甘肃临夏市西北），庄浪茶马司驻平番（治所今甘肃永登），甘州茶马司驻兰州（治所今甘肃兰州）。"内甘州一司，隶兰州同知。"④ 清初，政府统一在五茶马

---

① 岷县编纂委员会办公室：《岷州志校注》，1988年，第169页。
② 《廖攀龙为速派茶马官员事揭帖 顺治二年九月（十月初八日到文）》，《清代档案史料丛编》第10集，中华书局1984年版，第2页。
③ 石涛：《中华大典 经济典 综合分典2》，巴蜀书社2016年版，第1110页。
④ （清）许容、李迪等：《（乾隆）甘肃通志（上）》，刘光华等点校，兰州大学出版社2018年版，第685页。

司内发行茶引,设"陕西差茶马御史一员,辖洮岷、河州、西宁、庄浪、甘州五茶马司各厅员"。每岁,御史招商领引,纳课报部。①

顺治初年,甘肃"每年额引二万七千二百九十六道,内分西司九千七百一十二道,洮司三千三百道,河司五千一百三十二道,庄司五千一百五十二道,甘司四千道"②。但是由于整个社会依然处于战乱之中,"虽有茶法,无所用之"③。故而"商人多越境私贩。番族利其值贱,趋之若鹜。兼番僧驰驿往来,夹带私茶出关,吏不能诘"④。私贩之茶叶未经纳课请引手续,价格低廉,尽管常常行销于"地下"。私茶横行不仅减少了国家财政收入,而且必然与官茶争利。因此,"中茶易马,必先严禁私贩"⑤。为保证官方对茶叶的垄断和保障马的来源,换言之,为保障官茶的畅通,从而亦防止私贩茶人对茶商利益的争夺,清政府也沿袭了明代的茶马贸易中严禁私人运茶出境货卖的政策,规定:"凡通接西番关隘处所,拨官军巡守,遇有夹带私茶出境者,拿解治罪。其番僧夹带奸人并私茶,许沿途官司盘检,茶货入官,伴送夹带人送官治罪。若番僧所到处,该衔门官纵容私买茶货及私受馈送、增改关文者,听巡按察究。"为严格限制私茶买卖,保障官茶畅销,清政府"先由潼关、汉中二处盘查,运至巩昌,再经通判察验,然后分赴各司交纳,官茶贮库,商茶听商人在本司贸易"⑥。可见,清初政府为防止官商勾结所致"番人"滥入边内,不仅不许私人染指茶马贸易,而且茶商交易也必须在规定的城镇内进行,"甘镇以茶易马,各番许于开市处所互市,不容滥入边内"⑦。而在

---

① (清)许容、李迪等:《(乾隆)甘肃通志(上)》,刘光华等点校,兰州大学出版社2018年版,第685页。
② (清)张廷玉:《清文献通考》卷30《征榷五·榷茶》,浙江古籍出版社1988年版,第512页。
③ (清)车克:《为蜀中茶法久特议权便之法以通商民以资一得事》,顺治十年十二月十九日,中国第一历史档案馆,档号:02-01-02-2163-011。
④ 赵尔巽:《清史稿》卷124《食货志》五《茶法》。
⑤ 姜图南:《关陇集》卷1《奏议》,《清代诗文集汇编》编纂委员会:《清代诗文集汇编》第69册,上海古籍出版社2010年版,第631页。
⑥ (清)许容、李迪等:《(乾隆)甘肃通志(上)》,刘光华等点校,兰州大学出版社2018年版,第686页。
⑦ (清)许容、李迪等:《(乾隆)甘肃通志(上)》,刘光华等点校,兰州大学出版社2018年版,第686页。

寺院中的番人中马者，亦必须经过茶马司，"其由本镇发银市马，查核的确，准令购买。若有载茶易马者，概行禁止"①。

招茶商以茶马，商贩领引入山采茶。"凡伪造茶引者处斩，家产充公，卖茶于无引商人者，则园主杖六十，原价入官。"运茶之西北商人承领引张后，由州县地方官出结，"移布政司衙门存案，一人不得跨籍占领，而籍足以杜假冒朦混之弊。"② "行中马之制"时，官方通过茶马司向茶商征收实物——茶叶。顺治七年（1650年），清政府规定西北五茶马司茶引全部改由商部颁发，大小茶引均由官商平分，以为中马之用，即商人纳税后，将茶叶运销西北各地。照旧例，其中"大引采茶九千三百斤，为九百三十笼，商领部引，输价买茶，交茶马司一半，入官易马，一半给商发卖，例不抽税"，而"小引包茶，税分等级，每五斤为一包，每两百包为一引，发卖民用"③。显然，清代茶商所受控制相较明代而言，已经有所放松，官商均分，听商自卖，无疑有助于激发茶商积极从事商业经营活动，他们大量地从四川、湖北等产茶区通过潼关、汉中两地转运，然后向甘肃、青海等西北茶马贸易市场运售茶笼。与此同时，为保持西北边疆地区的安宁与稳定，各番交易茶马，还"量赉烟酒，以示抚绥"④。

事实上，就清初的大多数茶商而言，"持些少轻微之本，非若巨商赀财之世其业，"官商对分，岁行销引，"若不少留余地，谁复出力输将？"⑤ 由于资本有限，运路艰难等客观条件的限制，特别是官商分成所致的茶商获利十分有限等实际情形的存在，常常使"中马之制"下承担成本和风险的茶商失去更多的热情。"今商人仅十之一，官商对分，岁营销引，川湖闻戒，运路倍艰。"⑥ 承引茶商之人仅仅为明代茶商的十分之一，为调动和刺激广大茶商的积极性，使更多的人从事茶叶运销，进而

---

① 徐方幹：《历代茶叶边易史略》，《边政公论》1944年第3卷第11期。
② 徐方幹：《历代茶叶边易史略》，《边政公论》1944年第3卷第11期。
③ 吴觉农：《中国地方志茶叶历史资料选辑》，中国农业出版社1990年版，第11页。
④ （清）许容、李迪等：《（乾隆）甘肃通志（上）》，刘光华等点校，兰州大学出版社2018年版，第686—687页。
⑤ 《噶达洪题折中额定马数事本（顺治十年正月二十五日）》，《清代档案史料丛编》第10集，中华书局1984年版，第35页。
⑥ （清）姜图南：《关陇集》旧序，第660页。

促进西北官营茶马贸易更好地发展,顺治十年(1653年),户部尚书车克上疏,"每茶千斤,概准附茶一百四十斤,听商自卖",认为此为"裕国通商久长之至计",被朝廷采纳。① 每千斤茶叶附脚费140斤,允许商人自主经营一定数量的茶叶,以充途中消耗,在减轻茶商负担之际,也放宽了商人运茶的限制,在这种情况下,茶商既是官商,也是茶叶自营商,助推着茶叶向自由买卖之路前进。因此,有学者说:"随着茶税的减少,茶叶的专卖已经松弛化了。"②

在清初的五茶马司中,甘州茶马司只是一个管理机构,也就是说从事茶马贸易的茶商须在甘州(驻兰州)纳课承引,然后运销各地。清初的茶马贸易主要在西宁、洮、岷、河四司进行,而西宁、洮岷、河州、平番和兰州则是"茶马互市"中茶叶的主要集散地,这其中又以巩昌府(兰州)为最大的转运中心。③ 在四司中,每年以茶易取的马匹,以西宁司为最多,河州次之,洮岷司则又次之。在洮岷司中,若洮与岷"分别中马","以十分为率,洮居其七,岷居其三"④。可见,就纳茶之地而言,尽管"西宁远,而甘、庄、河、洮近,商皆乐驱西宁,以地广人稀,茶商易于货卖也"⑤。换言之,虽然相较于其他茶马司而言,西宁茶马司路途更加遥远,而且地广人稀,但是由于蒙藏民族大量聚居,茶叶在此地更容易换取马匹等物资,因而成为了茶商热衷前往之地。清初,甘宁青官茶行销区域主要为青海、陇南、河西等地,宁夏因食茶人少,茶商销售艰难,销官茶仅450余担。⑥

尽管在茶商的往来穿梭下,清初西北地区茶马贸易总体上有一定程度的恢复和发展,但时非事异,无论是易马定额,还是实易数额,均已远远达不到明代的水平。早在顺治二年(1645年)茶马御史廖攀龙就曾

---

① 《车克题茶商附茶事本(顺治十年闰八月初五)》,《清代档案史料丛编》第10集,中华书局1984年版,第38页。
② 吴慧:《翰苑探史——中国经济史论集萃二十五题》,中国经济出版社2010年版,第501页。
③ 张萍:《官方贸易主导下清代西北地区市场体系的形成》,《清史研究》2016年第6期。
④ 岷县志编纂委员会办公室:《岷州志校注》,1988年,第171页。
⑤ 《车克题茶商附茶事本(顺治十年闰八月初五)》,《清代档案史料丛编》第10集,中华书局1984年版,第38页。
⑥ 叶知水:《西北茶叶贸易政策之实施(续)》,《闽茶》1947年第2卷第3期。

奏报:"茶马旧额万一千八十八匹,崇祯三年(1630年)增解二千匹,请永行蠲免。"从之。① 茶马数额降低,究其原因,在于清立国初期,地方未靖,茶道梗阻,园户绝少之故也,以后岁易马匹,"前后接差报中多寡不等",直至顺治十年(1653年)仍是"地方初安,中马多寡,臣部难以定额"的情形。② 到顺治末年,由于国家政治生态环境的变化,茶马贸易开始出现了衰落的征兆。

顺治十三年(1656年),清政府"以甘肃所中之马既足,命陈茶变价充饷"。甘肃陈茶多于所中之马,供过于求,陈茶需要变价处理。十四年(1657年)"复以广宁、开成、黑水、安定、清安、万安、武安七监马蕃,命私马私茶没入变价。原留中马支用者,悉改折充饷"③。私马、私茶没收后,也都折价出售,以充军费开支,证明国家已放开管控,茶叶、马匹等已可以不通过以货易货的方式获得。

顺治十八年(1661年),清政府虽然又允准达赖喇嘛及根都台吉之请,于云南北胜州互市,以马市茶,遂开茶马市场,商人则按每两茶收税银三分,由抚臣详造交易细数,"番商"姓名,每年题报。④ 但北胜州茶马贸易的规模,相对于西宁等茶马司的茶马贸易而言是很小的,然而从另一个角度而言,北胜州以茶市马互市的开设,也在一定程度上说明了西北地区茶马贸易地位的下降。康熙四年(1665年),清政府"裁陕西苑马各监,开茶马市于北胜州,七年,裁茶马御史,归甘肃巡抚管理"⑤。茶马御史的裁撤,说明茶马贸易的渐衰。

康熙三十二年(1693年),"西宁五司收贮茶筐年久,难免浥烂,每筐十斤变价银六钱"⑥。三十四年(1695年),刑科给事中裘元佩言洮、岷诸处额茶30余万篦,可中马1万匹。陈茶每年滞销,又可中数万匹。请遣员专管。康熙三十六年(1697年),差部员督理茶马事务,同年以

---

① 赵尔巽:《清史稿》卷124《食货志》五《茶法》。
② 《噶达洪题折中额定马数事本(顺治十年正月二十五日)》,《清代档案史料丛编》第10集,中华书局1984年版,第36页。
③ 赵尔巽:《清史稿》卷124《食货志》五《茶法》。
④ 《大清会典》卷242《茶课》。
⑤ 赵尔巽:《清史稿》卷124《食货志》五《茶法》。
⑥ (清)许容、李迪等:《(乾隆)甘肃通志(上)》,刘光华等点校,兰州大学出版社2018年版,第687页。

"兰城无马可中"为由撤销了甘司。① 官方对茶商的干涉愈趋减少的同时，私茶越来越多。康熙四十年（1701年），以"陕西私茶充斥，令严查往来民人，凡携带私茶十斤以下者，勿问"②。康熙四十四年（1705年），以前中马最多的西宁、河州二司也陷入了"招中无几"之窘境，为此不得不将库存茶篦变价折银充饷。与此同时，私茶兴起，又减少了国家的财政收入，因之，清廷又"以奸商恃有前例，皆分带零运，私贩转多，饬照旧缉捕，停差部员，仍归甘肃巡抚兼理"③。虽然再一次严禁私茶，但巡视茶马官员的裁撤，在说明以往政策的松弛的同时，也凸显了茶马之制的萧条和衰落。康熙四十五年（1706年），甘肃巡抚令茶商"改折每篦纳银四钱，其陈茶仍给番族，每马一匹折银七两二钱，收银解司，其制已变，然尚有中马之时"④。将茶改征税款，准许茶商经营。

自康熙三十二年起，即以折变银两的方式来代替应缴纳的茶马，说明茶马贸易的制度已发生根本性的变化，换言之，甘宁青地区的蒙古族、藏族等周边的少数民族可以不再单纯依赖以茶易马的方式交换自己的日常生活所需，而是可以通过多种交换形式获得棉、绢、布、粮食等物品，茶商的自主性更加凸显。正如有学者指出的："明时，西番各族人民以马易茶，不仅为了自己消费，也把茶当作实物货币。而清时茶马贸易这种以物易物的原始的简单的商品交换形式，就不再能适应各族人民经济往来，清前期，西北茶马司茶叶一直持供过于求状态，即说明茶叶已退回为一种普遍的商品了。随着商品经济的发展，茶税的征收手段也起了相应变化，由征实向征银逐渐过渡。"⑤ 因而，乾隆年间曾任循化厅同知的龚景瀚就认为清代的茶马贸易，"是其停止当在康熙末年也"⑥。应该是

---

① 吴觉农：《中国地方志茶叶历史资料选辑》，中国农业出版社1990年版，第11页。
② 赵尔巽：《清史稿》卷124《食货志》五《茶法》。
③ 赵尔巽：《清史稿》卷124《食货志》五《茶法》。另据《清朝文献通考》卷822《职官考》六载：茶马御史一职于康熙二十四年（1695年）恢复，四十二年（1703年）复裁，与《清史稿》记载有出入。
④ 《清高宗实录》卷633，乾隆二十六年三月壬戌条。（清）升允、长庚：《甘肃新通志》卷22《建置志·茶法》，宣统元年（1909年）刻本。
⑤ 王一成、韦苇：《陕西古近代对外经济贸易研究》，陕西人民出版社1990年版，第401页。
⑥ （清）龚景瀚：《循化志》卷7《盐法茶法》，青海人民出版社1981年版，第285页。

有一定道理的。

康熙五十七年（1718年），清政府又"议准陕西、西宁地方为通番大道，原额茶引，不敷民番食用。今加增茶引二千道"。六十一年（1722年），为了折价变卖旧茶，又准陕西、西宁、庄浪，由岷州、河州界连口外，增茶引四千道。"西宁等处行茶，原照例易换马驼牛羊，并买粟谷，今将旧茶悉出变卖，以作兵饷。"①又于兰州设立茶司，令兰厅管理，名曰甘司。雍正（1722—1735年）初年，"年羹尧奏请移互市于那喇萨喇地方（日月山），准岳钟琪之请仍开河州、松潘互市，又将那喇萨喇互市移至丹噶尔寺（今青海湟源县地）"②。

雍正三年（1725年），河西厅改为府，"卫所改为州县案内"③。西宁厅改为西宁府，"西司茶务归西宁府管理。又覆准，甘肃四茶篦，自康熙六十一年为始，五年之内，总收本色。五年之后，即将五年以前之茶发出变价，挨次出陈易新，将变价银两按年题报"。除过茶叶变价银两，而且改变了茶商在本司贸易的规定，"地僻引多，茶斤塞滞，不能营销者，该商具呈该司，该司详报甘抚，行令往别司分，通融发卖办课"④。茶商经营环境愈发宽松。雍正四年（1726年），"诸族按地纳粮，中马遂停，旧存之茶，或变卖，或搭饷，或折收不等"⑤。中马已完全停止。雍正八年（1730年），改岷厅为州，"洮岷司茶务归洮岷道管理"⑥。九年（1731年），令西宁五司复行中马之法。至十三年（1735年），"军需告竣，番民以中马为累，详请奉文停止"⑦。茶马司成为管理民族贸易的机构，行销西北的茶叶则由茶商向户部领引据进行贩运。每引一百斤，商人交税

---

① （清）许容、李迪等：《（乾隆）甘肃通志（上）》，刘光华等点校，兰州大学出版社2018年版，第687页。

② 王晓燕：《官营茶马贸易研究》，民族出版社2004年版，第240页。

③ 徐方幹：《历代茶叶边易史略》，《边政公论》1944年第3卷第11期。

④ （清）许容、李迪等：《（乾隆）甘肃通志（上）》，刘光华等点校，兰州大学出版社2018年版，第688页。

⑤ （清）升允、长庚：《甘肃新通志》卷22《建置志·茶法》，宣统元年（1909年）刻本。

⑥ （清）许容、李迪等：《（乾隆）甘肃通志（上）》，刘光华等点校，兰州大学出版社2018年版，第688页。

⑦ （清）杨应琚：《西宁府新志》卷17《田赋志 茶马》，乾隆十二年（1747年）刻本。

后自行贩运。①

乾隆元年（1736年）以来，因"折价茶封不准配运，遂致商力疲乏，帑项悬久"②。为此，政府对此改弦易辙，将所存官茶或折银，或易粮，或招商发卖，很少征课茶叶。"番族向化，边围无事，乾隆年间罢中马之制，令商纳税银，以兰州道理其事，分西、庄、甘三司，兰州属甘司，额引九千九百八十二，每引一，税茶十封，以一封交茶，九封折银。（每封三钱，共收折银二两七钱），共征茶九千九百八十二封，银二万六千九百五十一两四钱。"③ 乾隆七年（1742年），又议将折价仍收本色。④ 面对西宁五司陈茶充牣，乾隆十一年（1746年），甘肃巡抚黄廷桂请准西宁、河州、庄浪三司，允许以粮易茶，"计用茶六万五千五百余封，易杂粮三万八千一百余石"⑤。政府利用商人，输纳粮食，并大量推销所积之茶，而商人自由贸易状况愈发普遍。

无论是以粮换茶，还是改征折价，茶叶"自亦无庸（壅）配达，如此则茶商行销较易，不致停本贱售。而课项又系照常完纳，且商茶既减，则官茶亦易销售，实于公私交有裨益"⑥。官商两利，一方面带来的结果是国家财政收入的增加，另一方面是商人更乐于积极地从事茶叶经营。因此，乾隆皇帝对此曾有合理的意见："一般来说还是把市场方面的事交给人民，准许他们自由流通货物较好。政府的干涉，虽然出于好意，常常由于处理不当而产生扰民的障碍。"⑦

据《平番县志》所载：乾隆十三年（1748年），仅庄浪就有茶商99家，每家领引不等，"每引一道，交官茶十封。该商自行发卖茶六十四

---

① 《清朝文献通考》卷30《征榷考·榷茶》。

② （清）杨应琚：《酌筹甘省茶政疏（1762）》，载陈祖槼、朱自振编《中国茶叶历史资料选辑》，中国农业出版社1981年版，第595页。

③ （清）陈士祯：《兰州府志》卷5《田赋志》，道光十三年（1833年）刻本。

④ （清）杨应琚：《酌筹甘省茶政疏（1762）》，载陈祖槼、朱自振编《中国茶叶历史资料选辑》，中国农业出版社1981年版，第594页。

⑤ 赵尔巽：《清史稿》卷124《食货志》五《茶法》。

⑥ （清）杨应琚：《酌筹甘省茶政疏（1762）》，载陈祖槼、朱自振编《中国茶叶历史资料选辑》，中国农业出版社1981年版，第597页。

⑦ 杨联陞：《传统中国政府对城市商人的统制》，《清华学报》1970年第8卷第1—2期。

斤。共征收茶五万七千五百六十封"①。乾隆十八年（1753年），令五司之内，如有积茶壅滞未能行销者，仍遵定例，准商人告改他司发卖。②乾隆二十五年（1760年），规定由商人纳税银销茶，按"每引一税茶十封，以一封交茶，九封折银"比例进行交易。③此后，积茶数量越来越多，商人纳课主要以银两为主了。

茶商领引不仅以银两代替茶叶。事实上，积茶之处理，也必须经过商人之手，"库存积茶，虽经折价变卖，或改司推销，多出于商人之手，承购承销，既无把握，而每年能销售若干，罔无所准，且手续辗转，弊端既生"④。因茶叶销售过程中存在着很大的不确定性，商人"承购承销"积茶需要冒极大的风险。为体恤茶商，乾隆二十七年（1762年），陕甘总督杨应琚就茶叶积滞，筹划疏销而上《酌筹甘省茶政疏》，提出："将商人应交二成官茶五万四千余封暂停交纳，照例每封征折价三钱，俟陈茶销售将完再行征收本色。"并将洮州、河州、西宁等处积茶折价一半发售商人，使商人有利可图，从而一改裹足不前的窘况。⑤乾隆二十九年（1764年），清政府裁撤甘肃巡抚，"茶务归陕甘总督兼理，三十四年，以甘省库贮官茶渐少，复征本色一成"。以满足官弁所需之茶。⑥

嘉庆十七年（1812年），"以甘肃库茶充羡，定官纳商茶，全征折色"⑦。标志着政府开始了以追求经济利益为根本目标的茶叶管理活动。道光以后，清政府对于包括甘宁青在内的西北茶务，"渐行弛懈"⑧。可以说，相较于明代的茶马之制的"得番固圉"⑨，此时茶马已经基本成为商品经济下的一种"商品"，茶叶贸易开始由官方垄断向商人自由贸易转

---

① 张克复等：《五凉全志校注》，甘肃人民出版社1999年版，第470页。
② 徐方幹：《历代茶叶边易史略》，《边政公论》1944年第3卷第11期。
③ （清）升允、长庚：《甘肃新通志》卷22《建置志·茶法》，宣统元年（1909年）刻本。
④ 徐方幹：《历代茶叶边易史略》，《边政公论》1944年第3卷第11期。
⑤ （清）杨应琚：《酌筹甘省茶政疏（1762）》，载陈祖槼、朱自振编《中国茶叶历史资料选辑》，中国农业出版社1981年版，第595—596页。
⑥ 赵尔巽：《清史稿》卷124《食货志》五《茶法》。
⑦ 赵尔巽：《清史稿》卷124《食货志》五《茶法》。
⑧ 徐方幹：《历代茶叶边易史略》，《边政公论》1944年第3卷第11期。
⑨ 胡小鹏、敏政：《明代茶马制度新论——以卫所属番体制为中心》，《青海民族研究》2018年第2期。

化，因之茶叶运销也愈益增加。道光初年，"泾阳县，官茶进关，运至茶店，另行检做，转运西行。检茶之人，亦万有余"①。由此亦见茶叶运销甘肃等地之规模。

要之，尽管自康熙中晚期起，清政府对茶马贸易进行了多次调整，但随着边地的安定，战事的减少，至雍正年间，西北地区的官营茶马贸易最终还是退出了历史舞台，标志着传统社会以茶易马方式的经济互补关系彻底终结。在这里，我们还必须指出的是，尽管官营茶马贸易对茶商进行严格的控制和管理，"商贩纳钱请引，凭引购茶，行销各地。每引照茶百斤，不许溢额，不及百斤，别给由贴，茶与引相离或不相当者，视同私茶"②。如此高成本的管理方式，在很大程度上会限制茶商资本的积极作用，从而阻碍商品经济的发展，使之不能成为独立的经济形态。因此，有时效果并不好。

但是，在此同时，不可否认的是，这种由官方主导下的以茶易马，又是作为清王朝与边地少数民族经济上互通有无的一种重要的贸易手段，在增强国家军事力量、维护国家统一之际，也推进了区域经济的分工。茶商的往来穿梭，不但积累了自身的财富，完善了清初的茶叶运销体系，而且促进了甘肃乃至广大西北地区对外交通贸易的能力③，在很大程度上满足和丰富了甘宁青地区广大民众，特别是周边少数民族对茶叶等日常生活所需。尤其是当茶马贸易停罢后，在官方垄断的以茶易马变成了"商"茶之际，原本受官方直接控制的茶商的贸易方式也开始逐渐向自由贸易方向转化，并将茶叶作为他们经销的一项大宗的"普通"商品，继续销往甘宁青周边蒙藏民族地区。

二 民间商贸的兴起及重要商业市镇的出现

清前期，随着西北政局的稳定，茶马贸易制度的变化，甘宁青的民间贸易也有了一定程度的恢复和发展。清初，"甘镇以茶易马，各番许于

---

① （清）卢坤：《秦疆治略（1823）》，载陈祖槼、朱自振编《中国茶叶历史资料选辑》，中国农业出版社1981年版，第608页。
② 徐方幹：《历代茶叶专卖史略》，《中农月刊》1942年第3卷第11期。
③ 吕强：《清代甘肃交通拓展与民族贸易点的区位分布研究——以"茶叶贸易"为例》，《民族论坛》2017年第1期。

开市处所互市"①。尽管互市之地,常常设有榷关,但是正如顺治帝自己所言:"榷关之设,国家藉以通商,非以苦商。"② 并且"严禁州县藉落地税银名色,及势宦土豪不肖有司,设立津头牙店,擅科私税"③。体现了政府恤商轻税。于是,在交通便利、地理位置优越的地方出现了供商品交易的城市中心市场和遍及各地的集镇贸易市场。这些市场虽然因为经济功能及其辐射力的不够强大而没能形成统一完整的市场网络体系,但不同层级的市场活跃的商人群体依然承担交换地方性商品的任务,他们在甘宁青社会经济发展中发挥着重要作用。通过商人的商贸往来活动及货物流通,在推动着社会各阶层建立广泛的经济联系同时,也促使更多的生产者改变了只为自己消费而进行生产的传统。此时,大多数城市中对商店开设的地点都没有严格规定,只要不太靠近衙门损其尊严就行。尽管暂时性的货摊与浮摊不准见于大街上。④ 但是,依然有越来越多的农畜产品进入到不断扩大的商业市场网络中。

康熙二年(1663年),设兰州卫,属陕西市政司。康熙五年(1666年)陕、甘分治,设甘肃布政司,甘肃巡抚由巩昌(陇西)迁至兰州,兰州始为甘肃省会。"乔峰四阻,缭以大河。捍御秦雍,联络西域,襟带万里,控制强敌。北接沙漠,西控戎羌,为四方根本要枢之地。"⑤ 山为城,倚河为津,兰州也因其政治、地理位置的优势而成为甘宁青重要的商业中心。

清初,随着兰州城市规模的扩大、商贸往来的频繁,经济集散和流通功能不断增强,商人的商业活动已经遍及城市的各大街市。商业市场已开始有了明确的分工,"谷粮市三,一南门内、一东关、一西关。商贾市三,一东关,一南关,一南门内。牲畜市二,牛骡一,猪羊一,俱在新关"⑥。南、东、西等多处谷粮市场的出现,说明兰州工商业人口的增

---

① (清)许容、李迪等:《(乾隆)甘肃通志(上)》,刘光华等点校,兰州大学出版社2018年版,第686页。

② 《清世祖实录》卷54,顺治八年闰二月乙卯条。

③ 《钦定大清会典事例》卷239,《户部·关税》。

④ 杨联陞:《传统中国政府对城市商人的统制》,《清华学报》1970年第8卷第1—2期。

⑤ (清)许容、李迪等:《(乾隆)甘肃通志(上)》,刘光华等点校,兰州大学出版社2018年版,第196页。

⑥ (清)刘斗修,陈如穗纂:《兰州志》卷1《地理志·坊市》,康熙二十五年(1686年)刻本。

加，人口的增加反过来又促进了农畜产品的商业化程度的提高。"人民生产其最适宜生产的产品，然后与他人交换，从而在市场上获得较丰的利润。"① 而农畜产品的商业化又为兰州商业市场的快速发展准备了重要的物资前提。换言之，农畜产品的产出水平，直接制约着城镇的发展速度；反之，城镇对农畜产品又具有着集聚与扩散功能，而这一切又离不开商人的活动，且都为当地的经济成长提供了机会，有时甚至会出现难以预计的成效。

康熙三十六年（1697年），随着清政府对甘州茶马司的裁撤，兰州逐渐成为茶商集结的重要茶叶转口市场，带动了商人在此大量集结，因之，更加带动了兰州地区商业的发展。康熙末年，甘肃巡抚绰奇曾撰有《重修北山大慈恩寺碑记》上有："偶逾北山，陟其巅，下瞰城郭，见州治山环河绕，炊烟出屋瓦者万家，廛居鳞次，商民辐辏，扼敦煌酒泉诸郡，此则总其枢纽，成一大都会。"② 商贾云集，支撑着商业发展。在与敦煌、酒泉的商贸联系中，又进一步促进着兰州商业市场的繁盛。换言之，清初的兰州依然在中原与西北的商贸往来中发挥着重要的作用。可以说，清初兰州的发展，其经济作用在很大程度超过了政治作用。诚如罗威廉所认为的："虽然中国许多城市是得益于行政中心或军事行动的推动，但是中国也有许多城市是因为交通、贸易和经济需要发展起来的。"③

此后，随着茶马贸易的废除，清政府为加强对茶商的有效管理，乾隆三十七年（1772年），清政府下令："省城为盘验总汇之区，甘司系皋兰，经营处在省城。今后西庄甘，商交本色官茶，俱运到兰，经驿道验盘，交贮甘司，由皋兰办箱装运。"④ 兰州遂成为西北茶市场中心。此时，茶叶已成为一种民间贸易的商品，茶商除缴纳本色官茶外，他们有了更多的自由，自主经销茶叶的规模和数量日益增加，而以兰州为中心的西

---

① ［美］王国斌：《转变中国：历史的变迁与欧洲经验的局限》，李伯重、连玲玲译，江苏人民出版社2010年版，第9页。
② （清）吴鼎新修，黄建中纂：《皋兰县志》卷18《碑记》，乾隆四十三年（1778年）刻本。
③ 王笛：《走进中国城市内部：从社会的最底层看历史》，北京大学出版社2020年版，第8页。
④ 《近三百年来西北边销茶大事记》，《边政公论》1944年第3卷第11期。

北地区的茶叶交易也日渐兴盛。伴随着茶叶往来，兰州也成为商品交易集中化的场所，吸引着各地区商人大量集聚而来，由此也促使兰州商业经济更进一步的发展。故而时人记有："甘肃地处极边，形胜甲于西北，而兰州居两河之中，实为会城，盖都府驻节之区，文武士庶，商贾来往之所集，表里山河，苞维并络，素称雄镇。"① 至乾隆中后期，随着清王朝对准噶尔部的平定，"拓新疆万余里，车马橐驼，贡道相望，总会于此"②。大量来自准噶尔的贡使，汇集到了兰州。此后，东西贸易畅通，全国统一市场的形成，"商品流通中的市场机制逐渐代替茶马互市发挥了基础性的作用"③。这一切，显然与作为商业活动主体的商人资本的运作是密不可分的。嘉庆十七年（1812年）兰州已成为阛阓富庶，"西域往来者之一钜观矣"④。

道光初年，兰州"织褐为多，客商来兰州收绒褐岁数万金"⑤。随着大量客商来兰，为了帮助同乡商贾行帮沟通商业信息，一些具有雄厚财力的商帮也开始修建了特殊的建筑——会馆。正如吴慧所言："外来商人在某一经商地为联络乡谊、相互支持而设置的商人组织，有较浓厚的地域乡土色彩。"⑥

早在康熙四十七年（1708年），兰州山子石就设有骊陕会馆。⑦ 到道光十四年（1834年），兰州已有"江西会馆二，一在南府街名铁柱宫，一在山子石。江南会馆一，在南府街；浙江会馆一，在南府街；山陕会馆一，在山子石文昌宫之后"⑧。会馆的服务对象是以本乡旅外的商贾为

---

① （清）吴鼎新修，黄建中纂：《皋兰县志》卷18《碑记》，乾隆四十三年（1778年）刻本。
② （清）黄璟：《皋兰县续志》卷2《沿革》，道光二十七年（1847年）刻本。
③ 多洛肯：《西北民族文献与文化研究丛书 明清甘宁青进士征录》，上海古籍出版社2018年版，第287页。
④ （清）那彦成：《重修兰州城碑记》，载薛仰敬《兰州古今碑刻》，兰州大学出版社2002年版，第128页。
⑤ （清）黄璟：《皋兰县续志》卷4《土产》，道光二十七年（1847年）刻本。
⑥ 吴慧：《会馆、公所、行会：清代商人组织演变述要》，《中国经济史研究》1999年第3期。
⑦ 刘向东：《兰州服务志》，甘肃人民出版社1993年版，第8页。
⑧ （清）黄璟：《皋兰县续志》卷3《建置》，道光二十七年（1847年）刻本。

主，是商帮的组织机构。① 《小方壶斋舆地丛钞·吴越风土录》指出："建设会馆，便往还而通贸易，或货存于斯，或客栖于斯，诚为集商经商交易时不可缺少之所。"所以尽管会馆并不是贸易组织，但会馆又几乎不可能脱离贸易。②

职是之故，作为商帮的组织机构，会馆的数量、层次及规模，能够体现一个地区商品化程度或商品流通的程度。道光年间地处西北内陆的兰州出现了众多区域会馆，说明近代以前兰州地区伴随着茶叶、粮食、服饰、玉器及各种杂货等多种物资产品的交易等非常活跃，因而带动了四面八方之客商在此地的大量云集，此时商运路线增长，无论是江西客商还是浙江、山陕等各地客商团体，他们都与兰州商业的稳定与繁荣发展有着十分密切的关系，起着重要的作用。据乾隆末年嘉庆初的兰州山陕会馆内为重修关帝庙而捐款的《□□□□王星仙楼殿施银姓名碑记》所记，当时捐款名号有530多家，其中当铺有统裕当、茂盛当、恒星当、晋魁当、洪盛当、统泰平等数十家。多处绸铺、衣铺，如新生绸铺、魁义茂绸铺、统盛绸铺等，裕合衣铺、义顺衣铺、世丰等。此外，还有林泰金铺、永泰玉店、新兴碗铺、润兴钱铺、万兴钱号、新兴玉号、敬盛粮店、元春皮铺、恒远染坊等，以及各种杂货店铺等，捐款总额已达1300两。③

与会馆紧密相连的是义园，"凡有会馆，必有义园，防不讳于异地，妥旅魄于下里"④。来自不同地区的部分商人因长期旅居在兰州，还于东川创立了义园，如乾隆五十七年（1792年）建陕西义园，山西义园乾隆五十九年（1794年）建，嘉庆七年（1802年）建两江（江西、江南）义园，以及道光四年（1824年）建全浙义园等。⑤ 这类为同乡殡葬服务的会馆义园常称之为"仪馆"的修建，说明兰州的陕西、山西、江西等多地客商已具备了较为雄厚的经济实力。显然，商品交易的频繁，将距

---

① 唐力行：《商人与近世社会》，商务印书馆2006年版，第91页。

② ［美］罗威廉：《汉口：一个中国城市的商业和社会（1796—1889）》，中国人民大学出版社2005年版，第312页。

③ 《□□□□王星仙楼殿施银姓名碑记》，载薛仰敬《兰州古今碑刻》，兰州大学出版社2002年版，第108—111页。

④ 《五省会馆新建义园碑记》，见西安市地方志编纂委员会编《西安市志》第七卷《社会人物》，西安出版社2006年版，第794页。

⑤ （清）黄璟：《皋兰县续志》卷3《建置》，道光二十七年（1847年）刻本。

离较为遥远的商人带往了兰州,通过他们的活动,把不同地区的生产者和消费者联为了一体,此时的兰州城已是"商贾贸易,市廛鳞列,居民饶富"。而水烟已是四方贸易往来的重要商品。①

除兰州外,清前中期地居银川平原的宁夏府城是甘宁青地区又一重要的商业中心。②清人笔下的"宁夏镇:古朔方也,黄河襟带于东南,贺兰蹲峙于西北,鱼米饶衍,称四塞腴区"③,即指此地。明代顾祖禹曾在《读史方舆纪要》指出,宁夏镇"为关中之屏蔽,河、陇之噤喉。汉滨河置障,畿辅缓急,视北地之安危"④。由此可见宁夏府城之区位优势。清代,改宁夏卫为宁夏府,凭借灌溉区域之中心,四通八达、形势最便得地理区位优势,逐渐成为西北地区的大都会,清代最盛时期人口10万之多。因此,有学者认为宁夏府城商业鼎盛时,"有驾兰州,西宁而上之"⑤。故有史籍载:"民饶富,石坊多,民屋栉比无隙地,百货俱集,贸易最盛。"乾隆三年(1738年)宁夏大地震,使宁夏府城几乎全部塌陷,夷为平地,昔日繁庶之所,竟成瓦砾之场,自震后"非复向时饶洽之象"⑥。人口锐减,商贸不通,往昔商贾云集局面不复存在。乾隆五年(1740年),清廷发帑重建后,其商业才重新繁盛起来。清政府还向阿拉善蒙古颁赐"腰牌三十面,各准十人以下随进赤木、黄峡、宿嵬三口与宁夏城内民人交易,以羊只、毛毡、皮张、大盐易换布匹、米粮"⑦。尽管政府对来自蒙古草原进入宁夏府城交易的人数有所限制,但贺兰山口

---

① (清)黄璟:《皋兰县续志》卷3《水利》,道光二十七年(1847年)刻本。
② 清代在甘肃河西地设四府:宁夏府,雍正三年置,辖宁夏、宁朔、平罗、中卫四县,治所在宁夏(今宁夏回族自治区银川市);西宁府,雍正三年改西宁卫为西宁府,辖西宁县、碾伯县、大通县、丹噶二厅、贵德厅、循化厅、巴燕戎格厅,治所在西宁;甘州府,雍正二年设,辖张掖县、高台县、山丹县、东乐县丞(今甘肃民乐县)、抚彝县城(今甘肃临泽县),治所张掖;凉州府,雍正二年改凉州卫为武威县,置凉州府,辖武威、镇番(今甘肃民勤县)、永昌、古浪、平番(今甘肃永登县)五县及庄浪厅(住平番),治所武威。
③ (清)查继佐:《罪惟录(第1—4册)》,浙江古籍出版社1986年版,第751页。
④ 顾祖禹:《读史方舆纪要》,中华书局2005年版,第2941—2942页。
⑤ 叶祖灏:《宁夏纪要》,正论出版社1947年版,第29、86页。
⑥ (清)汪绎辰:《乾隆 银川小志》,柳玉洪校,中国社会科学出版社2015年版,第147页。
⑦ (清)张金城修,杨浣雨纂:《乾隆宁夏府志》,陈明猷点校,宁夏人民出版社1992年版,第202页。

的开放，特别是宁夏府城中羊市、骡马市、番货市的开设，显然是为他们提供了商业贸易往来的便利。

当时，城中大街四牌坊所至四大街，即"紫气东来"之东街，"西土孔固"之西街，"南薰解愠"之南街，"北拱神京"之北街。四条城中街自东至西，市肆稠密，百货俱集。"城中市地，则有米市、柴炭市、骡马市、猪市、鸡市、羊市、菜使、煤市、磋市、蓝石炭市、木市、故衣市、俱散列各街。"市场上课税商品主要有：缎绢、绫䌷、纱罗、棱布、花绵、绒褐、巾帕、履袜、南货、诸铜铁木制器皿、纸扎、羊、猪、羊毛、羊皮、骡马等诸多货物。① 市场交换，不仅给商人带来了利润，他们可以不依靠日益减少的耕地而存活下来，同时货物生产者获得了利益，使政府有了更多财政收入，乾隆中后期之后，宁夏府的商业市场得以更进一步繁荣起来。

> 四牌楼在大什字街，通衢四达，百货杂陈，商贾云集。米粮市在四牌楼西大街。羊市在城守营署前。炭市在羊肉街口南。猪市在南关。东柴市在古楼街。西柴市在镇武门东。骡马市在新街口北。磋子市在会府西。青果市在会府南。番货市在四牌楼南。旧木头市在箱柜市西。新木头市在道署南。故衣市在羊肉街口。麻市在什字东，箱柜市在管达街口西，麻生市在什字东。②

此时的宁夏府城不仅商业繁盛，商品种类繁多，而且各类专业性市场业已大量出现，由此亦说明农产品及畜牧业产品的商品化程度越来越高。商贾云集，买卖双方围绕着羊、炭、猪等众多商品的交易均达到了一定的规模，此时的宁夏府城又一次呈现出"人烟辐辏，商贾并集，四衢分列，寰阓南北，番夷诸货并有，久称西边一都会矣"的盛况。③ 其时，宁夏府

---

① （清）汪绎辰：《乾隆 银川小志》，柳玉洪校，中国社会科学出版社 2015 年版，第 129 页。

② （清）张金城修，杨浣雨纂：《乾隆宁夏府志》，陈明猷点校，宁夏人民出版社 1992 年版，第 202 页。

③ （清）张金城修，杨浣雨纂：《乾隆宁夏府志》，陈明猷点校，宁夏人民出版社 1992 年版，第 202 页。

城人口已达8万人，小商户有800余户，贸易额3000万两以上。①

西宁②为西藏青海入甘之门户，③是青藏高原的东北方向门户，地处东西部路上交通的要道。由于黄河支流湟水流经，是故东沿黄河，可顺抵兰州。西经丹噶尔（湟源）可通西藏，南到贵德导河，北抵大通。史载："西宁万山环抱，三映重围，红崖峙其左，青海储于右，首峙昆仑，背倚黄河，其隘则水包西北，其险则山阻东南。"④独特的区位优势，使西宁成为甘宁青地区又一重要的地方性中心市场。当地"宋夏时就已成为西北重要的青盐、茶及马匹贸易中心。明朝时期西宁蒙藏民族间贸易兴盛，到清朝初年已发展成一重要的民族贸易市场"⑤。据《秦边纪略》记载，康熙二十年（1681年），西宁卫已成为"辐辏殷繁，不但河西莫及，虽秦塞犹多让焉。自汉人、土人而外，有黑番，有回回，有西夷，有黄衣僧，而番、回特众，岂非互市之故哉？外城之中牝牡骊黄，伏枥常以万计，四方之至，四境之牧不与焉。羽毛齿革、珠玉布帛、茗烟麦豆之属，负提辇载交错于道路。出其东门，有不举袂成云，挥云成雨乎"⑥。

雍正二年（1724年），罗布藏丹津犯边，平定后，不附逆者，"仍行封爵，三年一贡，分为三班。九年一周，置互市于西宁"⑦。此后，随着茶马司的裁撤，国家为"图收制御羌戎之效"，对商人的商业活动仍旧进行限制，但"汉番交易，另开途径发展，故有官歇家创设"，接待蒙番。⑧因之，商品经济以更加强劲的态势获得发展，西宁商业较前期也更加繁盛，⑨不仅超过甘州、肃州等河西地区，而且在各民族商人的带动下，特别是在汉族、回族商人频繁的懋迁有无、负重致远中，把原本素无关系

---

① 《最近宁夏商业金融概况》，《中行月刊》1935年第12卷第3期。
② 西宁，古称湟中，元置西宁州，属甘肃行省，明初改置西宁卫。清雍正二年（1724年），改置西宁县。民国初年，属西宁道，为道治。十七年青海设省后，定为青海省治。
③ 梁桢：《近年来我国之羊毛贸易》，《贸易半月刊》1939年第1卷第6、7期合刊。
④ （清）苏铣纂：《西宁志·地理志》卷1，青海人民出版社1993年版，第124页。
⑤ 王致中、魏丽英：《明清西北社会经济史研究》，三秦出版社1996年版，第356页。
⑥ （清）梁份：《秦边纪略（上册）》，青海人民出版社2016年版，第77页。
⑦ 业：《青海羊毛事业之现在与将来（续）》，《新青海》1933年第1卷第5期。
⑧ 竟凡：《历代汉番茶马互市考》，《开发西北》1935年第3卷第5期。
⑨ 陈柏萍：《17世纪青海蒙藏民族与内地贸易交往初探》，《青海民族学院学报》1997年第4期。

或疏远之交换者联系了起来。随着交换范围的扩大，市场上所交换之商品种类也更加繁多，其中，尤以皮毛制品、布帛、茶叶、粮食等为大宗。① 此后，专业化的市场也开始出现，专业化与市场整合更是给当地社会经济发展带来了积极的效益。

据成书于乾隆十一年（1746年）的《西宁府新志》载，西宁本无粮面市场，往来商贩，经常遭到劫掠，"买者固被勒索，而自乡负粮而来售者，亦受要截，帷窝囤者，专其利焉"。随着商品经济发展的需要，乾隆四年（1739年）西宁道佥事杨应琚等人于城中黉学街，"捐俸建铺十楹，以为储粮、贮面、交易之所"，十间铺面，为买卖双方提供了便利，粮面与市场得以广泛联结。由于西宁本地不产"粳粟"，而由商人贩自他处。菜果市在道署西，骡马驴市在石坡街，柴草市在本城大什字，石煤市在大什字土地祠前，石炭市在驿街口。东关粮面上市在史家大店至柴家牌楼间，东关粮面下市在东梢门至西纳牌楼间，缨毛市在祁家牌坊西，牛羊市在湟中牌楼东，骡马驴市、柴草市俱在小街口等等不一而足。② 此时，西宁城中，驮运商品和货运的马匹经常有数千匹，"东门连关厢，商贾市肆皆集焉"。除固定商铺外，农牧产品交易皆有固定市场。商人"不特五方杂错，且有不远万里而来者"③。乾隆二十六年（1761年），清廷议准内地商民在西宁办事大臣衙门请得票照后，可裹带茶叶、布匹等物品到青海游牧区易换牲畜。④

事实上，清前期河西地区的商业发展虽然不及西宁等地，但是，相较以往也有了较快的发展，这其中以甘州、凉州和肃州最为显著。乾隆二十六年（1761年），都统多尔济奏称："今准夷荡平，回部向化，请令内地商人各随所愿。裹带茶叶、布匹等项前往贸易。使柴达木等远处贫困蒙古得以牲只售换，于边疆生计，大有裨益。"⑤ 允许内地商人进入偏

---

① 崔永红：《青海经济史》（古代卷），青海人民出版社1998年版，第220页。
② （清）杨应琚：《西宁府新志》卷9《城池 街市附》，乾隆十二年（1747年）刻本。
③ 青海省地方志编纂委员会编：《青海省志》卷33《商业志》，青海人民出版社1993年版，第57页。
④ 《清高宗实录》卷633，乾隆二十六年（1761年）三月壬戌条。
⑤ （清）那彦成：《那彦成青海奏议》，宋挺生校注，青海人民出版社1997年版，第223页。

远牧区进行贸易往来，这些以"羊"为主要交易商品的商人于是被称为"羊客"。当时的羊客主要来自河西诸镇，换言之，羊客为河西地区较大的商人群体，尽管他们"鲜有殷实之家"。但由于人数众多，流动性强，所以甘、凉、肃州羊客所买羊只，常常千百成群。卖羊易货，给羊客带来了较大的商业利润的同时，也活跃了内地与青海牧区商贸往来。道光三年（1823年），由于羊客太多，为了对他们进行有效管理，以防边隅之患，同时体念"蒙古以游牧为业，羊只无人易买，未免生计为艰"，陕甘总督那彦成奏请：今后无论何州、县羊客，"与河北蒙古买羊易货，止准在西宁县属日月山卡以东科尔寺、丹噶尔及大通县属之乌什沟，察汉俄博等处互相交易，其河南蒙古，番子羊只货易，均在贵德厅属之西河滩售卖，该羊客不许往赴蒙番游牧处所收买，致滋流弊"①。

凉州府"东控宁夏，南距黄河，西连番部，北际沙漠。实陕西之屏障，河西之要卫"②。康熙三十七年（1698年），随着嘉峪关的开放，中外贸易的恢复，使地处"河西中权"③的凉州商业再一次繁荣了起来，并成为了西北民族贸易之重镇，河西地方性商业中心市场，而清廷特许哈密回商免税到凉州贩卖的权利，更使品类繁多的京广杂货和各民族用品通过凉州输往塞外。④ 据成书于乾隆十四年（1749年）的《武威县志·风俗志》所载：黄河"以西之商货，凉庄为大。往者捷买资甘、肃，今更运诸安西、沙、瓜等，以利塞外民用，所赖以通泉货者重矣。贾拥高资者寡，而开张稠密，四街坐卖无隙地。凡物精粗、美恶不尽同，鲜有以伪乱真者"⑤。同书《艺文志》所收沈翔《凉州怀古》诗词十首，其一即有："市廛人语殊方杂，道路车声百货稠。塞北江南称此地，河西千里尽荒陬。"而其五也有"势控九边风土异，地连五郡货泉通"⑥。显而易见，清初的凉州城内商业贸易繁荣，人员、物资四通八达，而且凉州地区商人的商业活动足迹已远达甘、肃，甚至瓜、沙等地。这一切表明，

---

① （清）那彦成：《那彦成青海奏议》，宋挺生校注，青海人民出版社1997年版，第221页。
② （清）升允、长庚：《甘肃新通志》卷8《舆地志·形胜》，宣统元年（1909年）刻本。
③ 张克复等：《五凉全志校注》，甘肃人民出版社1999年版，第7页。
④ 李明伟：《丝绸之路贸易史研究》，甘肃人民出版社1991年版，第109页。
⑤ （清）《武威县志·风俗志》，乾隆十四年（1749年）刻本。
⑥ （清）《武威县志·文艺志》，乾隆十四年（1749年）刻本。

凉州商业不仅在河西地区占据重要地位，而且其商业腹地范围非常广阔，其规模甚至远在省城兰州之上。

西陲锁钥之肃州，东距兰州735公里，西至嘉峪关35公里。① 由于"地处极边，路当冲要"，"乃口内、口外必经之要区"②。顺治二年（1645年），清廷即颁布设立边口互市并规定："凡外藩各蒙古来贸易者，俱令驻于边外，照常贸易，勿得阻抑。"③ 康熙五十五年（1716年），"尚书富宁安疏言：甘肃地方今年田禾茂盛，秋收可期，各处人民俱具呈欲往口外并哈密地方及驻兵之处贸易者一百四十余。请令地方官给予出口印票，以便前往。……从之"④。与此同时，周边少数民族也携带货物来肃州贸易。乾隆元年，"夷使初来肃州，西宁贸易，应需预备绸缎、茶封等项"⑤。虽然出于政治上的考量，清政府对少数民族前往肃州地区进行贸易的时间及人数都做出了严格的限制，如乾隆五年（1740年）规定："其往肃州者，亦以四年为限，数不得过百人。"⑥ 十三年（1748年）规定准噶尔入京贸易皆改为肃州进行，"前赴肃州，并准两年中贸易一次，仍以百人为率"⑦。清廷派参将、知州、官员管理，肃州镇道督率稽查。还招募陕、甘商人承办贸易，官府贷予银两，收购准噶尔商品，按陕七、甘三销售。据《清高宗实录》载，乾隆三年至十九年（1738—1754年），肃州交易共16次，交易额为白银74.01万两。其中乾隆十五年（1750年）达18.60万两。且马匹交易全由官茶易换，未计入上述交易额。自乾隆七年（1742年）开始，葡萄干、羚羊角、硇砂等商品，可自由与私商贸易。⑧

毋庸置疑，由于河西之地只有肃州一地为互市地点，随着官方的大量招募，陕、甘商人不断前往，形成了较大规模之交易。《重修肃州新志·街市》载有："肃州远辟遐荒，舟楫少通，宜若贸贩萧疏，井里廖

---

① 高良佐：《西北随轺记》，建国月刊社1936年版，第165页。
② 吴生贵、王世雄等：《肃州新志校注》，中华书局2006年版，第464、465页。
③ 《清世祖实录》卷13，顺治二年（1945年）正月戊子条。
④ 《清圣祖实录》卷269，康熙五十五年（1716年）六月癸丑条。
⑤ 张羽新：《肃州贸易考略（上）》，《新疆大学学报》1986年第3期。
⑥ 《清高宗实录》卷110，乾隆五年（1741年）二月己卯条。
⑦ 《清高宗实录》卷110，乾隆十三年（1748年）四月丁卯条。
⑧ 穆相林等：《新疆民族贸易》，中国商业出版社1993年版，第27页。

落,村则百井星落,亦何交易所得,耕凿相安也。"城内街市,"车马骈阗,胡贾华商,凫集麋至,毂击肩摩,五音嘈杂。每登鼓楼四望,但见比屋鳞次,炊烟簇聚,货泉繁盛,人物殷富,洵边地一大都会也"。而东关街市,"自东至西大街一条,长一里半也。自南至北横街一条,长一里。其余小市僻巷不一,肆中贩鬻,不拘时辰,朝市暮散,富庶与城内埒"①。

此外,地处河西走廊的甘州府自古为河西重镇,所谓"断匈奴之臂,张中国之掖"即指此地而言。"地当孔道,羌夷要冲,诚河西咽喉也。"② 雍正二年(1724年),清政府置张掖县。乾隆年间,虽然随着中央政府底定新疆,甘州已失去西北国防之重要地位③,但是商业贸易却依然有所发展,专业性市场也已出现,其中店口发货市、米粮市、炭市俱在正南街;正东街也有米粮市、碳市和柴市;正西街则有菜市、木头市、房笆市、米粮市。正北街有油市、木头市、苇席市、骡马市等。④ 民族贸易也发展迅速,祁连山区的蒙古族和藏族用自己的牦牛、犏牛、羊、马、酥油、毡、毳等特产畜产品交换自己所需的布帛绸缎及日用物品。"在甘州的市场上,有本地产的盐、车、粟、油、酒、麦、面、果、蔬、薪、煤、炭、草等,有来自少数民族的各种畜产品,也有来自内地的铜、铁等制造的手工器具以及布帛、糠稻等,交易十分活跃。"⑤

贺兰山与黄河交汇的石嘴山,"为阿拉善蒙古与宁夏道属平罗交界之地,黄河纵贯南北,大山回抱东西,形势一束,诚要隘也"⑥。《明一统志》记载:"石嘴山,在卫城(今银川)东北二百里,山石突出如嘴。"⑦ 石嘴山由此得名。由于处于蒙汉交界之地,因此,明朝初年,为了防御蒙古贵族的侵扰,在此地设置镇远镇。康熙三十六年(1697年),为了便于和附近蒙古部族人民进行贸易往来,清政府在石嘴山设立了"夷场",

---

① 吴生贵、王世雄等:《肃州新志校注》,中华书局2006年版,第183、184页。
② (清)钟赓起:《甘州府志》,张志纯等点校,甘肃文化出版社1995年版,第129、165页。
③ 王兴荣:《张掖经济概况》,《甘肃贸易季刊》1943年第2—3期。
④ (清)钟赓起:《甘州府志》,张志纯等点校,甘肃文化出版社1995年版,第168—169页。
⑤ 高荣:《河西通史》,天津古籍出版社2011年版,第519页。
⑥ 林竞:《西北丛编》,神州国光社1931年版,第74页。
⑦ 徐保字:《平罗记略》卷1《舆地·山川》,道光九年(1829年)刻本。

每月初一、初十、二十等日开场贸易。可以说，国家允许附近蒙古族人来往交易，游牧经济和农耕经济的交换通过政府有效管理而达成。交易之日，平罗营参将、鄂尔多斯梅林、厄鲁特梅林亲临市口，共同对贸易进行监督，维持市场秩序。良好的市场秩序，进一步带动了商业经济的发展，而自愿交易必然带来互利性的内在属性。为保障抑或监督蒙、汉商民公平交易，当时，石嘴山市口设有监夷厅、东监夷厅、西监夷厅，作为上述蒙、汉官员的办公之地。因交易时有税，故而市口还设有税厅。① 尽管有税厅的设置，但也正如有学者指出："清代最初两百年内对地区间以及地方贸易的税收并不特别重。"②

嘉庆二十五年（1820年）碑记有云："蒙、汉经营，交易而退，各得其所。春季正二月间，蒙古出卖皮张。三四月内出卖绒毛。五六两月，羊只广出。七八等月，牛马尽来，骆驼出。九月之期，茶马毕。终年之利，诚千载不易之成规。"招徕蒙、汉商民，互相交换自己所需要的物品，商业始兴，当时石嘴山已是一个进行季节性交易的市口。"自雍正年间至嘉庆二十年，国税未闻有缺乏之虞，民业未尝有扰害之累。所以然者，无匪徒欺凌，则蒙古之疑忌不生，无狡回需索，则远方之商旅频至。"③ 国家统一，社会安定，历经雍正、乾隆，到嘉庆二十五年（1820年），伴随着远方商旅的频繁往来，石嘴山的商业也日趋繁荣。

海藏咽喉的丹噶尔，"东路系通省、郡大道，余皆毗连青海，壤接蒙番，山径硖路四通八达"④。地处青海与西藏、新疆的交通大道上，占据四通八达的交通枢纽地位，使"自明末商贾渐集，与蒙番交易，有因而世居者……筑室家成村落焉"⑤。雍正五年（1727年）筑城，六年（1728年）竣工。雍正十二年（1734年），马尔泰曾奏称："从前番夷贸易，山陕商人往来络绎不绝，俱集于此。"⑥ 乾隆六年（1741年）经清政府同

---

① 石嘴山市地方志编纂委员会办公室编：《事说石嘴山》，宁夏人民教育出版社2014年版，第132页。
② 杨联陞：《传统中国政府对城市商人的统制》，《清华学报》1970年第8卷第1—2期。
③ 白寿彝：《清嘉庆二十五年石嘴山新街碑》，《回族研究》2000年第3期。
④ （清）张廷武：《丹噶尔厅志》卷5《商务出产类》，甘肃官报书局宣统二年（1910年）。
⑤ （清）张廷武：《丹噶尔厅志》卷1《历史》，甘肃官报书局宣统二年（1910年）。
⑥ （清）马尔泰：《奏覆遵旨严慎稽查栋科尔城往来贸易番人等折》（雍正十二年二月初十日），载《雍正朝汉文朱批奏折汇编》第25册，第855页。

意，新疆天山北部准噶尔部组织 300 多人的商队携带牛 495 头，羊 7392 只，马 1171 匹，驼 2080 峰，硇砂 9500 多公斤，羚羊角 82700 余支，还有大量的各色毛皮及果类来湟源贸易，历时 4 个月，贸易额 10 万两银左右；乾隆八年（1743 年）准噶尔部又组织 312 人的商队，携带羊 2800 余只，马 2300 余匹，驼 1700 余峰，毛皮 2 万余张，来湟源贸易，仅皮货一项，银额达七八万两，其规模之大，货源之足，交易之广，实属罕见。① 职是之故，乾隆九年（1744 年），为便于管理商贸，据《丹噶尔厅志》载，西宁道佥事杨应琚上书，"汉、土、蒙古、回民并远近番民交易市所，原有武弁，并无文员，应添设县佐一员"②，以对往来商民"专司稽查约束"③。乾隆五十七年（1792 年），置丹噶尔厅。道光九年（1829 年），陕甘总督杨遇春又上书称："丹噶尔海藏通商，中外咽喉，汉、番、土、回麇集，事务繁难，请改西宁县主簿为丹噶尔同知。"④ 由此可见，丹地商业之繁荣。故同书也载："嘉庆道光之际，以丹地商业特盛，青海、西藏、番货云集，内地各省，商客辐辏，每年进口货价至百二十万两之多。故当时奏请改主簿为同知，为理商也。"⑤ 为对商人及其当地的商贸往来进行有效的管理和保护，无论是乾隆初年县佐的设置，还是道光年间改主簿为同知，都是丹地商业发展的需要，因此有学者称"丹噶尔是以商立城的典范"⑥。其商业发展又为各民族的嵌合奠定了基础。

    汉族，邑人相传，皆自南京移民实边到此，拨地居住。然详加考究，半系山、陕、川、湖，或本省东南各府，因工商业到丹，立室家，传子孙，遂成土著。白宁府邻境移居者最多。亦有蒙、番子弟，资性聪颖，入塾读书，粗明理义，遂化为汉族者。尝见蒙古男子供差公门，衣冠楚楚，其妻室则番装也。其子娶汉女为妇，再生

---

 ① 任玉贵：《清代湟源民族贸易的兴起和发展》，载中国人民政治协商会议湟源县委员会文史资料组编《湟源文史资料》（第 4 辑），1997 年，第 15 页。
 ② （清）张廷武：《丹噶尔厅志》卷 1《历史》，甘肃官报书局宣统二年（1910 年）。
 ③ （清）张廷武：《丹噶尔厅志》卷 7《艺文》"奏疏"，甘肃官报书局宣统二年（1910 年）。
 ④ （清）张廷武：《丹噶尔厅志》卷 1《历史》，甘肃官报书局宣统二年（1910 年）。
 ⑤ （清）张廷武：《丹噶尔厅志》卷 5《商务出产类》，甘肃官报书局宣统二年（1910 年）。
 ⑥ 胡铁球：《明清歇家研究》，上海古籍出版社 2015 年版，第 139 页。

子女，皆汉族矣，此亦俗之渐也。亦有汉人赘于番族，衣冠言貌甘于异类者。本境汉民外，并无旗籍汉军，亦无土、回各种。惟南乡一带克素尔、兔尔乾各庄，有西番住屋耕田者，名曰东科尔佃户，与汉民杂居，间有读书者，土人称为"家西番"，即熟番也。又西北乡胡丹度、巴燕附近扎寺各庄，间杂蒙古种类，衣冠与汉民略等，土人呼曰"王子百姓"。此处，蒙古二十九旗，西番八旗，则均在塞外青海一带，惟与本境有直接之大交涉。其贸易往来，络绎道路，终年不绝。①

有学者说：丹地所处甘、青、藏与内地经济往来的中介市场的重要地位，才能使青藏高原及甘南一带得以成为全国性市场的一个有机组成部分。②毫无疑问，商人对推动丹地地区对农牧业商贸往来中发挥着十分重要的作用，而与此同时，清廷对"口外番戎，凡驮皮张、硇砂等物至丹噶尔地方交易，向俱无税"③，又"蒙番进口之货，一经商人驮载运入内地，无不完税厘者。若蒙番驮载内地之货出口，税厘均免。故丹地税厘有进口而无出口，利于蒙番而弊于内地"④，换言之，减免商税的政策尽管不利于内地，但是有利于蒙藏民族贸易的开展，他们纷纷驮载着大量货物来到丹地，因而吸引着更多商人前往该地区，"丹民衣食，仰给农业者半，仰给工商者半"⑤。因之，清廷只能"特将当地互市期限由一年两季各一次，改为四季各一次，后由四季各一次又改为每年之中不定期限"⑥。嘉道之际，丹噶尔城已形成好几条大街，有东大街、仓门街、西大街、隍庙街等，城内市场也逐渐分化为专业市场，有青盐市、柴草市、牛羊骡马市、羊毛市等。⑦ 各专业化市场的出现，为内地和"蒙番"地区的商品对流提

---

① （清）张廷武：《丹噶尔厅志》卷6《人类》，甘肃官报书局宣统二年（1910年）。
② 王致中、魏丽英：《中国西北社会经济史研究（上）》，三秦出版社1996年版，第350页。
③ （清）杨应琚：《西宁府新志》卷17《田赋志二·盐法》，乾隆十二年（1747年）刻本。
④ （清）张廷武：《丹噶尔厅志》卷3《地理》，甘肃官报书局宣统二年（1910年）。
⑤ （清）张廷武：《丹噶尔厅志》卷5《商务出产类》，甘肃官报书局宣统二年（1910年）。
⑥ 陈柏萍：《17世纪青海蒙藏民族与内地贸易交往初探》，《青海民族学院学报》1997年第4期。
⑦ 邓承伟等：《西宁府续志》卷2《建制志·城池》，青海印刷局1938年版，第2页。

供了便利。当时，西藏及广大牧区的羊毛、皮张、药材、青盐及硼、铅、硫等矿产产品，云集于此，内地各省商客辐辏，来自京、津、山、陕、川、鄂等地的茶、糖、布、绸缎、瓷器等大宗商品。每年入境的各类货物金额约达白银120万两，还有来自省内和本县的粮油、铁木铜器、皮靴等各种生活用品，年终贸易总额白银达250万两。① 市场集聚效应已经得到了一定的展现。

小　结

甘宁青位于中国西北部，农牧结合的特点及多样化的经济类型，决定了该区域长久以来以畜牧业经济为主的游牧民族和以农业为主体的农耕民族交易的存在，而商人作为商业运行的主体，通过他们的商业往来，不仅满足了少数民族，用马匹等牲畜及畜产品与内地换取茶叶、布帛、铁器等生产、生活必需品的需要；也助推了长久以来相对封闭、落后的甘宁青地区商业市场渐次纳入全国统一市场步伐，在一定程度上推动着甘宁青社会的演化和变革。特别是随着官营茶马贸易的废除，商人在民间贸易市场中的活动日益活跃，甘宁青地区商品经济也获得相较以往较快的发展。伴随着甘宁青市场的专业化程度的加深，商人的活动踪迹已经遍及重要商业市镇的各大街市。在市场集聚效应的带动下，兰州、西宁、宁夏府城等重要市镇也愈益得到了发展。当然，在这同时，我们也应该看到，由于甘宁青偏居内陆，社会发展变动缓慢，广大农村地区社会生产方式大多依然停留在自然经济的状态，牧业区亦无太多变化，"认为经济畜牧，非其他任何事业所能比"②。交换领域没有出现多少实质性的变革，而商人的商业行为，更多的是作为平衡不同地区物资需要，补充自给自足的方式和手段，传统的农牧产品的交换依然是以货易货，从事交换的商品种类十分有限。商人数量较少，资金少，对官府有着较强的依赖，而政府亦较为严格地控制着地区商业往来，"或者政府反对这些

---

① 林生福：《湟源民族贸易概况》，载中国人民政治协商会议湟源县委员会文史资料组编《湟源文史资料》（第4辑），1997年，第21—22页。

② 齐玉琇：《西北畜牧业之检讨》，《新青海》1936年第4卷第5期。

高层次的交易形式,或者初级市场的毛细血管式的流通对于中国经济来说已经够用了,不再需要动脉与静脉了。出于这一个或那一个原因,或者二者兼而有之,中国之(商品)交换是一方无峰无丘、削平了的地盘"①。制度和经济发展水平的制约,致甘宁青的商业市场依然处在全国核心市场的边缘区,其市场体系无法和长江中下游地区及东部沿海地区相提并论,但是随着清代前中期本区域各地商业市场的渐趋形成,在商人贸迁往来、生生不息的奔赴下,甘宁青商业市场体系也在不断完善。此后,甘宁青各级各类商人在利用了本区域兰州、西宁、宁夏府城等中心商业城市及肃州、凉州、丹噶尔、石嘴山等商业市镇的基础上,才使他们的商业活动得以顺利进行,换言之,正是由于他们把自身的商业活动嵌合到传统商业市场网络中,才带动了这些地区从乡村到城市、由传统向现代的变迁。

---

① [法]费尔南·布罗代尔(Femand Braudel):《资本主义的动力》,杨起译,生活·读书·新知三联书店1997年版,第21—22页。

第二章

商人与近代甘宁青地区主要的国内商贸活动

近世以来，甘宁青地区也是内忧外患不断，此种情形，自然而然影响了该区域商品经济的发展，因此，在这期间甘宁青社会也或主动或被动地做出了一些必要的变革，如为重整西北茶务，左宗棠以票代引办法的实施，奠定六十余年来西北茶销之基础，满足了西北各族人民对茶叶的日常需求，此时兰州水烟亦成为甘宁青向外输出的大宗商品。诸多新旧因素的交替出现或并行于世，使得甘宁青地区商人及商业市场也发生了变化，无论是茶叶向甘宁青市场的输入，还是水烟向国内市场的输出，都促进了甘宁青与国内各地区商业市场的联系。在茶商、烟坊商等商人群体锐意进取下，他们对官方依赖程度愈加减小，具有过渡性时代特征的近代商人，尽管缺乏同一性的政治倾向，但是他们在追逐自身经济利益之际，也为积极营造良好商业秩序和稳定的商业环境而做出了努力。作为社会上所有阶层中最具活动力和创造力的阶层之一，商人在成为了加快推进近代甘宁青区域市场重构重要力量的同时，也拉动着本区域社会经济变革和向前发展。

第一节 茶叶贸易

自鸦片战争后，内忧外患日迫，特别是"咸同兵燹"及紧随其后的"陕甘回乱"，不仅使甘宁青地区出现了商路梗阻，商人绝迹，货乏行销之地的境况，而且在这样一个大背景下，西北茶业贸易亦出现了无人承引，茶务渐呈停滞之局面，鉴于茶务与西北军务、边防、财政、军政等有着十分密切之关系，左宗棠审时度势，于同治十三年（1874年）创设以票代引办法，重整了西北茶务，变通招商办法，从而使包括甘宁青在内的西北茶务渐有起色。以票代引，每三年逐案发票，基本上有增无减。此后，通过陕甘总督谭钟麟①对西北茶务的积极引导，兰州依然发挥着联结西北茶业市场的重要作用，因此，吸引着山陕商人、湖南商人等在此云集。民国改元，西北茶务仍旧沿行，尽管茶叶贸易的兴衰，上关国家课税，下关商民生计，但是，它归根结底是一种经济行为，是以商人为市场主体的行动，因此，晚清以来，在西柜、东柜、南柜、新柜等茶商组织在西北茶叶运销舞台上兴起、发展和更迭中，茶商为争取自身的利益，其活动已开始超过了"商业"的界限，他们趋时而进，为改变自身的政治生态环境而做出了一些实质性的变革。

一　晚清甘宁青茶务

近代以来，甘宁青广大地区的蒙藏民众，对待茶叶，"尤如往昔，非茶不足以为生"②。故道光、咸丰年间，甘宁青等地茶务相较于乾嘉时期并无太多明显的变化，换言之，没有实质性的改变，"引地是甘、陕西、青海、新疆，兼及蒙古和西藏，每年二万八千九百九十六引，每引一百斤，另带损耗十四斤"③。茶商领引，给国家缴纳课税后，将茶叶行销于各地区。但是就茶商来说，与国内其他地区引商组织分总商、散商所不同的是，甘肃茶商因所属地域、民族而立东、西二柜的柜商组织体系，东柜多籍隶山西、陕西，西柜则回民充之，且多为泾阳、潼关、汉中籍。④

咸丰元年（1851年），太平天国运动爆发，很快湖南、湖北两省

---

① 谭钟麟（1822—1905年），字文卿，湖南茶陵人，咸丰六年（1856年）中进士。此后，他在京师翰林院、都察院供职，以直言敢谏"振名海内"。同治五年（1866年），谭钟麟被授杭州知府，后又任河南按察使。光绪初年任陕西布政使、陕西巡抚，曾为左宗棠西征办理军需粮饷和救济陕西饥荒不遗余力，备受嘉奖。光绪七年（1881年），升任陕甘总督，十七年（1891年）又补吏部侍郎、迁闽浙总督、署福州将军，二十一年（1895年）调任两广总督。
② 徐方斡：《历代茶叶边易史略》，《边政公论》1944年第3卷第11期。
③ 秦翰才：《左文襄公在西北》，岳麓书社1984年版，第186页。
④ 《清史稿》卷124《食货志》五《茶法》。

"贼踪肆窜,道路中梗,茶商时被劫掠,采运顿稀"①。因之从事茶叶运销之茶商也受到了很大的影响。至咸丰末年,捻军入武关,全陕大震,既而回乱继起,"甘肃之固原平凉一带,井舍皆墟,宁夏、灵州回乱亦炽,马化龙驻肃州,甘(包括甘宁青新)陕全境,几无完土"②。社会凋敝至极,"景象不似人世,千里炊烟断绝,但闻狼嗥"③。

自此,甘宁青等地之商业亦完全陷入了满目萧条之中,富商将他们的资金撤走,剩下的由于资金较少而无力进行商业贸易往来,"陕境军兴,蔓延甘肃,而口外新疆,所在糜烂,以致行商绝迹……野无夫宿之所,货乏行销之地,商视甘肃已为畏途……其地既残破,富者挈资远去,贫者无力经营,内鲜聚积之人,外少往来之贩"④。甘肃绝大部分地区在兵燹中都遭到破坏,以致商业残破不堪,几无商贩往来,"继以盗贼充斥,两柜均无人承课"⑤。东、西两柜的茶商在社会大纷乱中受到重创,道路阻塞,与其他省的联系中断,长距离的贸易已经基本断绝了,因之茶叶亦无法进入甘宁青地区,持币人无茶可买,"四民失其恒业,汇之游勇土匪,不时出没,虎狼荆棘,随在堪虞"⑥。

包括甘宁青在内的整个西北地区,社会秩序完全紊乱。此时,不惟商路不通,且茶商运至陕西泾阳之茶,"概被焚毁,并该商原籍泾阳、临潼财产、房屋、人口,亦被焚掠"⑦。商人逃亡,财力不支,从而承引无人,"旧商无人复充,新商畏累裹足,而陕境私贩充斥日甚一日"⑧。官茶几乎全部退出了陕甘茶叶市场,"由关而陇,贼氛充斥,官茶片引不行矣!"⑨ 官茶贸易的停滞,不仅使国家财政收入锐减,而且使西

---

① (清)左宗棠:《左宗棠全集 奏稿(6)》,刘泱泱校点,岳麓书社2014年版,第7页。
② 叶知水:《西北茶叶贸易政策之实施(续)》,《闽茶》1946年第1卷第10期。
③ (清)左宗棠撰:《左宗棠全集 书信三》,刘泱泱等校点,岳麓书社2014年版,第162页。
④ 《陕西巡抚蒋志章奏为查明潼关商税支绌情形仍请暂行试办事》,同治十年(1871年)十一月十二日,录副奏折,档号:03-4880-036。
⑤ 赵尔巽:《清史稿》卷124《食货志》五《茶法》,第2502页。
⑥ 《陕西巡抚蒋志章奏为查明潼关商税支绌情形仍请暂行试办事》,同治十年(1871年)十一月十二日,录副奏折,档号:03-4880-036。
⑦ (清)杨岳斌撰:《杨岳斌集》,肖永明、曾小明校点,岳麓书社2012年版,第340页。
⑧ (清)左宗棠:《左宗棠全集 奏稿(6)》,刘泱泱校点,岳麓书社2014年版,第8页。
⑨ (清)升允、长庚:《甘肃新通志》卷22《建置志·茶法》,宣统元年(1909年)刻本。

北地区人民特别是蒙藏人民须臾不可离的茶叶几乎无处可觅，官民双方咸受其困。

为扭转上述局面，同治五年（1866年）十月十七日，陕甘总督杨岳斌以甘省道路榛莽、商力不支，引滞课悬，"不惟旧课之完纳无期，而且各商之在兰省者逃亡殆尽，在外省者，关提不来"①，请议在陕西省城设官茶总店，并于潼州、商州、汉中，分设茶店，并古城茶税及免厘税，无引之茶，到陕其开名目色样斤数，呈报总店，收协济茶课银，解甘弥补欠课，然扞格不行。②以总店—分店的开设，允许私茶到陕之总店呈报，收缴茶课并弥补欠课后，运销各地，但由于欠课不免，另交新课，故而无有茶商愿意承引。"杨岳斌所拟自在陕设总、分茶店，化私为官之请也。而所拟三等协济茶课，既不济正课三分之一，所称'弥补欠课'，已属空谈，而溢占甘引之弊，仍难杜绝。"③

史载，同治五年（1866年），甘肃"省城粮价每斗易银三四十两，割人肉疗饥，饿毙者不可胜数"④。历时多年的西北动荡，其最直接的后果是人口锐减，"自兰州至西安，千里烽火相望，居民仓皇奔走，不知所向，被难者达数十万人"⑤。人口锐减，经济残破，整个社会的正常运行系统在兵燹中完全紊乱。仅就商业发展而言，随着大量商人逃亡，商贸活动也完全停滞了下来。在此大背景下，承引销茶的茶商，更是顾虑茶叶运销中风险，并怕代偿前欠课税而观望不前。"逃商不敢复充，新商亦无应募者。"⑥商人乱后四处流离，商力不逮，茶务停滞，庶于国课、民用均无裨益。

同治七年（1868年），左宗棠就任陕甘总督，奉命出关西征。同年，抵西安。十年（1871年），定甘南，驻兰州，此时甘肃茶务依然没有任何转机。历代榷茶为国家之利，左宗棠体察情形后，认为："甘肃频年贼扰，汉、回户口死丧、流离、失业者众，不独茶商为然。欲招集旧商，

---

① （清）杨岳斌撰：《杨岳斌集》，肖永明、曾小明校点，岳麓书社2012年版，第340页。
② 叶知水：《西北茶叶贸易政策之实施（续）》，《闽茶》1946年第1卷第10期。
③ （清）左宗棠：《左宗棠全集 奏稿（6）》，刘泱泱校点，岳麓书社2014年版，第10页。
④ 唐河：《曾国藩通鉴》第10卷，内蒙古大学出版社2001年版，第710页。
⑤ 叶知水：《西北茶叶贸易政策之实施（续）》，《闽茶》1946年第1卷第10期。
⑥ （清）升允、长庚：《甘肃新通志》卷22《建置志·茶法》，宣统元年（1909年）刻本。

从新开办，势固不能。新商以欠课未免，惟恐一经充商，其获利与否尚未可知，而前课未清，势将代人受累。虽多方譬晓，依然观望不前，非官所能强。"茶商面对诸多的不确定性而徘徊不前，因此，西北茶务难获转机。①

因之，为扭转西北茶务危机，摆脱十余年来的茶务窘境，同治十一年（1872年），随着"关陇军务渐平，左宗棠奏请豁免茶商历年积欠课银，变通招商试办，而茶务始渐有起色"②。免征所欠茶课，茶商又有了辗转腾挪的积极性，西北茶务渐向良性循环的方向发展。自同治十二年（1873年）起，为使包括甘宁青地区茶叶贸易更好地得以恢复和发展，左宗棠要求引一票之茶，纳一引之课，杜绝茶商行销茶叶过程中所致的积引纳课的弊端，在此基础上不仅增加了国家财政收入，也满足了西北各族人民茶叶之所需，"以票代引"制度就在这样的大背景下应运而生。同治十三年（1874年），左宗棠向清廷奏称：

> 国家按引收课，东南惟盐，西北惟茶，茶务虽课额甚微，不足与盐务比例。然以引课有无为官私之别，与盐务固无异也，道光年间，两江盐务废弛，先臣陶澍力排众议，于淮北奏改票盐，蹉纲顿起，且有溢额；曾国藩克复金陵，犹赖票盐为入款一大宗，其明验也。盐可改票，茶何不可？③

"东南惟盐，西北惟茶"，茶与盐并重，而茶利独盛于西北。换言之，尽管茶之课额相较于盐甚微，不足与盐务相比，但就西北地区实际情形而言，茶务或者说茶课的征收，显然与军务、边防、财政、军政有着十分密切的关系，换言之，其对西北经济之影响非常重大。左宗棠审时度势，把整顿西北茶务与增加财政收入、筹办军饷等有机结合了起来，采取了各种积极有力的措施，很快使西北茶务走出了"引滞课悬"之困境，从而使西北茶务出现了明显的转机。对茶商统治方略的演变，

---

① （清）左宗棠：《左宗棠全集 奏稿（6）》，刘泱泱校点，岳麓书社2014年版，第8页。
② （清）升允、长庚：《甘肃新通志》卷22《建置志·茶法》，宣统元年（1909年）刻本。
③ （清）升允、长庚：《甘肃新通志》卷8《舆地志·形胜》，宣统元年（1909年）刻本。

可以为政府在西北地区创造出更多的财富。可以说,以票代引,既激发了茶商的积极性,又解决了甘肃历年协饷所积欠的问题。以票代引具体办法如下。

第一,废除旧引,以票代引。"试办之初,以督印官茶票代引,不分何省商贩,均准领票运销,不复责成总商。惟恐散而无稽,遇有零星欠课,无凭追缴,不得不预防其弊。兹拟陕、甘两省,凡商贩领票,均令先纳正课,始准给票;或一时不能措齐,准觅的实保户或本地殷商的保,取具'届期欠课不缴,惟保户着赔'切结备案,亦准一律领票。"

第二,鉴于山西、陕西旧商无可招致,回商存者更属寥寥,决定"遴选新商采运湖茶,是曰南柜"①,以减轻陕甘茶商在湖南、湖北的厘税负担。"招徕南茶商贩,为异充商张本。""凡遇陕甘商贩运茶经过沿途地方应完厘税,概按照行销海口茶厘减纳十成之八,只抽两成。所有减纳八成厘银,各省划抵积欠甘饷,作解甘肃,以划抵欠饷作收,年终由陕甘督臣咨部,以清款目。"这一措施,既减少了茶商的课税,刺激了茶商的积极性,又解决了甘肃历年所欠的协饷问题。

第三,废除积欠正、杂课。"正课照定例征收,杂课归厘税完缴。""其行销内地者,照纳正课银三两外,于行销地面仿照厘局章程,在陕甘境内行销,均各一起一验,完纳厘税。大率每引以收银一两数钱为度,至多不得过二两",至于出于口外的茶叶,"则另于边境所设局卡加完厘一次"。并且所有茶务办公的"各项经费均应于厘项下开支"。厘税项下完缴茶税,课额不致虚悬,这样就可以使以往一些烦琐的茶务问题归于简化,而中饱之弊庶可免矣。

第四,严厉稽私。为防止国家利权下移,徒资中饱,"湖茶、川茶入陕,入甘首站及各通行间道,陕西、甘肃两藩司遴委妥员,设卡盘验,以清来源。遇有无票私茶,即行截留,令其补领官票,赴行销地方纳课,经过厘局验票完厘"②。

以票代引,每票50引,合计4000斤,视商人资本认销给票。承领的

---

① 赵尔巽:《清史稿》卷124《食货志》五《茶法》。
② 左宗棠:《左宗棠全集 奏稿(6)》,刘泱泱校点,岳麓书社2014年版,第9—13页。

商人至少须领一票。① 应该说，以票代引的"票"已不是原来意义上的"引"，而是凭此计量纳税的一种运税单据了。② 与此同时，左宗棠认识到无商则无利，只有在商人的配合下，以票代引才能顺利实施，面对西柜茶商死亡相继，东柜茶商资本无存的客观现实，左宗棠通过积极招募来自湖南的商贩，联结成了南柜。东、西、南柜茶商各领各票，互不干涉，很快，南柜成为西北茶叶市场中的一支重要力量，在新旧茶商的相互竞争中，推动着西北茶叶贸易的向前发展。"回乱后，东商逃散，左相求之不得，随饬湖南人承办，谓之南商。所销运皆湖南砖茶，及晋商归，复向南商承拨分销。"③

左宗棠茶务章程奏定刊发后，茶商重新活跃到了茶业运销舞台上，为西北社会的经济发展带来了崭新的活力，如东柜的马合盛、新泰和、裕新重、魁泰通、裕亨昌、文泰运等商号不仅重焕新机，而南柜也有了乾益升、天泰蕴等较大的商号。东柜均为原有之茶商，而南柜中不少茶商有官僚资本的介入。④ 在官僚资本的运作下，南柜借助于湘军势力及其家乡湖南茶叶采购等方面的诸多便利，深入甘肃贩卖茶叶，⑤ "承领茶票几占每案发出总票的一半"⑥。南柜的加入，不仅使湖南的茶叶生产和跨省贸易得到了空前发展，而且因势乘便地把西北茶叶贸易大多掌控在了自己手中，"昔承平之时，官茶引课，咸属诸晋商，为之晋茶。乱后流离，湘人遂专其利，擅商务大宗"⑦。最终使南柜独树一帜，形成了"在

---

① 杨自舟、董文廷、聂丰年：《清末至抗战期间副茶行销西北简述》，载中国人民政治协商会议甘肃省委员会文史资料研究委员会编《甘肃文史资料选辑》（第4辑），甘肃人民出版社1987年版，第116页。

② 吴慧：《翰苑探史 中国经济史论集萃二十五题》，中国经济出版社2010年版，第501页。

③ （清）裴景福：《河海昆仑录（1906年）》，载陈祖槼、朱自振编《中国茶业历史资料选辑》，中国农业出版社1981年版，第616页。

④ 杨自舟、董文廷、聂丰年：《清末至抗战期间副茶行销西北简述》，载中国人民政治协商会议甘肃省委员会文史资料研究委员会编《甘肃文史资料选辑》（第4辑），甘肃人民出版社1987年版，第115页。

⑤ 魏永理：《中国西北近代开发史》，甘肃人民出版社1993年版，第255页。

⑥ 胡伯益：《烟茶布三帮在西北产销概况》，载中国人民政治协商会议陕西省委员会文史资料委员会编《陕西文史资料》（第23辑），陕西人民出版社1990年版，第163页。

⑦ （清）钟广生：《新疆志稿（1910年）》，载朱自振编《中国茶叶历史资料续辑 方志茶叶资料汇编》，东南大学出版社1991年版，第17页。

上个（19）世纪70年代中国当局对西部边区的茶叶贸易实行了专卖垄断，只允许湖南商人经营茶叶"的局面。①

在左宗棠的苦心经营下，包括甘宁青地区在内西北地区的茶叶贸易又一次出现了较好的发展势头。同治十三年（1874年），东、西、南三柜，共发初案茶票835张，每票"征课银一百五十两，厘银七十二两，又于茶厘议增案内，甘省各司各票，加增银二十一两六钱，统于三年领票之期，先交课银，运茶到甘盘验时，厘亦全部交清"②。请票者先向兰州道备案，不分各省商贩，均令先纳正课始准给票，并予行销地方完纳厘税。这种较好的制度，一改咸同年间茶务颓势，故而，民国年间有人评述："左氏对西北茶政，固无特殊贡献，然而其创设以票代引办法，奠定六十余年来西北茶销之基础。"③ 可谓是切中肯綮的。

尽管后世有上述之评价，但是，在西北茶务的具体运行中，左宗棠发票之时一些没能考虑到的制度缺陷也逐渐显露出来。因为，在最初发票之时，面对商人逃散，求而不得的局面，只是虑及"承引之乏人，而未计及行销之不旺，缘以乱后民生未定，人口大减，因票额太多，致销路壅塞，直至十年之久，尚未销清，以是中间未按规定年限发票"④。行销不旺，主要是没能考虑到茶销初期，民生未定，发票太多，而人口数量并不能随着战乱的结束很快得以增加，特别是同治兵燹之后，人民生活困窘，茶叶消费有限，所以尽管有南柜茶商的积极参与，但是运销十年之久，第一案所发之茶票，依然无法全部销清。

光绪八年（1882年），继任陕甘总督谭钟麟续办甘肃第二案茶票，"查前总督左宗棠试办之初，计发出引四万二千余道，行销十年之久，尚有未经办茶之剩引，共五千八百数十道，似此滞引悬课，茶法安望复额？"于是，重定茶务新章十五条，要求旧票限期清结，重发新票402张。⑤ 运销茶

---

① ［俄］尼·维·鲍戈亚夫连斯基：《长城外的中国西部地区》，新疆大学外语系俄语教研室译，商务印书馆1980年版，第170页。
② 徐方幹：《历代茶叶贸易史略》，《边政公论》1944年第3卷第11期。
③ 叶知水：《西北茶叶贸易政策之实施（续）》，《闽茶》1946年第1卷第10期。
④ 徐方幹：《历代茶叶边易史略》，《边政公论》1944年第3卷第11期。
⑤ （清）升允、长庚：《甘肃新通志》卷22《建置志·茶法》，宣统元年（1909年）刻本。

叶16080担。① 为体恤前办各商，新票仍拨发旧商，但对不愿或无力续办者，听其自便，为更好地对领票商人加以管理，对"从前领票，只有字号，并无姓名，以致漫无稽查，此次应令领票各商先将真实姓名、籍贯报造，再饬总商等查确，方准呈领，倘果领票后，无力办茶，准其将票转让别人"。这一规定不仅能保证茶商对茶叶的垄断，而且茶商真实姓名和籍贯报造，也可以为政府的稽查课税提供便利。与此同时，为使甘肃茶务更进一步得到改善，谭钟麟也对商人运销私茶放松了管控，"行销散茶之平凉、甘南、宁夏各处，一时未能禁绝，或加重抽厘，俾其成本于官价先等，亦于茶政不无裨益"②。对私茶加重厘金征收之后，使私茶价格与官茶价格相等，允许出售。如此一来，一方面，增加了官方的财政收入；另一方面，又保障了官茶的流通及畅销。四年之后，即光绪十二年（1886年），谭钟麟奏发甘肃茶票第三案，共发票409张。③ 运销茶叶16360担。此后，茶票发行一直呈有增无减的势头。

光绪十七年（1891年），因私茶充斥，官引滞销，茶商坐耗成本，苦累不堪，"前据各商，以连年亏累，力益不支持"。陕甘总督杨昌濬体念商艰，将茶商应纳茶课，仿照淮盐章程，"先酌缴三分之二，其余一分，俟运茶到兰盘验时，同厘并缴"④。并发票423张。光绪二十二年（1896年），总督陶模奏报发第六案，票427张。二十四年（1898年）发第七案，发票549张。光绪二十六年（1900年），陕甘总督魏光焘奏发第八案，发票628张。光绪二十八年（1902年），陕甘总督崧蕃奏发第九案，发票768张。光绪三十一年（1905年），崧蕃奏发第十案，发票830张。⑤

由于茶叶经营利润增加，光绪三十二年（1906年），南柜商人依然在西北茶销舞台上占据着极大的优势。是年，东柜茶商在甘肃"仅仅十分之三，南商十分之七"⑥。随着茶叶贸易的兴盛，带动经营此业者商人队

---

① 叶知水：《西北茶叶贸易政策之实施（续）》，《闽茶》1947年第2卷第3期。
② 叶知水：《西北茶叶贸易政策之实施（续）》，《闽茶》1946年第1卷第10期。
③ （清）升允、长庚：《甘肃新通志》卷22《建置志·茶法》，宣统元年（1909年）刻本。
④ 徐方幹：《历代茶叶边务史略》，《边政公论》1944年第3卷第11期。
⑤ （清）升允、长庚：《甘肃新通志》卷22《建置志·茶法》，宣统元年（1909年）刻本。
⑥ （清）裴景福：《河海昆仑录（1906年）》，见陈祖槼、朱自振编《中国茶叶历史资料选辑》，中国农业出版社1981年版，第616页。

伍的壮大，光绪三十三年（1907年）十二月，陕甘总督升允奏请发甘肃第十一案，由于东南柜各茶商呈称，"情愿于旧票外，续加茶票"，因而畅引茶票1850张。① 东柜新泰和等8家商号领取了320张茶票，共计128万斤茶叶。南柜中的天泰运商号，更是因缘时会而得以快速发展，"每票竟赚达一千两之巨，这在茶商来说，是一种破天荒的盛事，从此天泰运的副茶就畅销于西北各地了"。同治"回变"后，依附于东柜而得以生存下来的西柜茶商魁泰通商号，在左宗棠整理甘肃茶务后，经过十几年的苦心经营，又成为了独立经营的商号。

　　清末民国初年，仅兰州地区经营茶叶贸易的商号就有40余家，每年经销茶叶多达数百万斤。② 因此，有学者说："清末民初，兰州茶商实际上控制着我国西北茶叶贸易的主要部分。"③ 光绪三十四年（1908年），在陕甘总督的要求下，掌管国家课税及财政的度支部准许，"以后茶商承领新票只准加多不准减少，据东、南柜茶商呈请，于旧票外酌加茶票三百六十张，照章预交二分课银三万六千两，下欠一分课银，俟茶运到随厘并纳以裕国课"④。宣统元年（1909），茶商领票已经达到1805张，合计运销茶叶72200担。⑤ 发票日渐增多，通过茶商的茶叶经销网络日益健全，至宣统二年（1910年），甘肃出现"茶务日盛"的局面。⑥ 是年，甘肃茶税收入白银近10万两，占当年全国茶税收入130万两的6.6%。⑦

　　要之，"蒙番人民的日用饮食，皆牛羊乳肉炒面之属，不易消化，故官茶为必不可离之物，自甘疆多事以来，茶务废弛日久，左襄文公开始招商引票，划地为引，计东西南三柜茶商，共领票八百三十余张"⑧。以票代引，使甘宁青地区的茶叶贸易摆脱了咸同年间兵燹的影响，在左宗

---

① （清）升允、长庚：《甘肃新通志》卷22《建置志·茶法》，宣统元年（1909年）刻本。
② 李万禄：《西北茶马市与马盛合商号》，载中国人民政治协商会议甘肃省兰州市委员会文史资料研究委员会编《兰州文史资料选辑》（第2辑），1984年，第122—123页。
③ 王致中、魏丽英：《中国西北社会经济史研究（下）》，三秦出版社1996年版，第192页。
④ 《电告加发茶票》，《顺天时报》，光绪三十四年（1908年）五月二十三日，第1902号，第7版。
⑤ 马啸：《左宗棠在甘肃》，甘肃人民出版社2005年版，第192页。
⑥ 赵尔巽：《清史稿》卷124《食货志》五《茶法》，第2503页。
⑦ 郭方忠、张克复、吕靖华：《甘肃大辞典》，甘肃文化出版社2000年版，第1055页。
⑧ 宁欣：《中华大典 经济典 商业城市贸易分典3》，巴蜀书社2017年版，第1827页。

棠的积极招募及后继者的不断延续下，商人资本也逐渐得以恢复，在甘宁青地区的茶商再次兴旺发达之际，也标志着茶叶贸易的重新繁荣，而这一切不仅为国家带来了巨大的经济利益，也满足了甘宁青地区各族人民对茶叶的日常需求，促进了甘宁青地区民族间的交流和共同发展。在这其中，无论是茶叶贸易中的山、陕商人，还是后来的湖南茶商，他们在丰富和健全了甘宁青茶叶运销市场人才队伍的同时，也推动着甘宁青地区社会经济的发展，特别是为少数民族地区的经济发展做出了重要贡献。

二 民国时期甘宁青茶叶贸易的发展

有人说："民国之造，商人当在首功之列。"民国元年（1912年）之初，正值新旧过渡时代。① 然而，就甘宁青地区茶叶运销制度而言，并没有明显的变革，依然沿袭着左宗棠以票代引制度，但茶票改由财政厅筹饷局颁发，并于次年颁发第十三案票506张。② 每票"加厘两成，银十四两四钱"③。税费相较左氏时发票有了增加。④ 民国三年（1914年）皖系军阀张广建督甘伊始，恰逢河南白朗⑤军入境，为了弥补财政亏空和筹建军队费用，特别是官僚机构的开销，张广建采取各种措施，变换花样提高茶课等旧税。⑥ 为捍卫广大茶商的自身利益，民国五年（1916年），在兰州东、南、新三柜总商值年桑培荣、周瑞章的倡议和领导下，包括大吉祥、天泰运、新泰和等在内的资本较大的商号向政府提出茶叶为民间

---

① 王孝通：《中国商业史》，商务印书馆1998年版，第234页。
② 詹檠：《论茶叶与西北茶销》，《西北通讯》1948年第2卷第12期。
③ 徐方幹：《历代茶叶边易史略》，《边政公论》1944年第3卷第11期。
④ 民国初年，尽管银两制度被保留，但银元作为交易媒介，从而在流通市场上出现了两、元并行的局面，在商业往来中，两者折合时，商家常要贴水耗亏，因此全国强烈商民要求废两改元。因之，民国十五年（1926年），甘肃省在茶叶征税中，实行废两改元，定为每银一两，合洋1.4元，每票共折洋361.2元。参见魏崇阳《西北巡礼（续）》，《新亚细亚》1934年第8卷第6期。
⑤ 白朗（1873—1914年），河南宝丰人，字明心。1912年冬，率豫西一带农民发动武装起义，提出"打富济贫"口号，转战豫、鄂、皖一些地区。"二次革命"后，改用"中华民国抚（一作扶，又作复）汉讨袁军"。1914年3月取得鄂西老河口战役胜利后，决定避开段祺瑞指挥的北洋主力，两上陕、甘，另图发展。6月由甘肃折返，7月回到河南，8月兵败于宝丰。
⑥ 赵国强：《近代甘肃政要施政文献选编》，甘肃文化出版社2016年版，第189页。

日用所需，政府应该核减税厘，以安抚民众的要求。① 而恰在此时，南柜商人囤益升商号囤积茶票案发，为甘肃省财政厅所查：

> 为通令事案，查甘肃官茶定章，三年一案，每案发票一次，只准加多，不准减少，立法初，意原逐渐扩充徐图发展，法至善也，无如推行既久，弊端间生，如南柜商人乾益升于换发第十一、十二案票时，百计运动，每案竟领票九百九十五张之多，既领茶票，不即赴山采办，意欲操纵茶价，垄断居奇，迫受时局影响，遂致一蹶不可复振。入民国后，该商撤庄南归，复在湘省设公司招股份贱售未销积票，势非将甘肃茶务完全破坏不止，是以前筹款总局于民国五年拟定清理官茶引票章承十条，将十一、十二各案及以前迄未办销旧票一律作为无效，嗣该商一再禀请维持，始准展限至民国六年底止，一律运销，不得再事延宕在案。②

发行第十一、十二案票时，正是西北茶叶销售最为鼎盛的阶段，因此为赚取更多利润，南柜商人囤积茶票，欲想垄断居奇，操纵茶价，然而辛亥革命爆发，政局变动，使茶票大量积压。民国建元，所积茶票价格跌落，受甘肃省财政厅之清理，致南柜商人甘肃茶叶市场上难以立足，东柜商人受此牵连，也有一部分倒闭歇业。于是，部分陕西在甘经商之人乘势借财政厅长雷多寿③的关系（雷为陕西渭南人），得茶票后兼营茶业。④ 比如原来在兰经营布业的万顺德商号、布业兼杂货业的泰元顺商号、杂货业的继美丰商号、绸缎京货业的万顺成商号、水烟业的德泰益、谦瑞升、天泰和等几十家商号都加入了茶帮。这些商号，本来欲加入东柜，但由于东柜茶商自己有公产，不愿新加入的商号染指，于是他们另

---

① 《呈请农商财政部减轻甘肃陕西茶厘文》，《中华全国商会联合会会报》1916 年第 3 卷第 11—12 期。

② 《训令东路各城征收局、省城征收局等令饬严查官茶如有十一十二案茶票立蒋茶及茶票商人扣留办文》，《甘肃财政月刊》1926 年第 43 期。

③ 雷多寿，为陕西省渭南县双王车雷村人。清末进士出身。中华民国成立后，于民国三年（1914 年）5 月 7 日出任甘肃省财政司司长、财政厅长。民国六年（1917 年）11 月 20 日去职。

④ 胡伯益：《烟茶布三帮在西北产销概况》，载中国人民政治协商会议陕西省委员会文史资料委员会编《陕西文史资料》（第 23 辑），陕西人民出版社 1990 年版，第 159 页。

成立一柜，即为兰州经销茶叶之茶商组织之"新柜"①。

在清理第十一、十二案之茶票之后，民国五年（1916年）甘肃省发行茶票第十四案，是年，发票1400张，相较1913年的（第十三案）506张，将近增长了3倍。此后逐年增加，民国八年（1919年）发行第十五案、民国十二年（1923年）发行第十六案、民国十四年（1925年）发行第十七案、民国十七年（1928年）发行第十八案、民国二十年（1931年）发行第十九案、民国二十三年（1934年）发行第二十案、民国二十六年（1937年）发行第二十一案，分别发票1564张、1285张、1787张、1790张、1790张、1533张、2300张。② 分别运销茶叶62560担、51400担、71480担、71600担、71600担、61310担、92000担。从民国二年（1913年）到抗战全面爆发的1937年，甘肃省财政厅总计发票13955张，如果加上民国二十八年（1939年）特票的1165张，则共发行茶票15120张，共运销茶叶604800担。③

这里还值一提的是，在民国以前，茶商引票贩茶，仍沿用以前庄浪、西宁、甘州三茶马司的名义，分庄司、西司、甘司④三种。换言之，呈领了所司之茶票，经销所司之茶叶，控制非常严格。此后，在商品经济的冲击下，民国以后，这种管制也就逐渐放松了。⑤ 但是，以票代引之茶，习惯上仍称之为"官茶"，而其他行销于甘宁青之散茶、松茶等则没在管制之列，也被称为"散茶"。⑥

民国时期，行销于甘宁青的茶叶按其制作方法主要分两大类，不同类别的茶叶来源地也各不相同。第一类为不发酵茶，也就是绿茶。绿茶

---

① 杨自舟、董文廷、聂丰年：《清末至抗战期间副茶行销西北简述》，载中国人民政治协商会议甘肃省委员会文史资料研究委员会编《甘肃文史资料选辑》（第4辑），甘肃人民出版社1987年版，第116页。

② 徐方斡：《历代茶叶边易史略》，《边政公论》1944年第3卷第11期。

③ 叶知水：《西北茶叶贸易政策之实施（续）》，《闽茶》1947年第2卷第3期。

④ 庄司包括庄浪县以西的定西、兰州、平番（今永登）等地区，西司包括旧日西宁道的地区（今青海省）和西藏地区，甘司包括河西一带，后来扩展到新疆。

⑤ 杨自舟、董文廷、聂丰年：《清末至抗战期间副茶行销西北简述》，载中国人民政治协商会议甘肃省委员会文史资料研究委员会编《甘肃文史资料选辑》（第4辑），甘肃人民出版社1987年版，第117页。

⑥ 叶知水：《西北茶叶贸易政策之实施（续）》，《闽茶》1946年第1卷第10期。

按其产地又可分为紫阳茶和川茶,其中以紫阳茶占据多数。紫阳茶主要产区在陕西南部的紫阳、安康、石泉、西乡、汉中、镇八等县,其中以紫阳产量最多,因此这些地区所产之茶也称为"紫阳茶"。民国时期,陕南产茶4000担左右。此外,四川东北之万源城口因越过大巴山即为陕南,该地所产之茶,也以紫阳茶的名字行销于青海境内;川茶产于四川巴川县以南各地,但实际上大部分产于川西北部之平武、北川、江油、安县一带。

第二类为紧压茶类。紧压茶类按产地又可分为茯茶、川康南路边茶、松茶、人头茶四类。茯茶又称"名茶""官茶副""茶""福茶""府茶"等。主要产于湖南安化,最初由茶商每年春季前往产区采购,然后运至陕西泾阳用木机压制成块,每块重五斤。川康南路边茶,又称"藏销南路边茶"。其主要产地为四川之邛崃、名山、蒲江、夹江、峨眉、马边、屏山及西康之荥经、雅安、天全、庐山等;松茶,也就是来自四川西北路的边茶,其大宗以松潘为集散市场,故而在消费市场上称之为"松茶"。主要产地在川西北的安县、平武、绵竹、汶川、灌县、崇庆、大邑等县;人头茶,形似心脏而椭圆,仿云南沱茶的制作方法,包括称茶、蒸茶,然后放入布袋内加压,使布袋收紧成为心脏形,冷却、脱袋、烘干即成。此外,紧压茶类还有青砖茶,由两湖所产之老青茶压制而成。①

官茶到兰州入库以后,茶商首先持所承引之茶票,到总商处加以登记,然后到所属财政部门(清为总督衙门,民国后为财政厅)补纳课税,再由财政厅派人到茶叶储存地进行核查盘验,一欤核实完毕,即给茶票盖上红印,如此一来,茶商就可领出所运之茶行销各地了。据统计,由于砖茶运输便利,因而销往少数民族地区的茶砖最多,约占官茶总数的三分之二。② 民国时期慕寿祺在《甘宁青史略》中记有:"兰州及河西喜用砖茶者居多数,砖茶名曰福茶,又称官茶。茶叶采自湖南,其制造在

---

① 翟天松:《青海经济史(近代卷)》,青海人民出版社1998年版,第214页。叶知水:《青海茶市》,《中央银行经济汇报》1944年第9卷第4期。

② 杨自舟、董文廷、聂丰年:《清末至抗战期间副茶行销西北简述》,载中国人民政治协商会议甘肃省委员会文史资料研究委员会编《甘肃文史资料选辑》(第4辑),甘肃人民出版社1987年版,第119页。

陕西泾阳，叶除而色黑，上流社会皆厌弃之。"可见，官茶为一般百姓饮用之品，而销售地区则主要在青海东部、东北部、河西及陇南小部，宁夏灵州、中卫等部分地区。①

事实上，晚清以降，甘宁青地区茶商与周边蒙古族、藏族居民的茶叶交换基本上还是以货易货，当皮毛作为重要出口商品后，这些地区就主要用皮毛来交换茶叶了，职是之故，在一段历史时期，茶叶价格和皮毛价格关系十分紧密，毛皮畅销、价格上涨的年份，茶叶售价也随之提高。与之相对应，皮毛滞销的年份，则茶价也开始跌落。一般情况下，在甘宁青茶叶市场上，茶叶价格低时每封在二两左右，有时亦可高到四五两之多。但是自1918年起至1919年间，特别是1920年，甘宁青羊毛价格暴跌至每百斤四五两，随之甘宁青茶叶价格也大跌至每封八九钱，最多不超过一两的惨境。② 价格跌落，茶商负累不堪，这不景气的暴风，遂把此前已受囤积茶票案之重创的南柜茶商全部吹倒。自此，南柜茶商彻底退出了西北茶叶市场。

民国十四年（1925年），国民军入甘，恰逢甘省换发第十七案茶票，为避免政局不稳所致茶叶运销困难，东新两柜总商吴裕兴、赵桢呈请甘肃省政府："转呈分咨湖南、湖北、河南、陕西各省地方长官，转饬所属关卡员役，验票放行，以免留难。"③ 民国十七年（1928年），由于湖南省改组税章，使甘肃省财政厅发行之茶票失去了原左宗棠所定之"于行销地面仿照厘局章程"，规定"甘茶引票非照新章完税不准过境"，在茶柜总商吴裕兴等人呈请下，中央财政部查情后认为："茶引无效，课税重叠，茶叶在西北销场必然绝迹，国计民生所系甚大，自应照旧办理，以维引政。"④ 显然，时局动荡下兰州茶叶商人的集体行动，也向施政当局提出了挑战，而施政者的反应，则表现了他们的双重任

---

① 叶知水：《西北销茶之产区及其市场之变迁》，《边政公论》1944年第3卷第11期。
② 胡伯益：《烟茶布三帮在西北产销概况》，载中国人民政治协商会议陕西省委员会文史资料委员会编《陕西文史资料》（第23辑），陕西人民出版社1990年版，第162—163页。
③ 《公牍：呈：省长呈请分咨湖南等省省长转饬所属关卡遇有茶商持票运茶过境验票放行以维茶政文》，《甘肃省财政月刊》1925年第31期。
④ 《刘郁芬：公牍：甘肃省政府训令：令财政厅：为令行事案查前据该厅转呈茶柜总商呈请电请（中华民国十八年二月二十五日）》，《甘肃省政府公报》1929年第28期。

务：一方面稳定茶叶价格，另一方面维护关乎西北人民生计之茶叶的流通。

民国二十年（1931年）元旦，即便是从清末以来对内地各省设立局卡往来货物征收的过境税——厘金也在社会各界努力下得以裁撤。很显然，厘金的裁撤是20世纪30年代民国政府的一项重大举措，"商困稍苏"①，对商品流通是有促进作用的。然而，事实上，直到民国二十三年（1934年），当甘肃省财政厅准备换发第二十案即民国第八案引票之期，"经财厅饬令茶商造册换领，该商等以赴湘按票采茶，所历湘鄂豫陕四省，视同废纸，按茶征税，每票加征洋八十余元之多"，茶票已失去了在行销地方完纳厘税之规定。"引票失效，捐税奇重，新票既不愿领，旧票尤难罄销，非惟影响甘肃固定岁入，抑且妨碍西北民族日需要品。"② 捐税过重，茶商相继裹足，不愿领票时有发生。为保证所有茶商群体的利益，这一年，甘肃东柜、新柜总商值年胡膺藩等呈请甘肃省政府，要求转电湘鄂豫陕四省财政厅，按所领茶票查验后放行，取消新加茶税，以恤商贩的要求得以通过。③ 对于茶商而言，捐税如能保持较低的水平，是他们能够盈利的关键，因此面对复杂的局势，作为"通官商之邮"的官府与茶商联结纽带之总商值年的胡膺藩，为确保广大茶商利益不受损害，代表茶商同官府进行交涉，从而帮助茶商渡过了难关。

毋庸置疑，迨至民国，由于国事蜩螗，令交易前途多生障碍，仅财政乱象所致，就使茶商常常心存忌惮，不愿领票的情形时有发生。1934年甘肃省发案票仅1533张，相较前次发票的1790张，有所减少。④ 与此同时，茶商为保卫自身利益不受侵害的抵制捐税增加的活动，也在一定程度上说明，尽管近代以来商人依然标榜自己"在商言商"，虽然他们"每日里干得正是买进卖出、生产消费，运用财产，进行交易之类世俗的，平凡的'经济'活动，日常生活中倒很少牵涉到政治或公民

---

① 王孝通：《中国商业史》，商务印书馆1998年版，第290页。
② 《电：电甘肃省政府：赋字第二七一号（二十三年一月八日）：甘省引茶一案已电令湘鄂豫陕四省财厅遵照原案验放》，《财政公报》1934年第71期。
③ 甘肃省政府秘书处编：《甘肃政府行政报告》，1934年版，第24页。
④ 徐方幹：《历代茶叶边易史略》，《边政公论》1944年第3卷第11期。

活动"①。但是,他们也开始理性地看待自身的利益,并在个体的行动中,力图营造符合自身发展的良好商业秩序和稳定的商业环境,并不断地做出努力。"商业史不是历史长河中一个独立存在的方面,它与社会政治的发展紧密相关,并为其作注解。"② 随着茶商群体自我认同意识的增强,他们亦开始从自身的经济利益出发,其总商实际上已如商会一样"已担负起在政府与商人之间协调税收的职责"③,并取得了很大的成效,因此,即便领取茶票数量有些年份有所减少,但是,茶叶作为西北少数民族须臾不可离的商品,通过茶商的积极努力,货畅其流,必然也推动着茶叶贸易往来持续地向前发展,20世纪30年代中期,兰州经营茶叶的商号已经达到了40多家。④ 是时,甘宁青茶叶贸易的发展达到了较高的历史水平。

三 商人与甘宁青茶叶市场

太平天国运动爆发后,包括甘宁青在内的西北地区茶叶来源缺乏,销量锐减,"及至同治元年,陕变陡起,西北烽火遍地,茶叶不仅无法运输,即人口亦以此减少数十万以上,茶运停顿达十年之久,同治十三年(1874年),左氏倡以票代引制,于是年发第一案茶票,自第五案后,每三年发票一次,至民国二十八年(1939年)最后一案之特票止,共发二十二案"⑤。颁茶票,引纳茶课,始为茶商。"茶商组织而业组合,冀确保组合员之利益,百方设策以妨新茶商之发生,是茶商由组合之力,有茶买卖之独占特权。生产者不得卖茶与茶商以外之任何人,茶商之命绝对不能反抗。"⑥ 因此,在近代甘宁青茶叶市场活跃的茶商群体,无论是较早出现的东柜、西柜,还是后来才有的南柜、新柜,他们对茶叶经营都

---

① [美] 拉齐恩·萨丽等:《哈耶克与古典自由主义》,秋风译,贵州人民出版社2003年版,第10页。
② [英] T. G. 威廉斯(Thomas George Williams):《世界商业史》,陈耀昆译,中国商业出版社1989年版,第3页。
③ 马敏:《商人精神的嬗变——辛亥革命前后中国商人观念研究》,华中师范大学出版社2011年版,第166页。
④ 萧梅性:《兰州商业调查》,陇海铁路管理局1935年版,第54页。
⑤ 叶知水:《西北销茶之产区及其市场之变迁》,《边政公论》1944年第3卷第11期。
⑥ 赵竞南:《中国茶叶之研究》,北京银行月刊社1926年印行,第14页。

有着较强的垄断性。

事实上，无论是东柜、西柜，还是南柜、新柜，这些以地域、民族等为联结方式的茶商群体的形成，是商人在发展过程中，为维护自身利益而结合的历史必然。"任何商业网都把一定数量的经营者个人联系在一起，他们可属于同一家公司，分布在一条或几条流通路线上。贸易得以进行全靠这些中转站，这些互助和联系，商人事业愈成功，互助和联系便愈多。"① 为商业经营中所遇到的各种难以解决的困难，协调相互之间生存和发展中的矛盾，为实现共赢，他们走向了团结之路。而"中国人群体意识的认同标准，是首重血缘性的家族关系，次重地缘性的乡土关系"②。可以说，以籍贯身份为纽带的商人群体和商帮是商品经济发展到一定阶段的产物。③

在一定历史时期，东柜主要从事从茶叶产地到兰州地区大宗茶叶的运销。西柜主要是把茶叶从兰州运销到少数民族地区，东柜茶商资本较西柜雄厚。实际上，无论是隶属于山帮、陕帮的东柜、西柜茶商，还是隶属于湖帮的南柜、陕帮新柜的茶商，都是基于认同和合作而形成的以地缘为结合方式的商业群体。由于他们都不是甘肃本地籍，为便于对分散的茶商进行有效的管理，以助政府茶政之实施，地方茶政主管要求每一茶柜都设有一总商。"茶商原籍相处极远，恐难稽冢道之盈虚，主管机关，令着地方官查明殷实，然后方准充商，使商有定名，引有定数，销茶有定方，使茶务进行便利，并由各散商公举品行端方者为各柜总商。"④ 对这些不附着于土地的茶商，国家更多地依赖总商对他们加以控制，在总商的协助下，茶务可以更好地得以推行。

总商三年一任，可以连任，举出以后报官厅加委。充任总商的人不仅是殷实商号的负责人，本人也要有声望。本柜的商人称呼总商为总商老爷。总商的办公室有师爷（文牍）一人、司账管台（会计）一人。其薪水及茶务公所费用等，名曰公用，随时责成司账管台按各商引均摊，

---

① [法] 布罗代尔：《15 至 18 世纪的物质文明、经济和资本主义》（第一卷），顾良、施康强译，生活·读书·新知三联书店 1992 年版，第 140—141 页。
② 唐力行：《商人与近世社会》，商务印书馆 2006 年版，第 33 页。
③ 姚建根：《江南城镇通史·明代卷》，上海人民出版社 2017 年版，第 72 页。
④ 叶知水：《西北茶叶贸易政策之实施（续）》，《闽茶》1946 年第 1 卷第 8—9 期。

公开公支，每年底算账一次，以昭公平。① 总商职责主要是负责掌管审核散商姓名、地址、保结的虚实，然后造册领票（左宗棠整顿茶务时，曾废除由总商汇领茶票的制度，以后又恢复了），汇总完纳课厘税款。不惟如此，对于缴纳税款，总商也有督促、担负的权责。② 换言之，总商对所属之散商除有审查之责外，对散商承引误课，亦有稽查之责。此外，总商在茶叶运销过程中运销数量、核实承引茶票数额及征缴税款亦起监督的作用。

> 发茶商愿领票买茶卖茶者，每逢换票时期，先开具票名引名，司分票数，单据加盖图章交由总商，总商根据各散商申请票数，汇造清册向主管机关请领转，如牌引各认为假冒顶替，朋充及铺保不甚殷实者，总商得审查取缔之。各散商持票趋湖南采购，运至泾阳压制成砖，再运甘销售，茶商将茶运到兰州后，应先交官茶库存储，便稽核实际运到数量，与原领票数是否商等，同时便于征缴税款。甘肃官茶库设兰州山字石街，系茶商聚资建筑由茶务总商负责管理。③

总商除负有审查、监督等职责外，还有酌议茶叶价格之权。也就是说，尽管行销甘茶之价格由官方核定，但是运至兰库内，依然由"由总商值年核计，其自湖南采茶至起运至兰省止，茶价运价税厘共需成本若干，按照时市斟酌议就价值，禀道县牌明示，其在省坐销者，即照议价散售，若运入司分者，再按路之远近，将其运脚工价递加在内，不得轻率不得偏私"，当然如果市场行情有变，总商也可以随时议请增减。"倘有以假茶蒙混成封，起运到兰后，由总商值年盘验查明，立将假茶焚毁。"④ 此外，为使本柜茶商能够扩大经营，提高效益，总商还需要掌握市场销量、购销行情，并研究用茶民族的生产生活变化，以达到购销两

---

① 叶知水：《西北茶叶贸易政策与其实施（续）》，《闽茶》1947年第2卷第3期。
② 杨自舟、董文廷、聂丰年：《清末至抗战期间副茶行销西北简述》，载中国人民政治协商会议甘肃省委员会文史资料研究委员会编《甘肃文史资料选辑》（第4辑），甘肃人民出版社1987年版，第116页。
③ 叶知水：《西北茶叶贸易政策与其实施（续）》，《闽茶》1947年第2卷第3期。
④ 叶知水：《西北茶叶贸易政策及实施（续）》，《闽茶》1946年第1卷第10期。

旺的目的。① 毫无疑问，总商由于在茶业经营、茶叶真伪、茶商管理等诸多方面都承担有重要之责任，故而担任总商并不是一件轻而易举的事，他们不仅需要自家商号实力雄厚，而且还要具有声望，并且能够善察盈缩，与时低昂，以领导本柜商人经营业务，并对国家承担课税，总商挨次轮流"值年"。

光绪八年（1882年），东柜仍设代理总商一名，南柜设立值年两人，仍然由各商选举产生，所有稽查议价等事，统归总商值年经管，五年轮满后，再由众商于换票时公举更换，如有弊情，也可随时查明另换。从承引茶票，到茶叶运销、征缴税款、议定茶价等诸多具体事务，我们可以看出茶务之事非常烦琐，而且茶商之间也常常有钱债争讼等案的发生，尽管有总商协助，但是以票代引后由兰州道主持的西北茶务常有应接不暇之势。因而，谭钟麟在原管理茶务的兰州道下专设办理茶务及审案事件的专员一名，在茶厘下开设薪水。② 在茶务运行中，无论是代表官方行茶务管理的兰州道、办理茶务及审案事件的专员，还是茶柜之总商，为保证茶叶贸易的正常运转，他们常常互相倚赖、互相支持、互相支撑，"如官方向商民借款必须依靠总商，而总商有所请托，官方亦多俯就批准"③。

事实上，晚清以来，尽管甘宁青茶叶市场已经成为商收、茶储、商销制度，但是他们与官府依旧保持着十分密切的关系，以官府为靠山，从而保证茶叶运销之顺畅。换言之，茶商值年——总商在茶叶收销中一直承担着"通官商之邮"，即沟通政府与茶商，官督商销，共同促进茶务稳定发展新趋向的作用。

以东柜的马合盛商号为例，我们大体可看出茶商的茶叶运销流程。"马合盛资东是甘肃民勤县（旧镇藩）的巨富，清道光以前就经营茶叶，有悠久的历史，在西北颇有盛名。"④ 其购进的原茶产自湖南安化等地，

---

① 李万禄：《西北茶马市与马盛合商号》，载中国人民政治协商会议甘肃省兰州市委员会文史资料研究委员编《兰州文史资料选辑》（第2辑），1984年，第122—123页。

② 叶知水：《西北茶叶贸易政策及实施（续）》，《闽茶》1946年第1卷第10期。

③ 胡伯益：《烟茶布三帮在西北产销概况》，载中国人民政治协商会议陕西省委员会文史资料委员会编《陕西文史资料》（第23辑），陕西人民出版社1990年版，第160页。

④ 胡伯益：《烟茶布三帮在西北产销概况》，载中国人民政治协商会议陕西省委员会文史资料委员会编《陕西文史资料》（第23辑），陕西人民出版社1990年版，第163页。

先向茶农（亦称"山户""园户"）收取低价的茶叶，进行包装，由茶山上船，每包小力钱二十六文。船行资水到益阳，每包水脚钱一两三钱六银。由益阳经洞庭湖入长江到达汉口，每包水脚钱二两四钱银。从汉口入汉水到老河口，每包水脚钱三两一钱银。由老河口以车拉、马驮到荆紫关（荆紫关在河南省淅川县西，南临丹江，为陕西、湖北、河南三省交通要冲），二十七包为一载，每载运价钱四千六百文，每包茶在关上照票钱十文，每千加底子钱三十八文，又担头钱三文。由荆紫关发龙驹寨（商洛地区），由龙驹寨分发渭南、西安，再由渭南、西安发至泾阳。

原茶发至陕西泾阳，由茶庄（私人开设的茶店）经过制茶手续，先用大铁锅把茶叶炒熟，再发花（生毛），晒干装封，每块五市斤，沓上"大引商人马合盛"副茶引即妥。陈茶由泾阳起装，由于历史形成的协同关系，此时正值河西的骆驼运盐至陕西集中于泾阳，且马合盛自养的骆驼较多，自成商队，加之泾阳习惯运茶的户以骡马、骆驼起运，经长武、泾川、平凉、隆德、静宁、定西等地到达兰州，茶直接运入山字石官茶库，再上税出售。①

泾阳作为甘宁青重要茶叶转运和加工市场。在茶商的拉动下，近代以来，当地的茶叶加工工序已形成了一套较为完整体系。这套工序当地人称之为"簸""杂""吊""锅""装"。"先是将茶叶切碎、过筛，然后入锅加火炒。炒时陆续在茶叶中加用茶梗、茶麸熬成之水，炒时茶叶既不能太干又不能太湿，炒茶者必须将之控制在柔润合宜的程度，因此炒茶要求很高的技术水准。炒好茶，另有专人制成砖形装封。"② 民国二十四年（1935 年）泾阳已有茶叶商号 22 家，仅次于布商数量，资本总额为 14200 元，营业总额为 150000 元，专门经营来自湖南的茯茶。③ 显然，泾阳的茶商在湖南茯茶转运西北的茶叶贸易中发挥了重要作用。在把西北人民的茶叶消费联结起来的同时，也带动了其他商品的交换。

---

① 李万禄：《西北茶马市与马合盛商号》，载中国人民政治协商会议甘肃省兰州市委员会文史资料研究委员会编《兰州文史资料选辑》（第 2 辑），1984 年，第 123—124 页。

② 邵彦涛：《客商与同籍专业化模式：近代兰州客商的产业链条探析》，《湖北师范学院学报》2012 年第 5 期。

③ 泾阳县志编纂委员会：《泾阳县志》，陕西人民出版社 2001 年版，第 284 页。

由泾阳到兰州，其路程尽管仅有湖南到泾阳的三分之一，但是，在所耗费的时间上及所花费的运输成本上，都远远超过了前一段路程。这主要是"因前段大部分是水运，后一段完全是陆路。左宗棠入甘之前，由陕到兰仅有一条简易崎岖的山路，此外就是驮道，人马只能鱼贯不能雁行。道路狭窄，山高坡陡，稍一不慎，即有马仰车翻断轴折毂之虞，运输者视为畏途，因此运费奇昂，有些粗货运费往往是高出货价二三倍不等，这也是西北物资缺乏最大的原因之一"①。这一路段伴随着左宗棠率军来到西北而得到了改善，左氏来到西北后，"为了调动军队，转运军实，传递公文，即首先开始筑路。由陕境到玉门，修筑长达三千多里，宽十数丈的一段干路，从此以后货运较前略较称便，运价也逐渐跌落"②。可见，左宗棠经略西北期间对西北道路的建设也为近代以来甘宁青茶叶良好运销体系的构建起了重要作用。

茶商运销茶叶达兰州后，起入茶柜所建之茶库，报经地方官盘验后，继续运往西宁、宁夏等地。③ 光绪八年（1882年）以前，也就是陕甘总督谭钟麟没有拟定《续办茶务章程十五条》之前，运销到甘肃的茶叶必须由店户代为销售，"西、凉、庄三均设茶店，商人之茶须由店户代售"。店户"有协办收课之责，是以必取得保承领印示，方准开设"④。茶商和茶店有主客的分别。兰州店户，为专负管理茶库之门户，承担收茶运茶之责，而西宁、凉州之店户，则专负代客售茶之责。各店户也均设有茶库，茶库有专人负责管理，即库头与库夫。"其库头库夫，均系各库户自行雇见任用，惟库门启闭，向章有锁钥三把，店户总商及茶库各执一把，凡收发盘验茶封，必须三把钥匙齐集，方准开启门户，各店户责成各库头、库夫按月轮流看守听差，茶封负完全责任。"⑤ 诚如龙登高所言："先

---

① 胡伯益：《烟茶布三帮在西北产销概况》，载中国人民政治协商会议陕西省委员会文史资料委员会编《陕西文史资料》（第23辑），陕西人民出版社1990年版，第162页。

② 胡伯益：《烟茶布三帮在西北产销概况》，载中国人民政治协商会议陕西省委员会文史资料委员会编《陕西文史资料》（第23辑），陕西人民出版社1990年版，第162页。

③ 湖南省志编纂委员会：《湖南省志》第1卷《湖南近百年大事纪述（第二次修订本）》，湖南人民出版社1959年版，第110页。

④ （清）升允、长庚：《甘肃新通志》卷22二《建置志·茶法》，宣统元年（1909年）刻本。

⑤ 叶知水：《西北茶叶贸易政策与其实施（续）》，《闽茶》1947年第2卷第3期。

进的仓储手段提高商品养护能力，从而延长作为使用价值的存在时间，是市场发展的重要条件。"① 兰州茶叶店户是集交易、运输、仓储等环节为一体的商业组织，而西宁、凉州等店户则是茶叶市场上的经销机构，他们的职责是进行茶叶的销售。

为使西北地区茶务更为顺畅，光绪八年（1882年），谭钟麟规定新的茶叶章程，除我们前文中所提及的，对茶商领票及私茶放松管制外，还对经营官茶之店户做出了新的规定，仅兰州保留五家茶店外，西（宁）凉（州）庄（浪）各府之茶店，听商民自由开设，不必官给印示，"所有前曾领示之店，概予裁撤"②。官方茶店只做批发，不做零售，他们将茶叶批发给兰州当地商人，再由这些人在本地销售，或运往其他地区进行销售。"都不设门部，不作零售。销往少数民族地区的砖茶便批发给经营皮毛、牲畜的商人和屠户，由这些人将茶运到少数民族地区，换取牛、羊、马匹和皮毛。行销于其他地区的茶砖，则批发给其他商店。当时一般杂货商店都零销茶叶。"③ 西凉庄各官营茶叶店撤销后，茶叶开始由"各广货铺布庄以及其商店经销矣"④。显然，官方经销茶叶之店户被撤销后，经营茶叶的商业部门得以广泛地发展了起来，特别是兼营零售茶叶之商人越来越多。官茶店的裁撤或减少，势必使私人茶店增加，而西宁等地更是允许商民自由开设，经销茶叶之店铺也越发广布于甘宁青各地。

要之，作为甘宁青茶叶贸易的承担者——茶商，在领票后即承担茶叶采购及运输任务，依托店户进行茶叶销售，然后通过零售商人把茶叶销售给所需茶叶之西北民众，换言之，领票之茶商，通过店户—零售商的茶叶销售模式维护着自己的商业利益，他们所营销的茶叶在近代西北茶市上依然被称为"官茶"或"湖茶""茯茶""副茶"等，因为近代甘宁青茶叶市场上官茶基本来自湖南，因而民国时期有学者认为"副"

---

① 龙登高：《中国传统市场的整合——11—19世纪的历程》，《中国经济史研究》1997年第2期。
② （清）升允、长庚：《甘肃新通志》卷22《建置志·茶法》，宣统元年（1909年）刻本。
③ 杨自舟、董文廷、聂丰年：《清末至抗战期间副茶行销西北简述》，载中国人民政治协商会议甘肃省委员会文史资料研究委员会编《甘肃文史资料选辑》（第4辑），甘肃人民出版社1987年版，第119页。
④ 叶知水：《青海茶市》，《中央银行汇报》1944年第9卷第4期。

"茯"乃"湖"字之转音是有一定道理的。当然，在市场上也有独立的个体商人从事茶叶经营，但是他们人数很少，不占茶叶销售的主体，他们所销售茶叶被称为"私茶"，亦纳税，官方允许自由贸易，主要为紫阳茶、巴山茶、川茶等①，但数量十分有限。

甘宁青重要的茶叶集散中心在兰州，茶商在此大量集结。当时，由兰州分运各消费区域之官茶，其主要线路有四条。（1）甘青线。由兰州经河口、享堂、乐都到达西宁，全长230余公里。（2）兰猩线。由兰州至猩猩峡，经永登、古浪、武威、永昌、张掖、盐池、酒泉、安西，全长1171公里。（3）兰拉线。本线为茯茶销甘肃西南部之重要路线。通常通行者曰有两条：其一为兰州经洮沙而达临夏。本线为洮循公路之一段，中经洮沙、宁定、和政等县而达临夏，全长105公里；其二，从兰州经唐汪川至临夏，交通工具为骡马，全长100公里，需时两日，但一般分行三日。至临夏后，到拉卜楞亦分两道，各长约100公里，其间同途者55公里，于桥沟分途，一沿大夏河，一则转入甘家滩草地，但通常以沿大夏河行者为多。（4）宁兰县。由兰州至宁夏，其主要线路有三条：其一为水路，乘皮筏沿黄河而下，每筏载重15000公斤，由兰州至靖远、中卫、吴忠堡至宁夏，约需九日；其二为公路，由西兰公路至平凉，再由平宁公路至宁夏，全长871公里，约需五日；其三为驿运路线，由兰州至宁夏，经六墩子、一条山、中卫、广武到达宁夏。②

茶商运茶至甘肃，经兰州茶户转运各地，但受交通运输条件、消费群体多寡等因素影响和制约，近代甘宁青地区茶叶市场中消费的茶叶数量是不同的。就甘宁青茶销数额而言，首推青海市场，次者甘肃，最后为宁夏。据著名农学家、农业经济学家吴觉农等人在《中国茶叶复兴计划》中，依据实业部中央农业实验所调查材料统计③，1934年青海省每年消费茶叶为109400市担，人均年消费茶叶为1.77市斤；宁夏省为3000市担，人均0.79市斤；甘肃省为36400市担，人均0.67市斤。④就

---

① 叶知水：《西北茶叶贸易政策与其实施（续）》，《闽茶》1947年第2卷第3期。
② 叶知水：《西北茶市概况及其发展途径》，《中农月刊》1943年第4卷第6期。
③ 这个材料虽来源可靠，但平均每人的消费量和全年消费量两项的计算办法，以及调查户口、人口数目，都未说明，其准确性，尚难肯定。
④ 吴觉农、胡浩川：《中国茶叶复兴计划》，商务印书馆1935年版，第25页。

价格而言，甘肃与宁夏相同，每市斤为0.71元，青海则为0.59元。① 同年，甘肃省平均每报告区域内茶叶店家数为4.8家，青海为1.7家。② 显然，尽管甘宁青茶叶全部来自东南各省，但是基于消费群体不一，茶叶消费数量也有差异，而收入水平的差异，导致各地茶叶价格也不完全相同。事实上，在近代青海茶叶市场上，以货易货依旧广泛存在于茶叶交易市场上。

由于青海地区蒙藏人民居多，故而茶叶销售数额也较大，从事茶叶经销的店铺也多。近代以来，青海最大茶叶市场为西宁，至20世纪30年代，西宁较大商号有200多家，其中100余户兼营茶叶，其中松茶零售商店多半在东门及东关一带。由兰州转运到西宁的茯茶大都运往湟源市场，由湟源各商店零售，当时湟源市场上主要货物有羊毛、羔皮、老羊皮、革皮、野牲皮、药材等，其中以皮毛为大宗，由于皮毛剪剥有很强的季节性，因此，每当羊毛剪取时节及皮张剥取时间，就成为湟源市场上茶叶交易的时节，蒙古族、藏族等游牧民族的民众，用皮毛换取茶叶等日常生活所需。此外，大通、上五庄、鲁沙尔、门源俱为茯茶之较大市场，只是规模不及西宁、湟源。③

民国时期，1934年前后兰州有茶商40多家，但是，随着官茶所经之地征收各种杂税越来越多，④ 导致资本较小的茶商纷纷关门歇业，至1936年兰州茶商仅余30多家，即便如此，相较其他行业的店商，由于茶商资金较大，很少有资金在万元以下者，故而茶商在兰市三十六行中，依然占据着十分重要的地位。此时，茶商运营方式依然沿袭旧时的领票制度，销售以官茶为主，但同时两湖的千叶、四川的紫阳、云贵的普洱等散茶也在兰州市面有所销售。尽管当时由于新疆战乱不息，兰州茶商失西路之利甚大，但兰州本地市场每年仍可销茶1400余万斤。1936年前后兰州茶市场官茶零售价每封2.3元左右，茶店多集中于兰州商业精华集萃的东关、南关等处，其中较大资本者如裕兴重、天泰运、合盛引、合盛谦等

---

① 三陇社：《甘宁青茶叶消费统计》，《西北日报》1934年11月26日第4版。
② 吴觉农、胡浩川：《中国茶叶复兴计划》，商务印书馆1935年版，第35页。
③ 叶知水：《青海茶市》，《中央银行汇报》1944年第9卷第4期。
④ 萧梅性：《兰州商业调查》，陇海铁路管理局1935年版，第54—55页。

茶商资本都在两万元以上，30多家茶商共有资本40.5万元。① 此外，甘肃重要的茶叶市场还有张掖、武威、酒泉、临夏及拉卜楞等地。

宁夏饮用之砖茶，即官茶，为额济纳、阿拉善蒙古人等饮用，因而销地为定远营及其以西之地区，至民国年间，砖茶依然由兰州转运而来，也有少量来自陕西的千两茶及通过包头转运而来的来自天津的香片，但其茶叶市场依然较小。因为"宁夏居民，除蒙藏两族，视茶为必需品外，汉回人民，饮用甚少，农人多无饮茶习惯。城市商人，饮茶较多，然就一般习惯言，茶多为招待品，无绝对需要性，故销数甚少"②。吴忠堡、中卫、中宁等地为宁夏茶叶市场，但经营茶叶组织甚为简单，多由各种商人代为经营，专事茶叶经营之商店甚少，茶叶运入当地后，存入商栈，宁夏统称其为"店"，内有经纪人，分别出售于当地各种商人（零售商、批发商或经纪人），此间经纪人分为两种："一为货栈，特用之经纪人，受货店薪金，负责推销茶叶货栈按值抽百分之一佣金。此种经纪人，生活甚为安定，信用亦较可靠；此外，尚有独立经营之经纪人，为个人具备商业关系，及商业知识者。彼等活动于市场，代客介绍买卖，其生活亦较安定，惟经济状况及信用较之前者，差别甚大，多为少量货物之介绍人。"吴忠堡之砖茶运销路线，多由兰州—平凉转运。中卫之茶由黄河筏运而来，而由西安运往宁夏之千两茶及散茶多取道中宁，本地之年销茶为1000公斤，"较大之售商之号有宏盛德茶食店及永丰源食品铺等"③。

总而言之，近代以来，随着晚清以票代引制度的推行，甘宁青茶叶商贸往来已基本形成了商收、商储、商销的体系，这种更为自由的茶叶运销体系，使传统的茶马贸易市场失去了原有的优势，虽然甘宁青茶叶收集市场不在本区域内部，但是甘宁青地区牧区广阔，少数民族特别是蒙藏游牧民族众多，在同内地茶叶贸易不断往来之中，他们也不断地追求着自身利益，自我意识和自主意识也在不断地强化，虽然诸多客观条件制约着他们行进的步伐，但是随着近代商品经济的发展，他们通过自身不断努力，积极参与到了社会政治活动中，他们在改造着社会的同时，

---

① 潘益民：《兰州工商业与金融》，商务印书馆1936年版，第53—56页。
② 倪良钧：《宁夏之茶叶》，《中农月刊》1943年第4卷第8期。
③ 倪良钧：《宁夏之茶叶》，《中农月刊》1943年第4卷第8期。

也改造着自己，在维护本业商人的经济利益和良好的商业环境、力图助推本团体不断发展之际，也使甘宁青茶叶市场空间不断扩大、茶叶来源不断增多。事实上，无论是东柜、西柜，还是后来出现的南柜、新柜，尽管他们在不同的历史时期随时势的变换而辗转沉浮，而跻身巨商者更是为数很少，但是通过商业活动的空间位移，他们把以农业经济为主导产业的东南地区产出之茶叶，通过长距离的运输，运销到以畜牧业为主导的甘宁青地区，在"东南""西北"不同区域空间的经济交流和合作中，推动着自然经济状态下中国国内市场的空间范围的扩大及相互间依存程度的加深。更为重要的是，以茶叶为纽带，在茶商的辗迁络绎和与内地的商业交流中，各民族间在互通有无、相互信任、交汇融合中，亦为甘宁青社会向近代社会的变迁奠定了一定的基础。

第二节　水烟贸易

　　水烟为甘肃著名特产，品质之佳，名享国内。近世以来，其产区主要在兰州附近的黄河沿岸，故甘肃水烟又有水烟及兰州水烟之称。"兰州一带，沿黄河流域，土质沃壤，雨量调和，故适种烟，产量以兰州一带为最多。此种烟叶肥大，形如芭蕉，经人工之培植与制造，气味香浓，品质极高，故畅销各省。种类分黄绿两种，产量极高，在甘肃出产物上占极重要之地位。"① 兰州水烟销售极广，其销售市场，北至东北四省，南至苏、浙、闽、粤、赣、湘等省，市场广袤，是甘肃外销货物中最有希望者，也是影响于甘肃一般经济荣枯者。在近代兰州水烟市场上，烟坊既是水烟的加工者，也是水烟的销售者，通过自制、自运、自销，摇撼着甘宁青传统社会的根基，伴随着兰州水烟的向外输出，甘宁青地区也加深了与东部地区的密切联系。

一　兰州水烟生产区域及数量

　　在我国，纸烟没有流行以前，国内的水、旱烟事业，曾占有着一把

---

① 平绥铁路四物处编：《平绥铁路沿线特产调查》，1934年，第67页。

稳固的交椅。尤其是兰州水烟，更是名享全国。① 兰州水烟始自乾隆中期，《金壶七墨》记有："乾隆中，兰州别产烟种，范铜为管，贮水而吸之，谓之水烟。"② 至于是否兰州原产，已无可考稽。

我国烟草品种有50多种，但甘肃烟草种类，只有普通种和黄花种两种。"普通种又有亚种和义种之分，前者俗称棉烟，叶脚狭细，如有柄，叶成柳叶形，花淡红色，为作黄烟之原料。后者为纸烟用之黄色烟草，俗称花旗烟，叶呈披针形，有叶脚叶群，花淡红，花冠长约二寸。至于黄花种，则以制绿烟。与普通者不同之点，黄花种叶不直立，有屈曲，叶有叶柄，叶疏，花冠短，不及普通种之半，花钟形，黄色。可分为三品种，农民呼之为大叶、中叶、小叶及二转大叶。"③ 由于甘肃所产烟叶，"其质甚佳，香味馥郁，故制成之水烟，销路甚广"④。而水烟吸时，"以水注筒吸之，令烟从水过，云绝火毒，然烟味亦减"⑤。嘉庆年间，有诗曰："北边锭子积如丘，谁与南人话老秋。错忍小桃丝缕细，提壶争诩产兰州。京师近行锭子烟……"⑥ 民国时期有人作《水烟筒赋》，基本上概括了吸食水烟所用之水烟筒的大体形状及其水烟的吸食方法：

> 有物焉，其质铜，其中空，其状略如救火小样之铜龙。顾是物也，非以水灭火，实以火生水，庶几调燥湿，亦足振颓靡。是为吸烟之筒，深得有水之美，尔其茶余酒后，厕上灯前，取筒在手，与烟为缘，羌藉火以呼吸。弱沸水，喧闹，有声有味，如兰如荃，信乎足以消我渣滓，化为云烟已。爰为之歌曰，烟藉水以沟通，水于烟而俱融，可以开文思之橐龠，可以助言论之机锋。较诸淡巴菰而又绝无火气，视彼雪茄烟而独得水分，更合论乎纸卷烟之流毒，其

---

① 炳炳：《兰州水烟之衰落》，《拓荒》1933年第1卷第2期。
② （清）黄钧宰：《金壶七墨全集》，台北：文海出版社1973年版，第32—33页。
③ 甘肃省银行经济研究室编：《甘肃之特产》，甘肃省银行总行1944年版，第41页。
④ 秦行：《兰州水烟产销近况》，《交行通信》1936年第9卷第1期。
⑤ 张国常：《重修皋兰县志》卷11《舆地下》1917年出版。
⑥ 朱履中：《淡巴菰百咏》，小酉山房嘉庆二年（1797年）刻本。

又安能比美乎斯筒。①

兰州水烟之产区，主要分布在河流流经两岸之谷地，其中，以黄河流经之兰州区及洮河流域之临洮区为主产地。②"东自清水驿附近，以至皋兰一带。皆栽培烟草，巧用水利，精于耕作。为农产中第一品……盖土味宜烟，获利较钜，故宁植烟而不植各谷类云。"③尽管烟草成本因施肥多及费工等关系，较一般作物为高，④但由于利润高，获利巨，"居民业此利三倍，耕烟绝胜耕田夫"⑤。丰厚利润所趋下，一般农人乐种烟而不植谷类，有时官禁亦不能止。故而近代以来较长一段时间里甘肃烟叶的种植区域非常广阔。其中兰州、皋兰、靖远、榆中、靖远出产最多；临洮、永靖、渭源、陇西、武山次之；天水、徽县、两当、西固、固原等更次之，合计亦不过榆中一县所产。而兰州之烟草，尤以附近之新城、郑家庄、东岗、南园、十八滩等地出产最丰，且品质最为优良。⑥正因兰州附近所产众多，并且品质良好，故而甘肃水烟又有兰烟或兰州水烟之称。⑦

光绪五年（1879 年），德国人福克路过甘肃时看到了兰州水烟种植情形："至兰州一百里许，地势释低，民间出产亦丰，田圃尽栽烟叶，大者每叶长三尺余，宽二尺余。青条、水烟，各种名烟，流通全省，为数甚巨。"⑧光绪初年，兰州水烟种植已经相当广泛了。宣统初，甘肃商务议员彭英甲也在《甘肃全省商务情形》中指出："甘肃地气寒冷，农产各物种植之期，较内地迟早悬殊，除菽麦稻禾本产本销外，惟省城及狄道靖

---

① 汤亮公：《水烟筒赋》，《无线电》1926 年 4 月 16 日第 3 版。
② 杜景琦：《兰州之水烟业》，兰州伦华印书馆 1947 年版，第 2 页。
③ 《甘肃省志》（第一辑），《西北稀见方志文献》第 33 卷，兰州古籍出版社 1990 年影印版，第 30 页。
④ 甘肃省银行经济研究室编：《甘肃之特产》，甘肃省银行总行 1944 年版，第 43 页。
⑤ 舒位：《兰州水烟》，载杨国安《中国烟草文化集林》，西北大学出版社 1990 年版，第 198 页。
⑥ 甘肃省银行经济研究室编：《甘肃之特产》，甘肃省银行总行 1944 年版，第 38 页。
⑦ 《兰州水烟分黄绿两种为甘省名产 产量极丰为出品之大宗》，《西京日报》1934 年 1 月 27 日第 6 版。
⑧ ［德］福克：《西行琐录》，《小方壶斋舆地丛钞》第 6 帙第 4 册，杭州古籍书店 1985 年影印出版。

远秦州等处广产烟叶，制造棉烟黄烟生字烟，每年约产一万数千担，约值银三十余万两，此又出口之一大宗。"① 甘省种植之烟草更成为甘肃出口之大宗商品。每年小麦收割后，黄河两岸，全种烟草，至出品之烟叶，则分水烟、旱烟、纸烟三种。而水烟又因色泽而分黄绿两种。②

事实上，水烟之青烟、黄烟二者均为黄花种，仅在收获季节时烟农予以不同时间及不同方式之收获，致烟叶色泽有所差距，遂有青烟、黄烟之分而已。

> 照通常情形之烟叶播种时期，均在春麦收获以后，利用空闲田地，加土施肥移植，待其生长至农历霜降节前，其叶尚青绿，此时将烟株拔出使主根部分脱离原附依之土壤而仍能直立为度，烟之根茎，叶均因根部脱离土壤而不能起吸收作用及光化作用，如斯约须时三天俟烟叶因水分蒸发而全部下垂时，即聚若干叶株为一拢仍放置于原烟田上，约有四十五天光景，烟叶即行青乾，利用早晚叶潮软润湿时，将叶一一摘下并仓储代售，是谓青叶，用以制青烟丝。
>
> 如烟叶继续生长于霜降节以后，叶即被初霜侵袭，叶绿素褪去，叶色即行变黄叶质变干焦，烟农即就根株砍下，利用早晚天潮叶软时，再行一一摘叶并仓储代售，是为黄叶，用以制黄棉烟丝，如黄叶因受气候即病虫害之影响而叶面不全叶色暗黄者，每备制麻烟丝及旱烟之用。③

无论青烟还是黄烟，皆有丝色亮、味香、叶厚、油分足，且耐寒性强的特点。④ 但是，在近代水烟市场上，"绿烟价值当较黄烟为高，故农民将其生产之优良之烟叶，于霜前收获，阴干后，以制青烟，惟兰垣近郊，因地势低洼，而霜多风少，且肥料供给充足，则于霜降时，留诸田

---

① 宁欣：《中华大典 经济典 商业城市贸易分典（3）》，巴蜀书社2017年版，第1827页。
② 甘肃省银行经济研究室编：《甘肃之特产》，甘肃省银行总行1944年版，第38页。
③ 杜景琦：《兰州之水烟业》，兰州伦华印书馆1947年版，第4页。
④ 姜志杰、聂丰年：《兰州水烟业概况》，载中国人民政治协商会议甘肃省委员会文史资料研究委员会编《甘肃文史资料选辑》（第2辑），甘肃人民出版社1987年版，第176页。

间，任霜击打，俟色泽变黄，乃制黄烟"①。换言之，黄烟、青（绿）烟虽为一地所产的烟叶所制成，但青（绿）烟所用皆品相良好之烟叶，所以尽管黄烟常常作为青（绿）烟之替代品，然而，在行销各地的市场上，黄烟却远不如青（绿）烟畅销。

> 现有兰州本厂自制上等黄条烟，除自运福州外，仅留沪若干箱，欲减价销行于常州、苏州一带，以补青条之不逮，而供同胞之尝试。盖黄烟系兰州特产品，与青条同一道地，其味清香浓腴，质颇纯洁，吸食有化痰、消胀、解郁、祛湿、活胃之能力。长江下游一带，地势低洼、湿滞，凡兵士农工商各界常服，自能祛除一切隐患。昔年武侯平蛮时，兵士受瘴毒，死亡相继，以此烟叶数片，浸水饮服，活人颇多。当时名曰"芸香草"，即黄烟也。至今其地及闽浙均盛行此品。本厂为维持土产，制造求广，消息出见，特此登报。倘蒙热心提倡土货诸福商不弃，请驾临法界新永安街太安里敝寓而谈。暂定每百斤价银三十五两，先赠五斤，关仿单。天成德西烟发行所谨白。②

以上是1912年天成德烟坊在上海法租界永安街太安里设发行所，为推销黄烟在《申报》上登发的广告。从其内容来看，一方面说明了兰州水烟行销区域之广大，福州、上海、苏州、常州等地区均有销售，并受到吸烟群体的欢迎；另一方面，尽管强调黄烟、青烟产地一致，吸食所起的效用相同，但明显可见的是青烟在市场上更为畅销，常常供不应求，商人希望用黄烟取代。

兰州水烟素以做工精细，用料考究闻名全国，因此，特别受时人的推崇。民国十六年（1927年）《神州日报》报道："据全国吸烟者之品评，任何他处所产，均远逊于兰州烟。"③为保证水烟质量，广大烟农从选地到种植及加工都遵循着严格的程序。谷雨立夏之间，"择灌溉排水便

---

① 甘肃省银行经济研究室编：《甘肃之特产》，甘肃省银行总行1944年版，第41页。
② 《兰州特产品黄条烟出台》，《申报》1912年4月13日第1版。
③ 《兰州烟叶之情形（录神州日报）》，《东方杂志》1917年第14卷第4期。

利之地，锄起碎细，向东南或南方作宽四尺，长短不等之苗床，畦梗高三四寸"①。此为整地，然后播种、施肥、灌溉、中耕、摘芯、打杈、打底叶，收获。烟叶生长多用厩肥及堆肥，尚有用豆饼、豆粕者，生长到七八叶时即定植。定植后，再施肥灌溉一次，打底叶，促其生长。经月余，叶生至十片时，即摘芯。再经十余日，即打杈，打底叶，促其叶部充分发育，黄烟和绿烟收获方法正如前文所述，两者亦有差异。② 由于经过育苗、移植、施肥、收获等多种手续，所以烟草种植所费成本较一般作物为高，烟草每亩平均产量，以125公斤计，每公斤之生产成本为1.5元，每亩之（1亩约为666.67平方米）生产成本均为750元，其中种子5元、肥料300元、农具折旧10元、人工200元、畜工15元、地租120元、田赋50元、杂支50元，以当年（1942年）市价每市价为4.5元，则每公斤纯收入为0.75元，每市亩收入为375元。③

黄河两岸，每年平均种植烟草面积大都达到40000亩左右。"丰产年亩产平均达四百斤，歇茬优等田最高还可达八百斤。如以每亩种植烟二千株，每株八片，每片五钱，即每株四两计算，二千株可产八百斤。但一般年景平均只能维持三百至三百五十斤。较次年份，青烟亩产可维持二百五十斤至三百斤，黄烟只能维持二百至三百斤。"歉收年份则产量更低。④

正如我们在前文中提及的，因所制作烟丝之品种不同，水烟收获时日亦完全不同，但两者加工季却在同一时节。虽然制作绿烟之烟叶收获时日较黄烟为早，但鉴于绿烟以色泽鲜绿艳美为佳，而天气炎热时色泽易变，故制作在冬春寒冷时期，初夏即可竣工。黄烟虽然随时可制作，但烟农仍选择冬春二季，因为该时农民比较闲暇，"以节省工资。当春季制烟时，四乡下农民群集而来烟坊，因历年如斯，故手艺精熟，直到农忙时，始离坊返乡，故各地烟坊从无感受工人之缺乏者"⑤。烟坊除雇佣男工外，还大量雇佣女工和童工。

---

① 甘肃省银行经济研究室编：《甘肃之特产》，甘肃省银行总行1944年版，第42页。
② 吴治平：《兰州水烟之调查》，《海译》1934年创刊号。
③ 甘肃省银行经济研究室编：《甘肃之特产》，甘肃省银行总行1944年版，第4页。
④ 严树棠、李建基：《解放前兰州水烟业》，载中国人民政治协商会议甘肃省委员会文史资料研究委员会编《甘肃文史资料选辑》（第14辑），甘肃人民出版社1983年版，第57页。
⑤ 甘肃省银行经济研究室编：《甘肃之特产》，甘肃省银行总行1944年版，第44页。

水烟之加工，包括去烟筋、加药料、扎捆、制丝、压饼等程序。烟叶买入后，主要由女工抽去巨筋，晒干后备用。事实上，黄烟和青烟不仅收获时间不同，烟叶品质不同，两者所配用药料也不完全相同。一般而言，黄烟应用之药料，通常烟叶500斤，加胡麻油150斤，姜黄20斤，食盐百斤，药料末5斤。药料系以灵香草、排草、山柰、川芎、苍术等各等分，配合而成，亦有加冰片、麝香者。青烟应用之药料，则是将槐子紫花染之，其余与黄烟同，惟药料较少。药料施用后，即作成捆，用重木杆压榨之，使坚如石，每捆600余斤。压榨数日后，移于他处，用木夹板夹好以后，以烟推刨推成烟丝。推丝之际，旁置木质之方模型一具，旋推旋装旋压之，而水烟成矣！① 完成全部工序黄烟约需一个月时间，而青烟则需要三个月。② 由于水烟在加工过程中需要加入多种不同的药料，因而制成烟丝的重量实际上是高于原本烟叶重量的。

通常情形下，烟坊之配方主要有檀香木、丁香花、白盐、羔本、山柰、苍术、薄荷、大黄、甘松、陈皮、藿香、辛细、川芎、桃草、灵草、羌活、白芷、降香、柏木、兰花梅、黑香、牌草、当归、甘草二十四种之多。③ 但是，这里需指出的是，由于各烟坊之销路不同，故而配方也并不完全一致。事实上，为保证本坊水烟之香味，每一烟坊对其所用香料都"严保秘密，任何工厂，两家所造水烟，其中调剂之秘式，除偶然外，决（绝）不相同，盖同业相争，各守秘密，世代相传，除子孙外，决（绝）不使他人预闻。甘肃有俗言，谓'门户保守之严，未有如烟草厂者'"。在各烟坊中最重要之工作人员是烟坊中向水烟中加入不同配方的调剂师。④

光绪年间，甘肃年产水烟万余石。⑤ 嗣以时局不靖，产量渐少。⑥ 据成书于光绪十七（1891年）的《重修皋兰县志》载，绿烟每岁约出两万余担，"销路以江苏为盛；黄色烟每岁约出二三千担，销路以广东为盛。

---

① 吴治平：《兰州水烟之调查》，《海译》1934年创刊号。
② 袁志学、王耀宏：《兰州地域文化》，甘肃文化出版社2017年版，第379页。
③ 杜景琦：《兰州之水烟业》，兰州伦华印书馆1947年版，第9—10页。
④ 《兰州烟叶之情形（录神州日报）》，《东方杂志》1917年第14卷第4期。
⑤ 一石大约120斤。
⑥ 秦行：《兰州水烟产销近况》，《交行通信》1936年第9卷第1期。

每担约重三百斤上下"①。民国五年（1916年）甘肃输出青烟200万斤，黄烟六七十万斤。民国六年（1917年），青烟170万斤，黄烟约60万斤。② 民国八年、九年，"兰州东西两乡出烟大秤四百三四十万斤，造货成箱者三万余担"③。此后，随着行销市场行情的变化，兰州附近水烟产量和种植量也随之变化。

民国十七年（1928年），烟叶总产量120万斤，每斤价值3角，合计洋36万元。总产绿烟丝2348000斤，每斤价4角，合计洋939200元。总产黄烟叶15万斤，每斤值1.23角，合计洋18450元；总产黄烟丝144400斤，每斤价2.23角，合计洋322012元。

民国十八年（1929年），总产烟叶110万斤，每斤5.23角，合计洋575300元，总产绿烟丝1704000斤，每斤5.89角，合计洋1003656元；总产黄烟叶16万斤，每斤价2.45角，合计洋39200元，总产黄烟丝115200斤，每斤价3.56角，合计洋41011.2元。

民国十九年（1930年），总产烟叶310万斤，每斤价3.23角，合计洋1001300元，总产绿烟丝4680000斤，每斤价5角，合计洋234万元；总产黄烟叶30万斤，每斤价1.89分，合计洋56700元，总产黄烟丝288000斤，每斤价3.56角，合计洋102528元。

民国二十年（1931年），总产烟叶190万斤，每斤1.56角，合计洋296400元，总产绿烟丝2004000斤，每斤2.67角，合计洋535068元，总产黄烟叶12万斤，每斤价0.8角，合计洋96000元。总产黄烟丝115200斤，每斤价1.89角，合计洋217728元。

民国二十一年（1932年），总产烟叶116万斤，每斤价3角，合计洋348000元，总产绿烟丝2400000斤，每斤价4.12角，合计洋988800元，总产黄烟叶14.75万斤，每斤价1角，合计洋14750元，总产黄烟丝141360斤，每斤价2.56角，合计洋36188.16元。④

正如时人所言，兰州水烟产额并无固定，具体产量也无精准之调查，

---

① 张国常：《重修皋兰县志》卷11《舆地下》，民国六年（1917年）出版。
② 《兰州烟叶之情形（录神州日报）》，《东方杂志》1917年第14卷第4期。
③ 《兰州烟坊 营业萧条万分 发卖两行现仅有廿一家》，《中央日报》1933年7月8日第6版。
④ 吴治平：《兰州水烟之调查》，《海译》1934年创刊号。

经"发表之数字或失之过大,或失之过小,因论述范围各异也"①。因此,上述数据仅仅为吴治平所调查兰州附近所产水烟之产量及价格,这也是我们目前所能掌握的一定时期内兰州水烟数量及其价格之变动的大体情形:在1928年到1932年的五年时间里,1929年,兰州水烟价格达到了最高峰值;1930年,尽管兰州水烟生产数量比1929年增长两倍还多,但是价格却有所回落。②

事实上,兰州水烟之产量,"因需求多寡,烟价高低,年有增减,特别是'九·一八'事变后,东北销路断绝,产量即一蹶不振"③。1932年,"一·二八"淞沪会战后,水烟销售之地更疲,因之烟商受殊深,影响烟农更甚,种植数量也日趋减少。这一年,鉴于没有烟商来兰订购水烟,"因之种烟农户,种植者颇少,约计不如往昔十分之五六"④。1935年,因为水烟销售乏门,兰州烟坊曾联名张贴告示:"劝农民停止种烟,以免无人收购而至赔累之举。"⑤ 商人呼吁农民停止烟草种植,一方面说明兰州水烟颓势已很难挽救,⑥ 另一方面,传统上认为商人是投机、操纵物价、囤积货财,都被认为不但害及消费者(特别是无助的农民),也对整个经济有害,"像这种一般性的说法至多不过是粗略的说明罢了"⑦。

二 烟坊之兴衰

甘肃水烟之销路,在省内以河西四县为主,陇东、陇南销量较小。省外则销往全国。⑧ 其销售市场,北至东北四省,南至苏、浙、闽、粤、

---

① 王觉吾:《甘肃水烟产制运销情况》,《甘肃贸易》1944年第10—11期。
② 严树棠、李建基:《解放前兰州水烟业》,载中国人民政治协商会议甘肃省委员会文史资料研究委员会编《甘肃文史资料选辑》(第14辑),甘肃人民出版社1983年版,第64页。
③ 舒联莹、焦培桂:《兰州水烟之产销与制造》,《农业推广通讯》1943年第5卷第10期。
④ 《兰州水烟业一蹶不振 上海天津销场呆滞 皋兰烟户继续停闭》,《申报》1932年12月10日第9版。
⑤ 铁道部业务司商务科:《陇海铁路甘肃段经济调查报告书》,1935年版,第41页。
⑥ 抗战全面爆发后,兰州水烟又出现了短暂繁荣。
⑦ 杨联陞:《传统中国政府对城市商人的统制》,《清华学报》1970年第8卷第1—2期。
⑧ 甘肃省银行经济研究室编:《甘肃之特产》,甘肃省银行总行1944年版,第47页。

赣、湘等省，市场广袤。① 兰州水烟行销既广，所以从事水烟经营之烟商亦复不少，他们在近代甘肃水烟市场上，称为"烟坊"。② 烟坊之多寡及分布地区的情形，是以当地所产烟叶之产量品质的优劣，特别是与销量之多少成正比例关系的。换言之，产烟量多而品质较优之地区，特别是运销数量多的地区烟坊就多，经营者资本额亦大；产烟数额少而品质欠佳之地区，其烟坊分布数量则少，经营者资本额亦少。"故在甘烟丝坊数目以兰州、榆中，及临洮诸县为多，其资本额亦最大。"③ 兰州为甘肃水烟加工中心，故烟坊数量最多。④

为避免中间层之剥削，较大之烟坊一般是自制、自运、自销，自成一套合理而又系统的经营体系。他们将烟草进行加工制成水烟后，即"由总号运发各分、支号设立门市部或驻庄推销。销售的对象，在往昔多为工商业者和城市居民，后来面向农村农民和小商贩，而售给广大农民的产品达百分之九十五以上"⑤。职是之故，尽管早在光绪末年⑥，就已有人注意到外来纸烟对水烟业的冲击，但是，由于吸食群体由城市向乡村的转移，致使兰州水烟业依然保持着几十年的产销两旺的局面。

  兰州府庶水烟一项，行销最广，自巴西纸卷烟输入内地，该处水烟不免减色。近来美日各国竞造充斥各埠，吾华人喜其便于携带，无不衔一枝，下至肩挑负贩之辈，亦多嗜吸卷烟，水烟之利大为所夺，兰州水烟市上，竟不甚销，不知该业商人亦思设法维持否?⑦

---

① 吴汲：《如何挽救兰州水烟业?》，《烟草月刊》1948年第2卷第1期。
② 任美锷：《任美锷地理论文选》，商务印书馆1991年版，第20页。
③ 杜景琦：《兰州之水烟业》，兰州伦华印书馆1947年版，第10—11页。
④ 任美锷：《任美锷地理论文选》，商务印书馆1991年版，第20页。
⑤ 姜志杰、聂丰年：《兰州水烟业概况》，载中国人民政治协商会议甘肃省委员会文史资料研究委员会编《甘肃文史资料选辑》（第2辑），甘肃人民出版社1987年版，第186页。
⑥ 光绪二十八年（1902年），英美烟公司在上海、天津、辽宁等地设厂加工纸烟，此后国人亦开始设厂加工纸烟，如光绪三十一年（1905年），营口设有复兴公司、北平（今北京）有大象公司、天津有北洋公司，但是由于这些公司资本少，不足以与洋商竞争，数年之间，先后倒闭。
⑦ 《甘肃》，《商务报（北京）》1903年第1期。

早在咸丰朝以前，由于兰州水烟行销全国，就已带动了水烟业的繁荣发展，于是，从事水烟经销之商人也逐渐增多，当时仅省城兰州就有烟坊 100 余家，但到 1885 年仅剩下了 20 余家，较从前不及十分之三。此时烟坊的大量减少，显然与我们前文中所论及的茶商一样，与咸同兵燹所致人口减少，田地荒芜，剩余的也由于资金不足而无法从事商业经营有着密切的关系，"商务之腐败不堪言矣"①。咸同兵燹后，水烟销售依然没有太大的起色，其主要是由于运输过程中，各地厘金过重，因此，商户困乏而裹足不前情况时有发生。为鼓励商运，罢苛税以纾民困，时任陕甘总督谭钟麟上奏称："现在每烟一担，计重三百斤，运往他省者，本省抽厘银三两一钱五厘。商民方以利微资重滞销亏本为词，屡请减少，若再令入资领帖，交纳银课，窃恐成本愈重，行销愈滞。"② 减少课厘，以利于水烟行销，甘肃水烟业销售也渐有起色。此后，水烟产销亦给当地社会经济发展带来了新的生机和活力。

光绪三十三年（1907 年）"入夏以来，黄流迭涨，惊涛骇浪，剽悍异常"③。因黄河水患，这一年兰州水烟收成减少，由于各地需求者众多，故而价格持续上涨，额度达 10% 以上，"上海业烟者揣知其价有增无减，以此之故，销场日渐兴旺，各价逐涨计十分之一。其价如下，高青条每担二十四两，中青条每担二十三两，次青条每担二十一两"④。宣统元年（1909 年），甘肃经泾阳所运之水烟已达到两万数千担，每担重 240 余斤，抽银一两四钱，估以时值取百之二，可得厘银 3 万余两。⑤ 如此推算，甘肃大约年有 600 万斤左右的兰州水烟经泾阳运销全国各地。1911 年以后，伴随着兰州水烟在农村市场上销售数量的日渐增多，水烟销售数额也开

---

① 宁欣：《中华大典 经济典 商业城市贸易分典 3》，巴蜀书社 2017 年版，第 1827 页。
② 彭泽益编：《中国近代手工业史资料 第 2 卷 1840—1949》，生活·读书·新知三联书店 1957 年版，第 322 页。
③ 中国水利水电科学研究院水利史研究室编：《再续行水金鉴 黄河卷 7》，湖北人民出版社 2004 年版，第 2837 页。
④ 《海内外商情：水烟市况》，《华商联合报》1909 年第 10 期。
⑤ 陕西清理财政局：《陕西全省财政说明书·岁入部·厘金》，宣统元年（1909 年）排印本，第 82 页。

始逐渐上升。① 特别是 1914 年，随着第一次世界大战爆发，由于西方资本主义国家忙于战争，使纸烟在国内倾销的威胁大为减轻，由此水烟销售更为增色，更带动了营销此业人员的增加，至 1916 年左右，兰州复有烟坊八十以至一百所。② 至 1921 年，由于此时兰州水烟不断地向天津、东北等地运销，致上海来源不继，"是以新货市价开盘，较之陈货涨起两许，超等水烟开四十二两，头等四十一两，二等三十九两"③。水烟价格持续上涨，在很大程度上反映了其时兰州水烟在行销市场上的需缺程度，受此影响，兰州水烟销售更是年年增长，烟坊行业的发展也达到了鼎盛时期。

1923—1927 年，兰州水烟销售数额达到了历史最高峰，这一时期可以说是兰州水烟业发展史上的黄金时期。兰州最大烟坊一林丰、协和成的销售量，由原来每年各二千多担逐渐增至各三四千担，甚至达到五千多担，资本亦由原来三四十万两增至一百多万两。④ 当时，上海、南通、苏州等地，一林丰各分号及庄号所营销之水烟，"每逢烟到即争购一空，上海等地附近农民来上海等城市购烟专找'一'字牌号"⑤。此时，上海之一林丰、协和成、德隆彰等行号，为协调各自利益，谋求共同发展而成立了同业进货机关——集益公会，"公会进货后，酌量销场之大小，分配之各行"⑥。

这一时期，兰州水烟贸易之所以能进入鼎盛阶段，究其原因主要是基于水烟对其所销售区域之农村市场垄断地位的形成。换言之，烟坊商把销售市场从城市转向广大农村，是兰州水烟得以畅销的重要原因。据 1923 年的《中华全国风俗志》载，在苏中沿海农村，"无论是有钱有势的大户人家，还是平民百姓的寻常农户，无论是白发苍苍的老人，还是

---

① 姜志杰、聂丰年：《兰州水烟业概况》，载中国人民政治协商会议甘肃省委员会文史资料研究委员会编《甘肃文史资料选辑》（第 2 辑），甘肃人民出版社 1987 年版，第 187 页。
② 《兰州烟叶之情形（录神州日报）》，《东方杂志》1917 年第 14 卷第 4 期。
③ 《水烟市面近况》，《新闻报》1921 年 6 月 27 日第 14 版。
④ 姜志杰、聂丰年：《兰州水烟业概况》，载中国人民政治协商会议甘肃省委员会文史资料研究委员会编《甘肃文史资料选辑》（第 2 辑），甘肃人民出版社 1987 年版，第 187 页。
⑤ 甘肃省工商业联合会、兰州市工商业联合会：《甘肃工商史料》（第二辑）（内部资料），1990 年版，第 118 页。
⑥ 《水烟来源不继》，《申报》1920 年 3 月 9 日第 10 版。

身强力壮的中青年人,不分男女,都有吸食水烟的嗜好。茶余饭后,农闲在家,亲朋相聚,总是很享受地吸上几口,算不上陶冶情操,也是消除疲劳,放松心情"①。乡村社会各阶层众多人士吸食水烟,主要原因是相较于近代以来市场上销售之纸烟,水烟价格是极为低廉的。在很大程度上,低廉的价格是兰州水烟在国内烟草市场上得以扩张的重要原因。

水烟制作成本,特别是劳动力成本优势是水烟价格低廉的重要原因。正如我们前文所述,烟坊制烟所雇用的人员,多为农闲时期的乡下农民群集而来,"贫苦的人民以僧多粥少各自找寻门路,求情送礼始能得这份工作"②。水烟初期加工中,没有任何的技术要求,特别是女工和童工,又是家庭剩余劳动力,尤其是贫苦农户的严重内卷化,致使这些群体工资非常低廉,毫无疑问,劳动力成本的优势在很大程度上降低了水烟的价格。于是,一些大烟坊在城镇市场受到纸烟冲击而转向疲滞之际,他们把销售视线瞄准了广大农村市场,并逐渐开始以上海为中心,不断向四面八方的长江下游地区拓展。

> 农村小商贩来上海购烟,便极力拉拢、招待,并以先取货后付款的赊账办法和销售水烟一箱赠送精制水烟袋一支的办法,扩大推销范围,又租船带货下集镇,以摆摊子等方式,低价销售水烟,一有销路,即驻庄设号,因此打开了南通、石港、平湖、苏州等市场,在取得销售市场以后,则又是货高价出头,具体采取了好烟次烟搭配出售的办法,袭用一些雇佣制度的方法,在上海、南通、苏州等门市部,不惜以较高的工资,罗致当地熟练业务的人才,从事推销工作。③

---

① 胡朴安:《乌鲁木齐风俗记》,载《中华全国风俗志》(下),广益书局1923年版,第326页。
② 胡伯益:《烟茶布三帮在西北产销概况》,载中国人民政治协商会议陕西省委员会文史资料委员会编《陕西文史资料》(第23辑),陕西人民出版社1990年版,第153页。
③ 胡伯益:《烟茶布三帮在西北产销概况》,载中国人民政治协商会议陕西省委员会文史资料委员会编《陕西文史资料》(第23辑),陕西人民出版社1990年版,第187页。

由于价格便宜，措施得当，特别是农村庞大销售市场网络与运销体系的形成，使兰州水烟销路大开，销售额大增，不仅大大刺激了烟叶种植和水烟的生产，而且吸引了众多的商人转行从事水烟经营，当地一部分坐商亦开始兼营水烟。"1923—1926年的两三年中是最发达时期，当时兰州水烟厂有80家之多，榆中小作坊亦有90家以上，再把临洮、靖远两地的小厂算上，该时约共有生产水烟的大小工厂250—260家之多。全年约总共能生产青烟、棉烟、麻烟2000多万斤以上，仅皋兰、榆中的工厂每年就能生产1400万斤左右。"① 到1927年，兰州"开厂营业者，达一百三四十家。其中最大的青、黄烟厂，青烟有一林丰、福生德、协和成、昶利和、祥盛永、丰盛源等；黄烟有锦川和、骏川成等。中等厂亦有四十余家，约占兰州水烟业的百分之三十左右，小烟厂有七八十家，约占兰州水烟业的百分之六十左右"②。

兰州水烟销售量大增，使烟坊获利甚大。利之所在，众皆趋之。事实上，在商业经营中，利润与风险、不确定性几乎是同时并行的，因为市场的参与者——商人，并不是全知全能的。③ 追求高额利润的结果，必然是盲目增产。而利润驱使下的无度追求，使兰州水烟出现了恶性竞争，同业间的互相倾轧、互相竞争的情况不时发生。④ 很快兰州水烟便出现产销过剩的局面。此时，令兰州水烟雪上加霜的是，上海、苏州等烟草销售市场上，为和水烟竞争，挽救纸烟销售不利的局面，外商为迎合购者贪贱心理，也不停地使纸烟价格故意倾跌。⑤ 同等价格下，纸烟便于携带等诸多优点在销售市场很快凸显了起来。水烟之"制造及吸食方法"，"均不合现代社会之潮流，已处在自然淘汰之地位"劣势地位愈加显现，

---

① 《为建设在不影响粮棉生产的情况下在本省有关地区适当的发展兰州特产水烟以供应人民需要和维持兰州特产的工业生产》，甘肃省档案馆藏，档号：216-2-1605。
② 姜志杰、聂丰年：《兰州水烟业概况》，载中国人民政治协商会议甘肃省委员会文史资料研究委员会编《甘肃文史资料选辑》（第2辑），甘肃人民出版社1987年版，第187页。
③ ［美］富兰克·H. 奈特（Frank H. Knight）：《风险、不确定性和利润》，安佳译，商务印书馆2009年版，第187页。
④ 甘肃省工商业联合会、兰州市工商业联合会：《甘肃工商史料》（第二辑）（内部资料），1990年版，第118页。
⑤ 上海商业储蓄银行调查部：《烟与烟叶》，上海商业储蓄银行信托部1934年版，第4页。

在其销售已少有转圜余地之时,① 甘宁青分省所带来的时局变化,② 军阀混战,税收繁重,交通阻塞,政局混沌,所有这一切,都使兰州水烟业的发展备受打击,可以预见的是大量烟商生意萧条、相继倒闭,能继续营业者,到1930年,只剩六七十家。③ 兰州水烟的销售已趋向式微。

一些规模较小、资金较少的烟商因为赔累不堪,而纷纷破产,即便是一些资本额较大的烟贩,在其驻天津、上海等地的分号或驻庄,也由于水烟无人购买,即使频频降价依然无法销出。在这种情况下,分号或驻庄人员已没有能力来支付旅栈食宿,所屯水烟之仓库的费用亦无力承担,如此一来,有些人开始弃货逃走。即便是资金雄厚者,依靠各分号、支号等分支机构的零星销售,亦是勉强维持,可谓举步维艰,赔累颇巨。1931年"九一八"事变后,兰州水烟失去了东北这一巨大的销售市场,"水烟市场大见缩小"④。1932年1月28日,淞沪战起,水烟销场更加萎缩。行销不旺,因之水烟种植者也日趋减少,兰州水烟业愈发步履维艰。

> 本年(1932年)兰州全境,种烟颇少,烟叶亦较春初尤为衰落,系因上海天津烟价大跌所致。上年每斤约值银二钱半,现落至钱二分或一钱,犹复无人购买,且去岁运往津沪之货,现仍均在屯积中。往年淞沪烟商,至初夏时,即行来兰订购。本年迄今,仍尚无人过问,因之种植亦少,约计不及往几十分之五六。至各烟叶作坊,原有四大烟行,现因近年销路疲困,赔累甚巨,今已倒闭其二;其余较小作坊,停闭者尤不可计。故兰州水烟业日见衰微。⑤

---

① 《于右任进行改良甘水烟》,《时事新报(上海)》1932年10月29日第5版。

② 甘宁青分省后,国民军将领刘郁芬、门致中、孙连仲,分别任甘、宁、青政府主席,从表面上,冯玉祥集团获得了甘宁青的军政大权,但实际上诸马军阀的统治势力依然起着举足轻重的作用,国民军诸中事务仍需要诸马军阀的协助。随着中原大战的爆发,刘郁芬、孙连仲等率部参战,宁、青两省复入马家军阀统治之下。

③ 严树棠、李建基:《解放前兰州水烟业》,载中国人民政治协商会议甘肃省委员会文史资料研究委员会编《甘肃文史资料选辑》(第14辑),甘肃人民出版社1983年版,第68页。

④ 姜志杰、聂丰年:《兰州水烟业概况》,载中国人民政治协商会议甘肃省委员会文史资料研究委员会编《甘肃文史资料选辑》(第2辑),甘肃人民出版社1987年版,第188页。

⑤ 《兰州水烟业衰落 销场市价跌落无人过问 烟行倒闭大半产额亦减》,《西北文化日报》1932年12月9日第4版。

销场减少，供过于求，"交通不便，运水过大，各地局卡多有留难，由兰运沪费用超过成本四倍，且晚近纸烟风行，公司林立，销路极广"，成本增加，但销售价格降低，多种压力下，致兰州烟叶作坊大批关停，十存一二。① 此后，烟坊歇业者渐次增多，民国二十二年（1933 年），尽管在提倡国货运动中，兰州水烟价格微涨。② 但是，到民国二十三年（1934 年）兰州烟坊也只剩下 45 家，其中绿烟坊 36 家，黄烟坊 9 家。③ 此后，随着纸烟进一步风行，一般人已渐不习吸食水烟，其销路更是逐渐退步。④ 烟坊在市场经营中愈发惨淡。至民国二十四年（1935 年），兰州市场上的烟坊仅剩下信兴德、新盛通、复信永、复信裕、德发涌、瑞兴昌、正兴泰、巨泰兴、合顺通、德牲瑞、天生德、德生昌、天德昌、和盛泰、福牲昌、永盛德、明德长、长贵文、西顺成、义合成、新义兴、锦川和、万顺和、协和成、一林丰、洋盛永、福泰昌、昶利和 28 家。⑤ 兴旺发达了近百年之久的经营兰州水烟的陕西烟商从此飘零散落。⑥ "省商有鉴于每况愈下之趋势，因拟集股创办烟草公司，以原产烟叶，改良制法，卷成纸烟，以与现时流行之纸烟，竞销于市场，以维烟业。"⑦ 1936 年兰州卷烟厂开设。⑧ 到 1937 年七七事变爆发前，内受政治、经济影响、外受纸烟倾销、日本帝国主义之入侵等多重因素影响下的兰州水烟已为时代淘汰了。⑨

三 烟坊之运营

虽然兰州水烟向为甘肃对外输出之大宗物品，为甘肃财源之利源。⑩

---

① 《兰州水烟衰落实况 产业锐减税捐加重 销路多被纸烟夺去 产销减少十之七八烟商十存一二》，《西北文化日报》1933 年 2 月 24 日第 4 版。
② 《水烟市价微涨》，《西北文化日报》1933 年 2 月 8 日第 4 版。
③ 《任美锷地理论文选》，商务印书馆 1991 年版，第 21 页。
④ 铁道部业务司商务科：《陇海铁路甘肃段经济调查报告书》，1935 年版，第 25 页。
⑤ 《甘省水烟业已成弩末 每况愈下兰市烟坊仅存二十六（八）家 今年皋兰榆永约产三百六十万斤》，《西京日报》1935 年 3 月 5 日第 7 版。
⑥ 陈阿兴、徐德云：《中国商帮》，上海财经大学出版社 2015 年版，第 129 页。
⑦ 《兰州水烟业益趋惨落》，《中国实业》1935 年第 1 卷第 6 期。
⑧ 国家烟草专卖局编：《中国烟草年鉴 2005》，中国经济出版社 2007 年版，第 636 页。
⑨ 徐盈：《抗战中的西北》，生活书店 1938 年版，第 34 页。
⑩ 陈博文：《甘肃省一瞥》，商务印书馆 1926 年版，第 15 页。

但受市场行情、政局变动等多重因素制约,从事水烟经营的烟商并无较为固定的户数。长久以来烟商在水烟经营业务中,已经形成了以地域为联结方式的商人组织体系,即所谓"申帮""兰帮"之分。申帮即陕帮,陕帮以渭南孝义赵家为领头羊。① 兰帮即甘帮,制造青条黄烟,"陕甘两商,亦足齐驱"②。很显然,在兰州水烟运销中,甘肃本地商人已在水烟市场上占有了一席之地。鉴于兰州水烟在本土烟丝地位中占据首位,"品质远驾乎山西青条、福建皮丝土制旱烟等之上,故得自成公会,不受其余各邦之约束"。早在清代,为保障本行业的利益,兰州水烟已成立了公会组织。③ 在实际运作中,烟坊商多数以合伙制的组织体系,进行兰州水烟的经营。④

伴随着水烟业的繁荣,"通过经济合作,拓展了人际关系网络,突破了传统小农经济中交往、合作与互助的家庭边界"⑤。陕帮以大荔、朝邑,即所谓"同朝帮"为主,他们大多经营青烟。甘帮又称"本地帮",以兰州、皋兰、榆中人为主,他们大多经营黄烟。陕帮多为合资经营企业,资力雄厚,本地帮多为独资企业,资力较小。陕帮由于同州朝邑多以"服贾起家",当地富商居多,"尤甲一郡"⑥。服贾起家,资金充足,他们不但自己设厂生产进行水烟之加工,还常常收购周边中小烟坊的制成品。他们常常采取联号经营的方式进行水烟的生产和经营,如一林丰、协和诚等,他们资金最多时,常达100万两银子,通过总号—分号—支号—驻庄等商业组织形式,在使整个管理系统有条不紊,相互联系,相互支援,又相互支撑之际,合理的"连锁经销",维护着兰州水烟销售。他们通常把总号设在兰州,分号设在西安、上海等地,"支号设在南通,苏州、石港、平湖等处。在汉口、天津、包头、洛阳、太原、成都、重庆、潼关、泗水、安化、宝鸡、天水等地设临时驻庄"⑦。资本较少、规模较

---

① 程钧鸿主编:《渭南县明清及民国工商业简史》,三秦出版社2019年版,第69页。
② 萧梅性:《兰州商业调查》,陇海铁路管理局1935年版,第2页。
③ 《时代改变了嗜好 水烟业渐衰落》,《烟草月刊》1947年第1卷第9期。
④ 《兰州水烟坊商组织统计一斑》,《烟草月刊》1947年第1卷第9期。
⑤ 刘蓝予、周黎安、吴琦:《传统商业文化的长期经济影响——基于明清商帮的实证研究》,《管理世界》2021年第11期。
⑥ (清)《同州府志》卷21《风俗志》,咸丰二年(1852年)刻本。
⑦ 丁孝智:《丝路经济的明珠——兰州水烟业》,《西北师大学报》1990年第3期。

小的烟坊及兰州郊区的烟坊，经常把自己的产品转售给兰州的大烟坊。①"清末民初陕西烟商在上海、南通、苏州设立的销烟分庄多达18家，其中上海9家、南通5家、苏州4家。"②

烟坊的总号，是集生产、销售、运输、采购水烟的总管理组织。它既抓生产，又抓销售。总号对分号、支号的驻庄等下属机构，有较为严格的自上而下的管理权。为保持对下属机构的正常管理，并保证他们的正常运营，总号的正、副经理除了不定期进行巡视，并随之解决一些重大问题外。烟贩之总号，通常是通过"号信"以及日常中的各种业务报表呈递、核实等方式来加强对各分号的管理的。"号信"是总号与分号、支号、驻庄之间进行业务运营、资金使用及协调各支号之间业务联系的主要形式。每五日或一周为一信期，就是分号要给总号写信一次，汇报业务、资金情况及请示的问题；总号也要给分号写信一次，指示有关事项。如遇有特殊或紧急事件，也可以随时发信，叫作"加期信"，即便是后来出现了电话电报等方式，但"号信"仍然维持下来，没有改变。这种"号信"，不论总、分号都设有专人办理和保管，在收发时也进行编号、留底，并须经负责人核阅签字，形同公文处理程序。分号按月、季、年汇报的结账清单，为总号布置生意及计算盈亏的主要依据，每二年或三年结账时，总、副经理及分经理齐集资东家里，提出盈余红单，共同商议红利分配比例及提升信用资方代理人等，最后由资东决定"写账"，就是将决定的结果，写在资东资本账与入股账上，以及新添进账的人名等。

烟坊的分号也有经理、副经理，经理负责处理主要业务及一切问题，副经理协助经理工作，支号设有门市部，亦设经理，负责门市部售烟事务，支号向分号汇报业务情况，除分、支号外，还有驻庄，是由总、分号根据业务需要临时派出，人数多寡和时间长短，完全依实际情况而定。③

---

① 严树棠、李建基：《解放前兰州水烟业》，载中国人民政治协商会议甘肃省委员会文史资料研究委员会编《甘肃文史资料选辑》（第14辑），甘肃人民出版社1983年版，第68页。
② 杜景琦：《兰州之水烟业》，兰州伦华印书馆1947年版，第11页。
③ 姜志杰、聂丰年：《兰州水烟业概况》，载中国人民政治协商会议甘肃省委员会文史资料研究委员会编《甘肃文史资料选辑》（第2辑），甘肃人民出版社1987年版，第186页。

一般而言，烟坊之中的大中烟坊内部都有资东、掌柜、内伙计①，外伙计②及工场大头、小头、学徒、杂工等不同关系的人。这种商号式的企业，其内部人员和资东都是非亲即故，即或亲戚或同乡的关系。换言之，烟坊组织主要依靠乡土家族关系而维系。学徒的来源，一般都是掌柜与高级店员的同乡、亲戚等，有些是同业或有往来商号的亲戚、同乡介绍来的。进号之前先经经理的验看面试，通常是写几个字，问些情况，认为同意后，然后才选个所谓"黄道吉日"正式办入号手续，由荐官（介绍人）领来与经理磕头拜师，对其他资方代理人及年龄较大的职员，也磕头称师，然后礼拜"财神"等。学徒中的内伙计拿年薪，外伙计拿月薪。

资东习惯上也叫财东或东家，尽管他们是烟坊的拥有者，但是并不对烟坊亲自经营管理，也不干预业务。③ 实际上，烟坊的管理是由其代理人，即掌柜代为执掌，也就是说，烟坊的所用权和经营权是分开的。掌柜即资方代理人，尽管全权处理企业的经营管理等问题，但它又不同于完全资本主义企业的代理人，他们多是从学徒出身逐渐被提拔起来的，更重要的是他们不是薪金制而是分红制。④ 掌柜的报酬完全取决于烟坊盈余的多少，资东与掌柜间是四六分成，这种制度，限定了掌柜只能从烟坊当年的盈余内分取部分红利，而对生产资料完全没有支配权，而"人不占银，银不占人"的规定，更使"掌柜的即使有钱也不能向本号投资或占银股红利，资东也不能占人股的红利，这样就使资东对资方代理人有经济以外的拘束，更加处于主动的地位"⑤。可见，一方面，资东与掌柜之间没有契约，也没有合同，没有人身依附关系，资东可以随时辞退掌柜；另一方面，掌柜和资东之间又以无限信任为纽带，资东不干预店铺中的经营事宜，只是按期取得自己相应的利益。资东和掌柜两者通过

---

① 内伙计也称内柜，即总号满师的学徒或有总号派往分号的职员。
② 也称外柜，即分号雇用的店员。
③ 甘肃省工商业联合会、兰州市工商业联合会：《甘肃工商史料》（第二辑）（内部资料），1990年版，第120—123页。
④ 甘肃省工商业联合会、兰州市工商业联合会：《甘肃工商史料》（第二辑）（内部资料），1990年版，第121页。
⑤ 姜志杰、聂丰年：《兰州水烟业概况》，载中国人民政治协商会议甘肃省委员会文史资料研究委员会编《甘肃文史资料选辑》（第2辑），甘肃人民出版社1987年版，第178—179页。

占股分红紧密地联系在一起，各取所需。这也正如现代经济学之父亚当·斯密很早就认识到的："在文明社会中，一个人类社会几乎总是需要同胞的帮助，要想仅仅依赖他人的善意，那一定是不行的。如果能够诉诸他们的利己之心，并告诉他们，给他做事对他们自己有利，那么他就有可能如愿以偿。不论是谁，如果要同他人做交易，都要这样提议：请给我那个我所要的，你也可以获得你所要的。"① 为追求共同的经济利益，他们"倍道兼行，夜以继日，千里而不远者，利在前也"②，在促进本烟坊发展的同时，使自己获得更多的财富。

烟坊每待"烟叶成熟时，烟坊即派人分赴四乡收买，或于未成熟前，先行定购，行同卖青苗者相若。购者过秤后，按照烟农之需款情形及其货物数量，先付货款一部份，其余俟各烟坊将烟叶收齐后，由烟坊同业开会，公定价格，然后补付尾数，谓之开盘。而决定之价，称为盘价。烟农对于烟价，毫无自由，全由烟坊操纵之。至于烟丝之交易，大半为直接交易，烟坊或将出品直接卖于烟贩，或在各重要市场设庄自运外埠出售。各项交易，均以信用为主，定货之际，经过口头决定，即作成交，亦从无纠纷发生"③。

这里还需特别指出的是，在兰州水烟畅销之时，烟坊为顺利收集烟叶，常在烟叶种植之前，即委托掮客，借给其一定数量的钱款，这种钱款尽管利息低于市面很少的价格，但是对贫苦的烟农来说，却可以用来购买肥料等物品，这样烟坊则通过这种名曰"占叶子"方式，把烟叶销售牢牢控制在了自己手里。每当烟叶收购之际，烟坊便派人到他们给予贷款的烟农处收取烟叶，因此烟农对于烟价，毫无自由，因为烟农一旦有所争执，烟坊即停止收购，勒逼还款，烟农只能忍痛出售。④

当然，在水烟叶繁荣之际，也有部分外地客商前来甘肃订购水烟。

---

① ［英］斯密：《国民财富的性质与原理》，赵东旭、丁毅译，江西教育出版社2014年版，第15页。
② （春秋）管子：《管子·禁藏》，李元燕、李文娟译注，广州出版社2001年版，第275页。
③ 甘肃省银行经济研究室编：《甘肃之特产》，甘肃省银行总行1944年版，第48页。
④ 胡伯益：《烟茶布三帮在西北产销概况》，载中国人民政治协商会议陕西省委员会文史资料委员会编《陕西文史资料》（第23辑），陕西人民出版社1990年版，第153页。

每年农历十月，各烟坊开始制烟，自此时起，即可定烟。买主由烟行（发货烟坊）居间，与买卖双方分头订立定单，（九九扣佣金）次年三月交货。定货即付定银四成，但亦可变通办理，须视双方信用、感情而定。若转卖不改装，可不经行手，若改装，则亦须经烟行（烟贩）之手。①

烟叶收购加工后，除较大烟坊进行产销自主外，中小烟坊产品除转售产品给大烟坊外，他们也通过发货烟坊（转运商）销售其制成品。通过他们进行水烟运销，转运商会寻觅车骡代为运输。各地销售烟商可持运单，前往目的地收货。1919 年左右，兰州有发货烟坊 9 家。到 1933 年，仅余丰盛源、丰盛兴、福泰昌、昶利和、德泰益、祥盛永 6 家了。②据统计，20 世纪 40 年代，兰州又有近 10 家的转运烟坊，其中较大者有天顺和、可成祥、春发店、裕德和等。运输所须人力，每市担每华里约需运费三角，若托转运商代办，除付运费外，尚须负佣金若干。③ 显然，抗战前兰州水烟市场上的转运烟坊，要么随着水烟业的萧条而退出水烟经销，要么由于规模缩小，在水烟转运业务中已不占重要地位了。

兰州水烟运销区域，"最初销于汉口，洪杨乱后，转移至浙江，后由上海经海道而至烟台及营口，以后则渐销东北各省，再后黄河航运开放，以羊皮筏子运至包头，经火车转运至东北"④。具体而言，九一八事变爆发之前，兰州水烟销售路线主要分东、西、南、北线及海线五条："（一）由兰州、平凉、西安、龙驹寨、老河口、汉口、苏州、南通而运抵上海者，是为东线。（二）由兰州、天水、广元、成都、重庆，而运达云贵各地者，是为南线。（三）由兰州、武威、张掖、酒泉、敦煌、哈密而运达乌鲁木齐者，是为西线。（四）由兰州、靖远、宁夏、包头、归绥，大同、张家口，而达平津各地者，是谓北线。（五）由上海再转运至烟台、营口等地者，是谓海线。惟自甲午海战后，海线首先受挫。"⑤ 无论绿烟，还是黄烟，"运出外省销售者，均装置成箱，每担计四百斤，分箱装运，

---

① 秦行：《兰州水烟产销近况》，《交行通信》1936 年第 9 卷第 1 期。
② 《兰州烟坊 营业萧条万分 发卖两行现仅有廿一家》，《中央日报》1933 年 7 月 8 日第 6 版。
③ 舒联莹、焦培桂：《兰州水烟之产销与制造》，《西北问题论丛》1942 年第 2 辑。
④ 甘肃省银行经济研究室编：《甘肃之特产》，甘肃省银行总行 1944 年版，第 49 页。
⑤ 杜景琦：《兰州之水烟业》，兰州伦华印书馆 1947 年版，第 10 页。

除皮约三百六十斤"。由于输出水烟质优量大,给兰州带来了巨大的经济效益,"大抵兰州出口,向以水烟为大宗"①。因而,早在民国六年(1917年)就有报纸公开报道:

> 假使有人从河南府起,向西沿官道旅行,经陕西西安,再经甘肃,则在春季。每遇见络绎不绝四马拉行之货车旅行队,车中所载,全系水烟板箱。(每箱六十斤)运往上海者也,所有最良之车及最良之马,似均供烟草运输者之用。每年运出烟草,约五百万斤有奇,换言之,即四马拉行之车约五千车有奇也。②

水烟税是甘肃地方财政收入的重要来源,换言之,水烟输出能给地方经济带来巨大效益。是故,自清末以来,政府对烟税十分重视。民国政局混乱,地方官吏更是"把对水烟的税收当成一块肥肉,任意取求"③。因为水烟利益之重大,所以为保障水烟之输出,在现代化交通工具没有出现之前,甘肃最好的交通工具都已使用于水烟输出贸易中了。

当然,这里也还须指出的是,在水烟输出贸易中,每一具体年份,水烟之收税标准并不完全一致。大体而言,1926年前,水烟税率较轻,"十五年以后,税率逐渐增加"④。特别是九一八事变后,兰州水烟价格狂跌,烟商受创殊深,影响烟农更烈。⑤ 为此,1932年财政部要求各地取消烟酒通过税,由于没能具体落实,导致兰州烟业代表孙祉宜及上海烟叶代表王信卿上呈财政部,要求减免沿途复税,因关系到甘肃烟产及商人生计,故而财政部要求甘肃省烟酒事务局彻查,"水烟在该省征收费税之后,由兰州所有经过地方有无额外苛征"。水烟经过之处,所增复税标准不一,但是复税的征收给水烟输出带来了较大的危害,仅以1932年而论,其时"兰州水烟定价每担不过数十元,迨输往上海,除运费外,沿途担负各种复税暨公卖等捐税,每担须加五十余元,成本愈

---

① 高良佐:《西北随轺记》,建国月刊社1936年版,第61页。
② 《兰州烟叶之情形(录神州日报)》,《东方杂志》1917年第14卷第4期。
③ 刘润新:《兰州水烟回顾》,《甘肃行政学院学报》2000年第6期。
④ 《提倡国货声中之兰州水烟》,《中行月刊》1933年第6卷第3期。
⑤ 曹博如:《水烟事业在兰州》,《农林新报》1935年第2卷第20期。

增,销路愈减"①。民国二十二年(1933年),兰州水烟销售已经非常疲软了,当年"仅销出一万七千余担而已;销路既细,烟价亦落,烟商受损甚巨,而关闭者遂多矣"②。销路减少,价格下跌,致使烟坊大量歇业抑或倒闭。

此后,尽管复税有所降低,"(1936年)绿烟每箱重一百四十斤,黄烟每箱重一百八十斤,其税率则有公卖费、正税、印花、义务捐以及票价等。公卖费按照部定价格,每斤一角八分,在产地征收百分之十六,正税每担征收八元四角二分四厘,其他印花一成,附加义捐一成,合计每担约纳各税二十元有零"③。但是,正如我们前文所提及的,随着诸多因素对水烟市场的挤压,水烟输出依旧有减无增。"临洮生产以黄烟为大宗,以前隆盛时年产有五千担,售四十万元,去成本得赢十余万,今则以卷烟畅销,营业日绌,去年尚有三千余担,今年(1937年——引者注)落至两千余担。"④销路无门,所致各烟坊"均存货累累,据估计,各烟坊之存货,即使不再生产,尚可维持二年之用。尤有甚者,青条烟以色泽深绿为之,其贮藏期不能超过一年,过长则色泽黯淡,品质多劣,芬香全,无烟坊蒙受此害,极为严重"⑤。烟坊在如此艰难情形下,彻底难以为继。即便资本雄厚如一林丰、协和成、福生德等商号,亦无法维持原本之经营,只能先后转业。⑥

要之,兰州水烟业作为近代以来打破甘宁青与国内区域间长久以来封闭、半封闭状态的重要商品,契合着我国烟草市场近代以来的社会供需变化,驱动了甘宁青地区与东部地区的联系,江南人多知兰州,"兰州水烟"很出名。⑦尽管不同年份兰州水烟输出数量不尽相同,但是在水烟经销商人不断的分工合作中,为保障水烟的销售,无论是制作烟坊还是

---

① 《烟酒税:财政部训令甘肃印花烟酒税局:为皋兰水烟营业日衰现据兰州烟叶代表呈请挽救仰查明实情具复核办由(三月廿九日)》,《税务公报(南京1932)》1933年第1卷第9期。

② 潘益民:《兰州之工商业与金融》,商务印书馆1936年版,第105页。

③ 秦行:《兰州水烟产销近况》,《交行通信》1936年第9卷第1期。

④ 顾颉刚:《西北考察日记》,达浚、张科点校,甘肃人民出版社2002年版,第185页。

⑤ 舒联莹、焦培桂:《兰州水烟之产销与制造》,《西北问题论丛》1942年第2辑。

⑥ 严树棠、李建基:《解放前兰州水烟业》,载中国人民政治协商会议甘肃省委员会文史资料研究委员会编《甘肃文史资料选辑》(第14辑),甘肃人民出版社1983年版,第64页。

⑦ 许元方:《忆兰州》,《笔谈》1941年第1期。

转运烟坊，不论是本地商帮还是实力强大的陕西客商，都通过自身的力量，为水烟的加速流通及其对市场的拓展，贡献出了自己的力量。可以说，烟坊商在近代以来原本较少联系或相对孤立的甘宁青区域市场与国内市场联结中，特别是对促进当地社会经济的发展起了十分重要的作用。换言之，商人的商业行为固然是利己的，但他们的商业活动无疑亦产生了积极的外部经济效应。随着商业经营的成功，部分烟商也开始积极投身公益事业之中，如我们前文提到的一林丰烟行，其创办者渭南孝义镇赵家。不仅于光绪年间积极参与修筑了孝义城堡，而且捐资铺筑了孝义街道，更于大旱之年求助了灾民。① 而就地区经济发展而言，据1934年兰州印花烟酒税局之统计，该年兰州输出之水烟共18600余担，值洋218万元。这一数据，虽然与鼎盛时期无法相提并论，但是烟税仍然为兰州税收之大宗。② 不惟如此，兰州水烟的输出，也带动了沿途、沿线地方经济的繁荣。仅就兰州水烟重要转运市场包头而论，"输运水烟，计民国十八年份共运出三千六百吨，十九年份，共运出三千三百二十吨，二十年份，共运出二千九百三十吨，二十一年份，共运出二千四百吨，二十二年份共运出三千二百六十吨，统计五年之内，水烟在包头总输出量为一万五千五百一十吨"③。水烟之吞吐，为近代以来包头地区商业枢纽的地位奠定了基础。

小　结

近代以降，随着甘宁青商品经济不断发展，甘宁青的商人群体也不断得以壮大和成长。其中以地缘为力量的山陕商人在甘宁青商业往来中占据着举足轻重之地位，其商业经营理念、内部管理及其商业精神在近代甘宁青商业发展史上起着积极作用。山陕商人大量云集甘宁青进行商业活动，一方面，因为山西、陕西在地理位置上与甘宁青毗连；另一方面，尽管在传统上同属西北区域，但是在人、财、物力上与甘宁青相较

---

① 程钧鸿主编：《渭南县明清及民国工商业简史》，三秦出版社2019年版，第69页。
② 任美锷：《任美锷地理论文选》，商务印书馆1991年版，第21页。
③ 平绥铁路四物处编：《平绥铁路沿线特产调查》，1934年版，第72—73页。

而略胜一筹,因"其地理语言人情种种优越条件,它的矛头就直向甘宁青发展"①。无论是茶商中的东柜、西柜、新柜,还是水烟贸易中大荔、朝邑商人强烈的乡土观念,使他们结成了较为牢固的团体,便于他们开展与其他商帮的商业竞争。尽管同光之后,随着左宗棠整理西北茶务,湖帮之南柜崛起,但是由于他们倚靠军事、政治势力而发迹,也在囤积居奇中走向衰落。此时,伴随着"内""外"交流的增多,也改变了传统时期甘宁青"即间有富厚之家,而钱藏贯朽,麦积红陈,甚至掘窖存土,动以数十万计,犹且恶衣恶食,貌为寒俭,并不肯经营商业,组织公益"。"家园株守,无百里负贩之人"的财富的走向和价值观取向。② 甘宁青本地商人在近代以来商业市场的拓展中,足迹亦开始遍布全国各地,为了与传统上在甘宁青商业市场上占据重要地位的山陕商人相竞争,从而在市场上占据一席之地,他们亦独立成帮。仅以水烟业而论,近代兰州烟坊开设的分支机构已遍布江苏、浙江、福建、广东、江西、湖南及东北等多地,依托兰州水烟,他们与陕帮的实力,"亦足齐驱"③。实际上,商人的经营范围是随着商品经济的发展而不断地得以发展和壮大的,无论是茶叶的"输入",还是水烟的"输出",商人在商品"内""外"流通中不断地穿针引线,甘宁青与内地日益紧密地联系了起来,在满足甘宁青地区各族人民,特别是蒙古族、藏族人民的日常生活所需的基础上,提升了各族人民的生活质量,同时亦深刻影响着当地商品经济的发展方向和社会观念的转变,换言之,商人所从事的商业经营活动必然引发一系列的社会变迁。

---

① 胡伯益:《烟茶布三帮在西北产销概况》,载中国人民政治协商会议陕西省委员会文史资料委员会编《陕西文史资料》(第23辑),陕西人民出版社1990年版,第150页。
② 宁欣:《中华大典 经济典 商业城市贸易分典3》,巴蜀书社2017年版,第1828页。
③ 萧梅性:《兰州商业调查》,陇海铁路管理局1935年版,第2页。

第三章

近代甘宁青皮毛出口贸易中的商人群体

甘宁青之皮毛，实为甘宁青之精华，处于甘宁青经济重心的地位。近代以来，随着世界范围内资本主义生产的进一步发展，世界性市场逐渐形成。中国被动纳入世界市场导致了对外贸易口岸的增加，从中国出口的商品结构越来越多地呈现出多样化的发展态势，国际市场急需的皮毛等畜牧业产品在出口类商品中所占的比重进一步加大。其中，由于地理环境使然，自甘宁青地区所出产的羊毛，更成为影响中华民族经济命脉的重要出口商品，其出口量约占中国羊毛出口量的一半以上。在近代甘宁青皮毛出口贸易中，天津洋行起了先导性的作用。在近代甘宁青皮毛出口中，由于天津洋行控制着子口税单的发放权，他们通过买办，在甘宁青地区开设内地洋行，从而便利他们到甘宁青市场的集货。内地洋行要利用子口税单运销货物，享受优惠条件，就必须通过各洋行的买办。这样内地洋行就不得不依附于天津洋行，而形成了天津洋行、买办与内地洋行之间利益交错纠结的一层商业购销网络；同时，由于内地洋行的代理人及外客与甘宁青地区的人民，特别是蒙藏游牧民族间，存在着诸如语言、文化、地理、商业习惯等方面的诸多障碍，他们为了买付皮毛等货物，就必须依靠长期以来一直和蒙藏民族打交道的毛贩子、歇家、毛栈等这些当地的商人组织，并委托他们代理羊毛收购、承运等业务，这样内地洋行、外客与歇家、毛贩子、毛栈等又形成了另一层皮毛购销网络。通过不同商人组织间的购销网络，把甘宁青的皮毛产销纳入到了资本主义的经济循环体系之中。

第一节　甘宁青的皮毛产地及产出数量

甘宁青地区据黄河上游，总体上属于高原地区，地域辽阔，加之深居内陆，远离海洋，气候干燥，草地广阔，因此特别适宜于畜牧业的发展。"甘青宁一带地方，富于水草、且地势属于高原，适宜于畜牧，所以吾国西北远在古时，已经成为主要的游牧区了。有人以为：南美的阿根廷共和国为世界著名的畜牧业地区，其特盛的理由，完全由于地理环境的关系。我国西北的畜牧业之盛，正与阿根廷之情形相同。"① 由于地理环境使然，甘宁青地区可供从事畜牧业生产的地区非常广大。换言之，牧地面积非常广阔，自古以来，在该地区繁衍生息的各族先民，均以畜牧业为主要或重要的生计方式。左宗棠经略西北时也曾提出："西北之利，畜牧为大。"② 而尤以甘肃、宁夏、青海为最然。③ 近世以来，包括甘宁青在内的西北地区的自然地理环境，相沿旧时，仍然有大量皮毛产出。

一　甘宁青的皮毛产地

自古畜牧之方，"首要水草，次重土质，盖水草不丰，则牧业难臻兴盛"④。甘宁青众多地域由于地势较高，"气候干燥、灌溉极少，冬日遍地积雪甚深，土壤内盐分很多，所以地上生长的植物，大都是最适合作饲料的野草"⑤。气候干燥、寒暑均烈，形成一天然大草原，不宜农业，而宜畜牧，从而为畜牧业生产奠定了基础。基于自然环境的畜牧业生产，并不因王朝或政权的更迭而有兴替。⑥ 到民国时期，甘宁青牧地面积依旧占土地总面积的65%。是故，一般人说甘宁青是畜牧业区域，还是不可讳言之事实。从事畜牧事业经营的蒙藏人民重要的经济部门，是他们衣、

---

① 丁逢白：《西北的畜牧业》，《蒙藏月报》1936年第5卷第4期。
② （清）左宗棠撰：《左宗棠全集 札件》，刘泱泱等校点，岳麓书社2014年版，第477页。
③ 《赵连芳关于考察首北农业及畜牧业报告致秦汾函（1934年8月21日）》，载中国第二历史档案馆《中华民国史档案资料汇编》第5辑 第1编《财政经济：农业》，凤凰出版社2018年版，第669页。
④ 陈泽湘：《宁夏省经济概要》，中国殖边社1934年版，第31页。
⑤ 席微庸：《西北》，中华平民教育促进会1937年版，第21页。
⑥ 史念海：《河山集·五集》，山西人民出版社1991年版，第336页。

食、住、行等生产生活资料的主要来源：得之乳可饮，肉可食，毛可衣，皮可寝，欲载重，则可饲骆驼，欲致远，则可饲养骡、马。① 除蒙古民族、藏民族外，汉人兼营畜牧业者，亦生活尤佳，故而西北人民之生计，几悉赖于畜牧业，山陬河畔，辄见牛羊成群。据1933年的调查统计，甘宁两省，黄牛占役畜53%、43%；马占7%、13%。②

畜牧业是西北经济发展中的重要支柱。"牛羊马驼除直接供应生活资料外，有可为交通运输之原动力，或作交易之支付手段。"畜牧业在甘宁青等西北地区占绝对之地位。③ 青海、甘肃的陇东与陇西南，宁夏贺兰山以西畜牧业经济尤其显著，畜牧业与当地人民之生活有着密切的关系。应该，畜牧业不仅关系农业之兴衰，"间接则关工商业之兴衰"④。

在历史时期，尽管甘肃、宁夏沿黄河两岸固然早已有了农田，"可是比较内地省份来，畜牧还是异常重要的副业，像海原、固原、镇原、灵台、酒泉、安西、临洮、夏河等县，畜牧业经济是决定地位的。贺兰山西的阿拉善、额济纳旗中的蒙人，以及青海除东部几县外的全省蒙民番民土人等，完全还是逐水草而居"。该地区二分之一以上的民众，"衣食住行是依靠畜牧，绝不夸大。他们日常生活中需要的盐、布、茶叶，一概用皮毛去换取，凡是影响皮毛的一切社会变化，都是决定他们生活的要素"⑤。换言之，甘宁青既有兼营畜牧业生产的农业区，亦有广阔的游牧民族经营的畜牧区。尽管甘宁青有些兼营畜牧业出产的地区，其畜牧业产品都在本区域消费了，但是甘肃的海原、靖远、永登、景泰，以及宁夏的中卫、豫旺等处，其牧地广阔，畜牧业出产比一般农业区域多，故而皮毛等出产也较丰富。⑥ 显然，畜牧业是甘宁青人民衣食所赖的一种特殊事业，亦是当地人民最有希望的经济事业。⑦ 甘宁青三地牧地面积统计见表3-1。

---

① 乔玉琇：《西北畜牧事业之检讨》，《新青海》1936年第4卷第5期。
② 守实：《西北畜牧业概况》，《建国月刊》1936年第15卷第1期。
③ 吴兆名：《西北畜牧业概述》，《中国实业杂志》1935年第1卷第7—12期。
④ 寿标、吴德铭：《上海区域内牛瘟之调查》，《国际贸易导报》1930年第1卷第1期。
⑤ 刘尊棋：《西北皮毛的产销》，《大美周报》1940年5月19日第8版。
⑥ 顾少白：《甘宁青三省羊毛之生产》，《中农月刊》1943年第4卷第4期。
⑦ 周立三：《西北的地理环境及经济建设之途径》，《边政公论》1942年第1卷第7、8期。

表3-1　　　　　　　　甘宁青三地牧地面积统计①

省别	总面积（平方公里）	牧地面积（平方公里）	牧地面积占总面积的百分比	占三省牧地面积的百分比
甘肃	380863	57192	15	6
宁夏	302451	241960	80	25
青海	776192	659763	85	69
合计	1459506	958915	66	100

需要指出的是，表3-1的数据只是说明了可以从事畜牧业生产地区所占总面积百分比的大体情况，但是，在实际上甘宁青牧地面积并没有如此大。因为，仅就人口而论，甘宁青尽管牧地面积达到了958915平方公里，但人口只有368000人，每平方公里仅为0.4人。换言之，一些地区可能尽管草木繁盛，但却无人行迹。② 而且长久以来，农争牧地之事，在甘宁青等地，也时有发生。③ 明清以来，生活在甘宁青广大畜牧业地区的主要是蒙藏民族。"青海的北部以及柴达木，宁夏的阿拉善旗、额济纳旗，以及甘肃祁连山与夏河一带的小部分（黄河南亲王属地），都是蒙古民族的区域。青海的沿海、黄河上游，玉树二十五族，果洛三族，以及甘肃的夏河等，都是藏族的区域。"④ 换言之，甘宁青的诸多地方居地寥廓，蒙古族、藏族人民游牧于其间，但这些地方却不宜稼穑而独宜畜牧，马、牛、羊等纵横其间，其中牧养之利尤甚。恩格斯在《家庭、私有制和国家的起源》指出："畜群的形成，在适于畜牧的地方导致了游牧生活……动物的驯养，最初大概是在这种牧区的边缘上形成的。"⑤ 牛肥马壮，牧产丰饶，为甘宁青蒙古族、藏族等居民逐水草而迁徙的游牧生活

---

① 顾少白：《甘宁青三省羊毛之生产》，《中农月刊》1943年第4卷第4期。就目前所掌握的资料，这是关于甘宁青牧地面积的最早的调查资料（1943年）。鉴于甘宁青的牧区近代以来由于汉族移民等诸多原因的影响，牧地面积是有逐渐缩小趋势的，因此在1937年全面抗战爆发前，甘宁青的牧地实际上是应该大于这个面积。

② 顾少白：《甘宁青三省羊毛之生产》，《中农月刊》1943年第4卷第4期。

③ 周立三：《西北的地理环境及经济建设之途径》，《边政公论》1942年第1卷第7、8期。

④ 顾少白：《甘宁青三省羊毛之生产》，《中农月刊》1943年第4卷第4期。

⑤ 《马克思恩格斯选集》第4卷，人民出版社1976年版，第21页。

奠定了基础。

在甘宁青三省中，青海省牧地面积最大。青海地区巴颜喀拉山斜贯中部，唐古拉山脉横亘于南，祁连山脉蜿蜒于北，岗陵起伏，地势高燥，草野茫茫，盐质特富，乃为甘宁青最大之天然牧场，自古为游牧生活之源泉，其畜牧业生产一直占中国西北畜牧业之重要地位。延至近世，蒙藏居民仍然依赖畜牧业以度其游牧生活，"一切衣食用费，即源于此"①。除蒙古族、藏族诸族游牧外，青海亦"有汉回之放牧，如门源之孔家马场，为青海有名之畜马地。其他农民畜养马牛羊诸畜，事专蕃殖者，各县皆有"②。故而有时人指出："青海省内百分之五十人口，为蒙藏两族人民，百分之七十之地区，由蒙藏两族放牧牲畜，以为生计，此外百分之三十地区，居有百分之五十之汉回人民，以农耕为主业，以饲养牲畜为副业，故畜牧事业形成青海经济之重心。"③

在青海，"扬子江、黄河、大通河上流，布哈河及青海湖四周之地，海拔一万三千尺以下至一万尺内外之地，河流纵横交错，美草茂生，蒙藏人民移迁往来，天幕麕集，所养之马、驼、牛、羊特别蕃殖。柴达木盆地，海拔在一万尺以下，土地湿润，芦苇、茸草生长特茂，更适宜牛、羊、马、驼诸畜之繁殖"④。此外，还有玉树及果洛区及青海东部兼营之马牛羊等农业区。⑤ 具体言之，各区域马、牛、羊等品种则又不完全相同：

> 青海东北隅及大通河青海四周，布哈河一带，产本海马，矫捷善走，西北部柴达木蒙旗牧地，及都兰香德一带，产柴达木马，能耐寒，负重致远。南部玉树一带，产马名玉树马，体格矮小，类似川马。柴达木盆地及西宁所属农垦区，海南北八族牧地，产黄牛，巴颜哈拉山以南，玉树二十五族，及海南八族，产牦牛、犏牛。小尾羊为青海特产，每年每只可产毛五斤，体重六七十斤，柴达木产

---

① 安汉、李自发：《西北农业考察》，正中书局1936年版，第120页。
② 周振鹤：《青海》，台北：南天书局有限公司1987年影印版，第227页。
③ 张元彬：《如何发展青海畜牧事业》，《新青海（复刊号）》1932年第5卷第10期。
④ 张元彬：《青海蒙藏牧民之畜牧概况》，《新亚细亚》1933年第5卷第6期。
⑤ 张元彬：《如何发展青海畜牧事业》，《新青海（复刊号）》1932年第5卷第10期。

大尾羊。巴颜哈拉山以北，柴达木蒙古各旗牧地及都兰、都秀、郭密、旗家、旺什代海各藏族牧地骆驼，驴骡农民亦畜养。①

该区域马、牛、羊众多，故而有大量的皮毛产出，其中又以羊毛为大宗。当地羊毛产地分为五区，即贵德、循化、化隆等地所产为东区；玉树综举族、娘磋族及玉树鸦拉族所产为西区；柴达木河流域（香日德、达巴苏图诸地）所产为中区；札武族、囊谦族、苏尔奔族、猓罗族及雅砻、澜沧江上游一带所产为南区；都兰来布哈河沿青海卓一带所产的北区。②

在甘肃，畜牧业为仅次于农业之生产，畜牧业也是甘肃各族人民的重要副业，"至耕之外，惟资于牧"③。自汉代以来的历代中原王朝或地方割据政权，都在以甘肃为中心的陇右、河西一带设官苑发展牧业，在官方直接经营下，繁殖国家所需的优质战马。即便农业至民间畜牧之乡，则更满山遍野，四望无际，重牧不重视耕。"有专牧而不耕者，未有耕而不间牧者，马牛羊为普通之畜类，牧之者，皆以群名。"④ 其中，羊类因气候之适宜，环境之需要，饲养者众，故其生产额也大。全省畜牧产量羊占第一位，马、驴、骡、骆驼依次递降。⑤ 民国时期，甘肃重要牧场主要为"陇西之首阳山、临潭之卓泥（尼）土司地、岷县之马坞、文县之马厂、隆德之关山西北沟、泾川之川河庄及平凉固原环县一带"⑥。其中黄河南二十里导河附近一带，山地凹凸不平，耕地虽多，而牧草丰盛，牧羊者颇多，牧羊品质亦良。导河东南之洮州、泯（岷）州，羊毛出产亦不少。平番东部九沟部落一带，也牧养大量绵羊，而其东北之西眼井、黄四滩、四巷子等地及其他南北之岔口镇、羌驿、武胜驿、松山驿、南大通、红城子等多数之部落，牧羊甚盛。⑦ 甘南之临潭、岷县、夏河、西

---

① 吴兆名：《西北畜牧业概述》，《中国实业杂志》1935 年第 1 卷第 7—12 期。
② 周振鹤：《青海》，台北：南天书局有限公司 1987 年影印版，第 199—200 页。
③ （清）陈士桢：《兰州府志》卷 5《田赋志·物产》，道光十三年（1833 年）刻本。
④ 生入：《西北畜牧之利益》，《生活日报》1914 年 2 月 1 日第 2 版。
⑤ 守实：《西北畜牧业概况》，《建国月刊》1936 年第 15 卷第 1 期。
⑥ 王金绂：《西北地文与人文》，商务印书馆 1935 年版，第 85 页。
⑦ 吴兆名：《西北畜牧业概述》，《中国实业杂志》1935 年第 1 卷第 7—12 期。

固等处，而产犏牛、牦牛、番马、黑羊等。民勤县人民除牧羊外，兼有饲养骆驼千百匹以上者。① 因牧羊之力尤省，故而甘肃众多地方都饲养着大量的羊群。两当县、洮沙县、隆德县、宁定县、灵台县、甘谷县、武山县、临洮县、徽县、安西县、会宁县、天水县、临泽县、皋兰县、秦安县、漳县、靖远县、崇信县、泾川县、平凉县、清水县、酒泉县、临夏县、临潭县、岷县、鼎新县、镇原县、拉卜楞等都有一定数量的羊毛出产。②

至于宁夏地区，也是以畜牧业为主业。③ 黄河从甘肃流入宁夏西南部后，经东北流入绥远（今内蒙古自治区中南部），从而把宁夏分成东西两部。"除中部沿黄河两岸沟渠纵横，宜于农耕外，其它大部区域均宜于畜牧，西部贺兰山麓，南至中卫北迄磴口一带，及东部东山各区，以地势高寒，牧草丰美，尤宜畜牧。"④ 河渠纵横，沟浍四通，丰水茂草，在在皆是，宁夏亦为天然之一大牧场。实际上，由于宁夏境内地形不一，故牧场又有多种类型，比如平地牧场、山地牧场、坡地牧场、盆地牧场、滩地牧场及沙漠草地等。贺兰山以东农业区内之黄河两岸，其海拔均在1035—1300米之间，系属平地牧场；海拔1500—2000米间之荒山地带为山地牧场；坡地牧场为海拔1300—1500米之间坡度为15度的地带，盆地牧场大都在1300—1600米地带，滩地牧场为平地牧场之一部，沙漠草地则在贺兰山西部、阿拉善、额济纳旗及黄河以东之沙漠地。⑤ 上述不同类型的牧场，"所产马、牛、骆驼，品种极佳，宁羊尤具特色"⑥。盐池、同心、陶乐、磴口等地畜牧业夙称发达，至贺兰、永宁、宁朔、平罗、惠农、金积堡、灵武、中卫、中宁等九县，即便以农业为主，但是畜牧业亦为农家主要副业。"畜牧品品质优良，著称西北，尤以洪广营滩羊皮，驰名遐迩，为国内羊皮之珍品，他如羊毛粗硬而有弹力，为制作地毯最

---

① 守实：《西北畜牧业概况》，《建国月刊》1936年第15卷第1期。
② 粟显倬：《甘青之畜牧》，《开发西北》1935年第4卷第6期。
③ 邬翰芳：《西北的畜牧与毛皮工业》，《西京日报》1944年1月27日第3版。
④ 韩在英：《宁夏羊毛产销概况》，《中农月刊》1945年第5卷第6期。
⑤ 韩在英：《宁夏羊毛产销概况》，《中农月刊》1945年第5卷第6期。
⑥ 傅作霖：《宁夏考察记》，南京正中书局1935年版，第124页。

良之原料。"① 野畜产品则有狐皮、狼皮、野羊皮、猞猁皮、豹、狸、獾、兔等皮。

宁夏之阿拉善、额济纳两旗为蒙古高原之边缘。"向为前清移牧于甘肃边外地方者,素隶甘肃总督管辖,既不属于外蒙古四蒙,亦不归内蒙六盟统享,民国成立后,宁夏设护军使署,阿旗则就近受其指导。肃州设镇守使署,额旗亦就近守其指导,然遇承袭等大事,则仍须转请甘肃省政府核示。"1928年,宁夏析置后,划宁夏省管辖。② 两旗面积辽阔,约占本省总面积70%以上,此间山丘起伏绵延,间有林木,蒿草,原野茫茫,牛羊遍地。"西南较高,走向东西,地势则以(依)次低下。其中,砂碛起伏,每绵亘达数百里,间有潺潺细流,水草所在,为蒙人天然之牧场。唯帐幕点布,人口寥寥。额济纳人迹尤少,畜牧情形不若阿拉善。"③ 在阿拉善旗地,由于地势平坦,广阔的草原为畜牧业经济的发展奠定了基础,从清初以来,历代阿拉善王爷始终采取发展畜牧业、保护水源和草场的多种措施,为畜牧业发展创造了良好的条件④,故而畜牧一直是当地蒙古族居民的唯一生计方式和收入来源,"凡中等以上之家,多雇用汉人放牧"⑤。所以,尽管阿拉善和额济纳都为畜牧之地,然而两旗相较,由于额济纳西接大戈壁,北逾越沙漠,加之人口稀少,其畜牧业出产远不如阿拉善丰富。

二 皮毛大体产量

由于牧地广阔,农牧社会的社会性质,使甘宁青每年畜牧之产量,不但在我国占有重要地位,且于世界亦有相当之地位(见表3-2)。

---

① 宁夏省政府:《宁夏资源志》,宁夏省政府1946年编,第61页。
② 《额济纳与阿拉善》,载甘肃省图书馆书目参考部编《西北民族宗教史料文摘(宁夏分册)》,甘肃省图书馆1986年版,第245页。
③ 宁夏省政府:《宁夏资源志》,宁夏省政府1946年编,第3页。
④ 孛儿只济特·道尔格:《阿拉善和硕特蒙古史略》,内蒙古大学出版社2016年版,第160—161页。
⑤ 陈国钧:《阿拉善旗经济状况》,《经济汇报》1944年第9卷第11期。

表3-2　　　　　　　　1931年甘青宁三省牛马羊总数表①

省　名	牛（头）	马（匹）	驴骡	羊（只）
甘　肃	255552	76032	749968	411584
青　海	150000	50000	20000	700000
宁　夏	150000	81000	25000	700000
总　量	555552	207032	794968	1811584
备　考	青宁牲畜数以绥远为标准估计			

虽然从上述甘宁青三省牲畜总数中，可以估算出毛皮类出产的大体产量。然而，这一数据与乔玉琇统计有较大差距。据乔氏统计，1935年甘宁青马之产额为636620匹，牛455814匹，羊5235065只，驴383116只。②二者估算数额差距巨大之原因主要在于是蒙藏民族统计马、牛、羊以群计数，即便估算数额有所差异，但甘宁青皮毛产量之多，却也是久负盛名。③仅以羔皮而论，甘宁青羔皮分为黑、白两种，黑曰紫羔，极为珍贵。"各地均产，制熟成裘，行销津沪，以宁夏省所产为最佳，青海省之西宁、湟源、大通、贵德、巴燕及甘肃省之临潭、张掖、山丹、永昌、酒泉、金塔、海原、靖远、景泰、庆阳、固原、天水、清水、秦安、皋兰、榆中等县次之，年产约五六百万张。"④很明显，游牧经济的特殊性，导致近代甘宁青畜牧业出产很难有准确的数据。通过下列一些具体的统计数据的分析，我们或许更能明确地说明甘宁青的皮毛产量之巨。

青海牧区约占全省土地面积的四分之三，赖以谋生的人口约在二分之一以上，皮毛为其生产大宗。光绪三十二年（1906年），仅牧区运往丹噶尔一地进行贸易的羊毛就达到20万斤，羊羔皮10万张，大羊皮1万，羊2万头，骆驼毛2万斤。⑤至20世纪30年代初期，青海羊毛产量计有3400万斤，其中贵德县为200万斤，循化县100万斤，化隆县100万斤，大通县100万斤，玉树县400万斤，囊谦县250万斤，都兰县500万斤，

---

① 孔祥熙：《甘青宁经济纪略》，中央银行经济研究处总务科1935年版，第80—81页。
② 乔玉琇：《西北畜牧事业之回顾与前瞻》，《突崛》1935年第2卷第4—5期。
③ 孔祥熙：《甘青宁经济纪略》，中央银行经济研究处总务科1935年版，第80页。
④ 《甘青宁工业概况（一）》，《开发西北》1934年第1卷第4期。
⑤ 湟源县志编纂委员会：《湟源县志》，陕西人民出版社1993年版，第275—276页。

刚咱族 200 万斤，郭密族 100 万斤，牙拉族 200 万斤，娘磋族 150 万斤，其他各地 1000 万斤。① 至 20 世纪 30 年代末，据调查，全省马、驴、骡约 100 万头，牛 200 万头，羊 1000 万头，骆驼 5 万头，猪 100 万头。皮毛出产：羊毛年产约 3500 万斤，驼毛约 25 万斤，牛皮 20 万张，羊皮 80 万张，马皮 5 万张，驴骡皮 1.3 万张。② 青海所产羊毛，品质甚佳，俗称"西宁毛"。尤以普通小尾羊及玉树小尾羊所产之毛为最佳。玉树小尾羊剪毛数量虽少，但品质为全国之冠。③ 其中，贵德青海羊毛，"少数以作毛毡，毛毯，毛褐，为帐幕蒙古包之用，或制粮袋之用外，余皆，出售"④。很显然，羊毛产出在青海社会经济中占有极为重要的作用。

宁夏川原平衍，土地肥沃，水草丰美，甲于西北各地，畜牧一业，尤为适宜，凡务稼穑者，皆附牧牲畜，而专事游牧者，亦属不少。宁夏向以产羊著称，马驼牛次之。⑤ 羊皮之中，以滩羊皮最为著名，20 世纪 30 年代初，宁夏、宁朔、平罗、中卫、豫旺（同心）等县皆产之，统计全年总产量 20 万张左右。宁夏各县羊毛皆有产出，全年总产额约 200 万斤，而输出者 170 万—180 万斤。普通羊皮，每年产出 17 万余张，而输出外省者，12 万余张。驼毛全年产量，30 余万斤，由阿拉善、额济纳两旗所产出者，占 10 余万斤，每年输出总额，计 21 万余斤。羊绒总产 5000 余斤，输出者 3600 余斤。牛皮每岁总产额 23000 余张，输出者 12000 余张。驼皮全年总产量，3000 余张。马皮每岁产出 1400 余张，就本地销用。驴皮年产 1000 余张，狗皮产 1000 余张。⑥

1934 年，甘肃全省共有牛 256 万头，羊 411 万头，猪 2020 万头，驴骡 480 万头，马 76 万头。⑦ 据刘友琛的统计，当时，"甘肃全省产绵羊毛 25 万担，各种羊皮 40 万张，驼毛 1 万担，牛皮 1.2 万张"⑧。

---

① 陆亭林：《实际开发西北的初步》，出版年不详，第 17 页。
② 傅安华著，傅瑛整理：《傅安华西北社会经济研究论文选（1934—1941）》，安徽大学出版社 2016 年版，第 246—247 页。
③ 安华：《西北的皮毛及皮毛工业》，《抗建》1939 年第 18 期。
④ 张元彬：《青海蒙藏牧民之畜牧状况》，《新亚细亚》1933 年第 5 卷第 6 期。
⑤ 易海阳：《宁夏省经济概况（下）》，《西北论衡》1937 年第 5 卷第 11—12 期。
⑥ 陈泽湉：《宁夏省经济概要》，中国殖边社 1934 年版，第 30 页。
⑦ 守实：《西北畜牧业概况》，《建国月刊》1936 年第 15 卷第 1 期。
⑧ 刘友琛：《开发西北与中国经济之前途》，《西北问题》1935 年第 1 卷第 3 期。

与此同时，由于地理环境使然，甘宁青还出产着大量的野生皮毛。其中，青海产量最多，数额最大。"青海各山林，有狼、狐、熊、豹、鹿、麝、猞、猁、猩猩、黄羊、山羊、野马、野牛等，每成群对，蒙藏各民族，无不善猎，每年取得狼狐熊豹等皮，运到湟源、西宁等地出售。"①据陆亭林估计，20世纪30年代，青海各种野生毛皮产量大致是："猞猁皮2500张，狐皮12000张，狼皮5000张，熊皮300张，草猞猁皮5000张，沙狐皮3000张，哈拉皮6000张，川猪皮3500张，艾叶豹皮2000张，水獭皮200张，崖獭皮550张，黄羊皮8000张。此外，还有少量的虎、金钱豹等动物之皮毛。"②由猎人捕获，进入西宁市场的，有狐狸、沙狐、狼、猞猁、旱獭、豹、狗、野猫、熊、臭狗、野兔等各种动物的皮张。③其中，猞猁皮最为珍贵，狐皮次之。猞猁产海南一带草地中，由于产额稀少，供不应求，价格高昂。狐皮在西宁、循化、贵德诸县均产，"年产十数万张以上，以玄狐、白狐最珍贵"④。

甘肃狐皮多产于魏章头、狼山头、甘凉塔等处，每年可搜集生皮50万张。"全省各地皆产狼，惟以魏章头及狼山头独多，皮之总产量二十万。熊皮产于安肃，惟供给市售者仅数千张耳。大野猪亦产于安肃，市售数约五十万张。此外所产其他生皮如龈鼠、黄鼠狼、猫等，亦属不少。"⑤据胡元民统计，全省"野牲皮每年由猎户捕获者不下15万余张，以哈尔皮又名獭皮为最多，占123000张，多来自民乐及夏河；次为狐皮，约14000张，以清水、民乐、夏河、临潭、靖远等县为多；黄鼠狼皮5000张，多来自清水及临潭；狼皮4000余张，产自民乐及夏河，獾皮2000张，均产于夏河"⑥。此外，洮沙、夏河、临洮、民乐、靖远等地也出产一定数量的猞猁皮。⑦

宁夏年产狐皮共1860张，其中阿拉善400张、额济纳250张、磴口

---

① 马鹤天：《青海产业之现状与期将来》，《新亚细亚》1930年第1卷第2期。
② 陆亭林：《青海皮毛事业之研究》，《拓荒》1935年第3卷第1期。
③ 任景民：《五十年代前后西宁皮货业概况》，载中国人民政治协商会议西宁市城中区委员会文史资料委员会编《城中文史资料》（第4辑），1991年，第52页。
④ 《青海皮业调查》，《中行月刊》1934年第9卷第6期。
⑤ 汤逸人：《西北皮毛业之现状及其前途》，《建国月刊》1936年第15卷第6期。
⑥ 胡元民：《经济部西北工业考察通讯》（下）（1943年），《民国档案》1996年第1期。
⑦ 甘肃省银行经济研究室编：《甘肃之特产》，甘肃省银行总行1944年版，第123页。

西部 150 张、陶乐东部 120 张、盐池北部 140 张、同心 130 张、灵武东部 110 张、金积东南部 110 张、贺兰山 450 张。这些皮张 90% 外销，本省消费，数甚寥寥。相较而言，宁夏产狼皮及猞猁皮数量较少，每年二三百张。此外，还有野羊皮 1500 张、兔皮 1600 张，獾皮 170 张，主要为农村消费。①

从以上论述中我们可以看出，甘宁青地区牧地辽阔，畜牧业生产在社会经济结构中占有极重要之地位，而其中皮毛产出更是当地最大特产之一。仅甘肃拉卜楞地区，每年平均大约输出羊毛为 120 万斤、狐皮 4200 张、羔白皮 64500 张、羔叉皮 12000 张、猞猁皮 8300 张、狼皮 1200 张、羊皮 25000 张、獭皮 2850 张、黑羊皮 3500 张、獾皮 1300 张、狗皮 1350、熟羊皮 965 张。② 故而，民国时期著名地质学家翁文灏指出："西北之皮毛，实为西北之精华。"③ 这其中甘宁青皮毛产量，更在西北地区占重要地位，"皮毛出口当占出口贸易之半数，其关系之巨可以想见"。④ 仅以羊毛而论，据 1933 年魏英邦的统计，中国羊毛产出（应该是交易量）共为 54 万担，其中青海为 16.6 万担，甘肃为 8 万担，宁夏为 3 万担，甘宁青三省羊毛出产占全国 50% 以上。⑤ 丰富的皮毛产出，为近代甘宁青皮毛出口贸易奠定了基础。

第二节　甘宁青皮毛的出口

甘宁青畜牧业在我国占据极为重要的地位，其繁殖之数量，价值之低廉，亦为各国所不及。1860 年开埠后，天津逐渐成为一个以进出口贸易为主要经济支柱的口岸城市，在它的辐射下，甘宁青地区也渐次成为天津的经济腹地。1880 年前后，一名叫高林的英国小船主在天津投资了高林货栈后，看到甘宁青地区所产羊毛及皮货有利可图，于是派货栈中

---

①　宁夏省政府：《宁夏资源志》，宁夏省政府 1946 年编，第 81—83 页。
②　高长柱：《西北畜牧概况及改革之意见》，载《边疆问题论文集》，正中书局 1948 年版，第 32 页。
③　翁文灏：《开发西北经济问题》，《中央银行经济汇报》1942 年第 6 卷第 10 期。
④　张其昀：《甘宁青三省之商业》，《方志》1935 年第 8 卷第 11—12 期合刊。
⑤　魏英邦：《中国羊毛事业之概况》，《实业金融》1933 年第 2 卷第 2 期。

的比利时人格拉梭（Grassel）和斯波林格德（Splingaard）深入甘宁青地区，采购当地羊毛和皮货。光绪七年（1881年），高林货栈开设了天津第一家羊毛打包厂，主要经营出口羊毛业务[①]，获利颇丰。由于皮毛贸易有利可图，越来越多的商人加入到了皮毛收购及转销贸易中来。"在近代西方资本主义发展过程中，中国被动地卷入了资本主义世界市场。中国近代以来的工业化进程、城市化进程和农业商品化进程在根本上正是源于这种被动的贸易格局变化。对外贸易在中国近代经济史上有其独特的地位，是影响中国社会经济各部门的一个重要因素。"[②] 在甘宁青地区，正是通过大量毛商办货运津，把皮毛出产和国际市场密切联系了起来，从而为我国经济特别是甘宁青地区的经济发展起了莫大的辅助作用。

一 贸易概况

我国著名的畜牧学家和养羊专家彭文和，针对不同时期皮毛对人类文明发展阶段，曾对畜牧业与人类发展之关系做过这样的论述："第一在游牧时期，人类的生存完全靠着他，茹毛饮血，以为衣食，骑乘以代步行，在这个时期，畜牧对于人生是最重要的时期，也可以说是二者关系最密切的时期，现今西北游牧人民属之。第二在农耕时期，畜牧是居于次要的地位，肉乳与蔬菜米麦间食，皮毛与棉丝兼着，骑乘与扛舆并用，所以在这个时期，可以说是畜牧居次要的地位，同时也可说是畜牧与耕种并行不悖的时期，现今中国本部人民属之。第三在工商业发达时期，畜牧复跃而居于重要的地位，鉴于乳蛋的滋养品富于米麦而定为日常的必需品，以求滋补，鉴于绒毛织品之轻暖耐用而争相购服，以求舒适；鉴于皮革之柔软经久，而争相炼制以求应用各种新式机器滑车之调带，毛革工业在工商先进国已站（占）一重要地位了。"[③] 可以说，工商业越发达，皮毛等畜牧业产品商品化程度越高，其应用也越加广泛。

---

① 罗澍伟：《近代天津城市史》，中国社会科学出版社1993年版，第200页。
② 吴申元：《中国近代经济史》，上海人民出版社2003年版，第282页。
③ 彭文和：《开发西北应以畜牧事业为先驱》，载戴季陶等《西北》，新亚细亚学会1933年版，第110—111页。

反观近代以来的中国，尽管甘宁青地区长久以来就是我国畜牧业生产的重要基地，但是，在中国社会已经步入近代较长的一段时期内，该地区所产皮毛仍作为游牧民族传统自然经济下的日常衣食用品而存在，广大人民特别是蒙藏人民尚不明白皮毛有何商业价值。"在昔闭关时代，既不与外人有所交通，而国内机器工业，亦少发达"，皮毛出产"仅供蒙藏人衣住之原料，余则弃诸原野，任其腐灭而已"①。而此时的西方资本主义国家已率先完成工业革命，随着手工业生产逐渐向大机器生产变革，加快了他们资本主义生产的发展，为寻求更多的商品销售市场及加强对廉价原材料的掠夺，他们纷纷迈开了向海外殖民地市场与资源掠夺的步伐。他们无幽不瞩，匪险不探，借政治之特权，经济之势力，踏遍天涯海角寻求着他们所需之原材料。此诚如列宁所指出的："资本主义愈发达，原料愈缺乏。竞争和追逐全世界原料来源的斗争愈紧张。"②

英国既是工业革命的开创者，也是经济全球化的始作俑者。1840年鸦片战争，英国利用坚船利炮打开了清王朝的闭关锁国之门。五口通商之后，尽管中国市场被迫对外开放，但是并没能满足西方资本主义国家对中国倾销商品及掠夺原料的需求。于是，他们一次又一次地发动对华战争。1856年英国借口马神甫事件、法国借口亚罗号事件在美、俄两国的支持下联合发动侵华战争。第二次鸦片战争期间，清政府被迫与英、法、俄、美四国签订《天津条约》，增开天津等十余处为通商口岸，进一步增加了出口货物的原料产地和进口货物的行销地，更加有利于其向中国倾销商品和掠夺原料。

伴随着资本主义经济的不断渗透，市场的不断扩张，原本因"我国羊毛仍属亚洲土种，均为双层毛被，内层纤维细短，互相绞缠而紊乱，外层纤维粗长，尖端纽绞，……性直硬，富弹力，实为优良之地毯原料，故历年国产羊毛，除少数供给国内制作毛毯及粗衣原料外"，开始大量输往国外。③ 与此同时，天津这一区域性的商品集散中心，也成为了联结中国甘宁青地区与国际市场的桥梁，从而把西北地区的皮毛等畜牧业产品

---

① 业：《青海羊毛事业之现在及将来》，《新青海》1933年第1卷第4期。
② 《列宁选集》第2卷，人民出版社1961年版，第802页。
③ 张桂海：《最近我国羊毛对外贸易分析》，《贸易月刊》1941年第2卷第8期。

的生产纳入了国际市场的轨道，伴随着西北大量皮毛的大量输出，天津也成为我国皮毛输出第一大港。①

中国羊毛出口贸易始于光绪七年（1881年）。②"汇丰银行设支行于奉天。开始从事于绵羊毛之输出。次年，外国商人，遂往来于蒙古各地，收买羊毛，营业颇称繁盛，乃设洋行于张家口。光绪九年，更设商行于包头，我国商人，亦渐经营是业。光绪十一年，包头洋商更移至宁远。当时汇丰银行，实执斯业之牛耳。其后洋商赴包头者渐众，德国商人亦投袂而起，营业范围遂渐次扩大。然而使此事业愈趋于发达者，实美国商人之力也。"③

尽管羊毛出口始于1881年，但在这一时期中国羊毛出口的主要地区是靠近天津便于海运的内外蒙古和河北，由少数洋行在张家口设点收购。甲午战争前后，西方资本主义国家为推销商品和掠夺原材料，洋行通过在华雇用的买办捐客，"迅速在中国建立起了从全国各个通商口岸到穷乡僻壤的多级庞大的推销网络及经营体系。通过一套套营销系统，洋行可以快速、高效地将进口商品推销到各地初级市场，同样也可极为便利地掠购中国土特产品出口"④。1894年，英国开始通过甘肃驼帮大量采购青海的皮毛。很快，天津羊毛市场上便出现了"西宁毛"的称誉。⑤

事实上，至1937年7月7日全面抗战爆发前，经天津口岸出口的羊毛数额一直占中国羊毛总出口额的80%以上。⑥ 可以说，"战前西北羊毛均以天津为销场，故天津可以称为西北羊毛的终点市场（Terminal market）"⑦。换言之，包括甘宁青在内的西北地区所产皮毛等农畜产品基本是通过天津口岸转运出口的。天津在近代甘宁青皮毛出口中占据重要地位，这主要是基于两方面的原因：一方面是相较于其他通商口岸，西北地区货物通过天津口岸转运，不仅运输距离较近，而且来自西北甘宁青

---

① 陈重民：《今世中国贸易通志》，商务印书馆1924年版，第172页。
② 另一种说法认为我国羊毛贸易始于光绪五年（1879年），外商洋行至张家口设庄之时。
③ 陈重民：《今世中国贸易通志》，商务印书馆1924年版，第167页。
④ 罗红希：《民国时期对外贸易政策研究》，博士学位论文，湖南师范大学，2014年。
⑤ 青海省志编纂委员会：《青海历史纪要》，青海人民出版社1980年版，第89页。
⑥ 《〈新修支那省别全志〉宁夏史料辑译》，和龑、任德山等译，燕山出版社1995年版，第146页。
⑦ 张之毅：《西北羊毛调查》，《中农月刊》1942年第3卷第9期。

等地的皮毛输往天津又有"黄河水运之便，运费较廉，至上海仅有陆路可通，运费较昂，故出口货物多转天津"①；另一方面，随着西方国家对中国侵略一步步地加剧，天津成为了西方国家掠夺中国北方的资源并进一步倾销其工业品的大本营和中转站。20世纪初，西方列强诱迫清政府在京津地区陆续修筑了多条铁路，建成了以京津为中心的北方铁路网。西北地区和天津间的交通运输条件得到了很大改善，宣统元年（1909年），京张铁路提前两年完工。民国五年（1916年）延伸到绥远。民国十二年（1923年）通车到了包头。从此，经包头顺黄河水运可以直接到达甘宁青地区，这更为天津口岸向西北内陆腹地的扩展奠定了强有力的基础，故而商人所云之"货物运输，多恃驼马，稽迟时日，深感不便"的困境在一定程度上得到了解决②，进而更加便利了甘宁青皮毛等农畜产品通过天津口岸的向外输出，换言之，在天津口岸的拉动下，甘宁青地区的农畜产品也不断有了市场化、商品化的趋向。

毋庸置疑，西方资本主义国家对世界市场的掠夺，是近代甘宁青皮毛得以出口的一个十分重要的原因。此外，近代中国国内工业化进程缓慢也是甘宁青皮毛大量出口的重要因素，"西北皮毛所产甚多，唯皮毛工业并不发达"③。实际上，早在光绪二年（1876年），左宗棠就因为西北皮毛产量充足，而在兰州投资20万两白银创办了近代西北地区最大的毛纺织工厂——甘肃织呢局。尽管该厂的一切机械都是由德国购入，制造方面也聘用的是外国技师，但是开业仅一年有余，就被迫停工。直到1905年升允上任陕甘总督后，认为振兴实业必须因地制宜，故而上奏清政府指出，"甘肃错处蒙、番，民间多事畜牧，故所产土货以羊皮毛为大宗。近有西人设行购运出洋，制成熟货灌输我国，实为利源外溢一端。亟宜设法自行制造，藉图挽救"④。为防止利源外溢，希望重振甘肃织呢

---

① 张其昀、任美锷：《甘肃省人文地理志》，《资源委员会季刊》（西北专号）1942年第2卷第1期。
② 刘平编：《稀见民国银行史料四编 下 浙江兴业银行〈兴业邮乘〉期刊分类辑录 1932—1949》，上海书店出版社2017年版，第2173页。
③ 傅安华著，傅瑛整理：《傅安华西北社会经济研究论文选（1934—1941）》，安徽大学出版社2016年版，第247页。
④ 甘肃省档案馆编：《甘肃近代工业珍档录》，甘肃文化出版社2013年版，第290页。

局，在得到了清政府的同意后，1908年，升允饬兰州道彭英甲和比利时使馆参赞林阿德签订了机器添购合同，以便招募工匠开工，然而直到1909年甘肃织呢才重新投产，仅办了不到两年，又因彭英甲去职而再度停产。直到1914年，张广建督甘后，才又一度复产。① 显而易见，甘肃织呢局从创办之日起，就一直处于时停时办的状态，由此亦可窥见其生产之一斑情形。

甘宁青地区的官营毛纺织工业企业状况不容乐观，"至于私人所经营的羊毛纺织业，均以资力有限，出品不良，且无大规模组织。所以尽管羊毛的品质良好，而毛纺织业在西北终不能发展起来"②。可见，西北地区毛纺织企业的生产效能，并没能随着近代社会的到来而加快其进程，既无大规模的组织，又因现有的企业资本有限而无法扩大生产，总而言之，"甘青宁工业，尚在幼稚期中，无论其在组织机器资本各方面，均不能与东南各省比较"③。毫无疑问，现代工业发展水平的滞后，使甘宁青大量的皮毛出产就地加工利用的可能非常有限，即便是在兰州，近代来附近地区之羊毛也仅为制毡之用。④ 至于东南沿海地区的毛纺织厂，又是否能加工利用甘宁青所出产之皮毛呢？

与甘肃织呢局复工的同时，开办在上海的日晖织呢商厂、北京的清河溥利呢革公司及湖北的毡呢局三家大型的粗纺厂及若干小型的毛纺织厂相继诞生，但是由于这些最初的开办者，对于各地资源与市场缺乏较为细致而深入的了解和认识，他们只知国产羊毛多，而不知国毛适纺什么品种，加上时局变动，政府又没有采取任何有力的措施给以积极有效的扶植，1912—1913年这些企业便都相继倒闭。1915年后，上述几家公司虽然又相继复产，但又很快停止了生产。⑤ 1923年，我国人民每年消费绵羊毛之总量约51073415公斤，"以四万万人民平均分配，每人消费之

---

① 政协甘肃省委员会文史资料委员会《西北近代工业》编写组编：《西北近代工业》，甘肃人民出版社1989年版，第293页。

② 丁逢白：《西北的畜牧业》，《蒙藏月报》1936年第5卷第4期。

③ 《甘青宁工业概况》（一），《开发西北》1934年第1卷第4期。

④ 贸易委员会西北办事处调查课：《甘肃羊毛调查报告》，贸易委员会西北办事处调查课1943年版，第128页。

⑤ 《中国近代纺织史》编辑委员会编著：《中国近代纺织史 下 1840—1949》，中国纺织出版社1997年版，第107—108页。

羊毛量仅〇·二八磅,约等于四分之一市斤"①。很显然,近代以来,尽管工商业者常常活动在社会变动的前沿,但混沌的政治环境,使他们常常处于举步维艰的境地。此后经过多年的摸索,国人对国产羊毛的适纺品种以及国内市场的特征也逐渐有了新的认识。

至1929年前后,上海、北平、武昌、哈尔滨、大同等相继开设如上海中国第一毛绒织厂、北平陆军织呢厂、湖北毡呢厂、裕庆厂、华北第一毛织公司等十数家规模较大的毛纺织厂外,还有上海纶华公司、精益毛织公司、裕源毛织厂、德永毛织公司等;南京的协大线厂;南昌的晋信工厂;奉天的中华毛织厂等中小型毛纺织工厂的存在。②1930年以后,在世界资本主义经济危机的影响下,国际羊毛市场价格猛跌。全国"呢涨毛跌"的刺激下,中国毛纺织业出现了获利的机会,复工和新开了大量的毛纺织工厂。"上海有章华、明和、元益、安乐、振兴、鸿发、维一、均安等厂,北京有清河厂,天津有仁立和五三厂,共计有粗纺锭一万六千余枚。可是明和、元益两厂长期难产,安乐、鸿发、维一等厂纺驼绒毛纱,振兴、均安两厂纺国毛绒线,清河厂专制军呢,五三工厂开工不久即停顿,实际上织制粗纺呢绒的只有章华厂一家。"③ 开工的毛纺织厂很多,但实际从事生产的企业非常有限。工商业不发达,使大好财源不能很好地被开发和利用。因此,有学者根据近代国内毛纺织企业的生产水平,估计认为毛纺织企业对国产羊毛的需求量有限,即使在抗日战争全面爆发前,也不会超过国内供给量的三分之一。④ 无论是甘宁青地区毛纺织企业,还是东南沿海发达地区所办企业,都不能有效利用甘宁青地区所产皮毛。我国出产皮毛虽多,但本国的加工及消费极为有限,这就极为便利地为西方资本主义国家掠购、源源不断地将其输出国门埋下了隐忧。尽管有学者认为:"对外贸易在民国经济发展中扮演着重要的

---

① 贸易委员会西北办事处调查课:《甘肃羊毛调查报告》,贸易委员会西北办事处调查课1943年版,第7页。

② 《中国毛织业之供求关系》,《工商半月刊》1929年第1卷第2期。

③ 上海市工商行政管理局毛纺史料组、上海市毛麻纺织工业公司毛纺史料组编:《上海民族毛纺织工业》,中华书局1963年版,第81页。

④ Chin Chien Yin:《Wool Industry And Trade In China》(金建寅《中国羊毛业》)(英文),天津工商学院经济论文,1937年第6期,第98页。

角色。对外贸易不仅推动传统经济结构向现代经济结构的转变，而且引起了非经济层面的变化，对近代中国社会的转型有积极的影响。"① 但是，同时也应该指出的是，西方资本主义国家对甘宁青畜牧业产品的大量掠夺，既给甘宁青社会畜牧业出产跻身于世界市场提供了机会，但同时也在一定程度上给甘宁青社会的自身发展造成了阻碍。

实际上，在近代天津羊毛市场上，除青海玉树等地所产之"西宁毛"之外，还有拉卜楞附近产区的"夏河毛"。就毛质而言，夏河毛毛质粗刚，含杂质较多，是近代甘宁青皮毛市场上毛商眼中最劣质的羊毛，而介于西宁毛和夏河毛之间，"尚有所谓北山毛、凉州毛、肃州毛、平番毛、甘字毛、中字毛、宁字毛、安西毛等"②。换言之，甘宁青通过天津转运出口之羊毛品种是多样的，尽管在甘宁青社会内部羊毛品质参差不齐，但是近代以来中国之最良羊毛皆出自于甘宁青地区。20世纪20年代，克拉米息夫指出，甘肃可供外国市场之货主要有皮、毛，而毛主要为绵羊毛和骆驼毛，其中"中国之最良羊毛皆出自此省（甘宁青），市场上有二种最良羊毛，特别适合于欧美之出口。第一种曰西宁毛，以其纤维之长及线细显著；第二种曰甘州羊毛，质较粗，但特别适合于世界市场。除此以外，尚有平番毛及武威羊毛，为织地毯之特品，输出为织地毯之用"③。不同种类羊毛均适应着欧美等国工业需要。20世纪30年代，三省中宁夏每年出口多至300万斤，少则150万斤；甘肃出口羊毛多至800万斤，少则400万斤；至于青海省的羊毛，最多时达到5000万斤，最少时亦有2000万斤，可见甘宁青出口羊毛数量之巨，亦可见羊毛出产在甘宁青所占之经济地位。④

据时人调查，在近代天津皮毛市场上，羊毛按其品质"通常分为轻毛、中等毛及硬毛三类，在甘肃西部及青海东部所产者，集中于西宁之西宁毛，多属轻毛及中等毛，蒙古所产者集中于宁夏、包头、大同、张

---

① 孙玉琴、陈晋文、蒋清宏、常旭：《中国对外贸易通史》第2卷，对外经济贸易大学出版社2018年版，第202页。
② 张之毅：《西北羊毛调查》，《中农月刊》1942年第3卷第9期。
③ ［俄］克拉米息夫（W. Karamisheff）：《中国西北部之经济状况》，王正旺译，商务印书馆1933年版，第32页。
④ 谢南光：《西北羊毛与羊毛贸易》，《中国商报》1939年12月18日第1版。

家口、多伦诺尔等处，悉属硬毛。前者纤维长，其下生之细毛，亦细软，而后者系荒毛，而绒毛又少，剪毛时，并有如瓦状落毛之缺点"①。在近代天津羊毛市场上，质量最好的羊毛均来自被称为"西路"的甘宁青地区，这些地区出产的"羊毛甚多，品质坚韧，净良有光泽，毛长在聚集于天津的羊毛占第一位"②。

然而，由于天津海关和其他的一些统计资料并未将每年出口的羊毛做出来源地的统计，所以，我们只能根据其他方面的有关材料，来推测甘宁青羊毛出口额的大体情况。据1924年天津的英文报刊《公闻报（China Advertiser）》报道，由天津出口的羊毛，产自甘肃（包括宁夏、青海）的占50%，陕西及山西的占15%，蒙古地区的25%，直隶及山东的占10%，换言之，经过天津出口的中国羊毛有一半是来自甘宁青地区。③ 这一数据统计，也可以从日本东亚同文馆调查资料得到佐证。1918年编纂的《支那省别全志》中认为：甘肃各地的羊毛通过石嘴子运到天津，其数量占天津港出口额的一半，即占中国羊毛总出口额的40%。④ 由此，依据海关贸易报告中羊毛出口量的相关数据按40%折算后，我们即可以推算出甘宁青羊毛出口额的大致情况（见表3-3）。

表3-3　　　　　　1894—1937年甘宁青羊毛出口量及价格⑤

数量：1000担；价格：1000海关两

年份	数量	价格	年份	数量	价格
1894	90.4	834.6	1916	134.0	4297.6
1895	86.8	761.6	1917	135.6	1213.2
1896	60.8	485.6	1918	157.2	4110.8

---

① 警中：《以天津港为输出港之蒙古及西北各省的产毛研究》，《边事研究》1935年第4卷第5期。
② [日] 中国驻屯军司令部编：《二十世纪初的天津概况》（原名《天津志》），侯振彤译，天津市地方史志编修委员会总编辑室1986年（内部发行），第291页。
③ 孟锡珏：《北京地毯业调查记》，北京京华印书局1924年版，第4页。
④ 东亚同文馆编纂：《中国省别全志》（第六卷甘肃省附新疆省）（日文），台北：南天书局有限公司1988年影印版，第566页。
⑤ 李晓英：《双重因素制约下的羊毛贸易（1894—1937年）：以甘宁青为中心的考察》，《西北师大学报》2011年第5期。

续表

年份	数量	价格	年份	数量	价格
1897	83.2	834.4	1919	134.4	4644.0
1898	58.4	475.6	1920	41.6	1236.4
1899	96.8	1436.4	1921	185.2	4526.8
1900	48.4	646.4	1922	203.2	5167.2
1901	53.6	643.6	1923	140.8	4013.6
1902	77.2	946.8	1924	194.0	5616.4
1903	77.2	970.0	1925	170.4	5630.8
1904	104.4	1840.8	1926	83.2	2777.2
1905	139.2	2428.0	1927	144.0	4864.4
1906	126.8	1738.8	1928	194.4	6325.2
1907	106.8	1487.6	1929	150.8	4128.0
1908	88.8	1452.8	1930	78.0	2132.8
1909	135.6	2693.2	1931	96.0	3028.0
1910	79.2	1652.0	1932	13.6	484.0
1911	127.2	2636.0	1933	90.0	3949.9
1912	106.0	2265.2	1934	96.4	3138.9
1913	112.0	2195.2	1935	132.0	3697.0
1914	121.2	2686.0	1936	106.4	3953.7
1915	151.2	4451.6	1937	80.0	4973.3

注：甘宁青地区所产羊毛品质较好，所以这一地区的毛价应该超过上述价格。

尽管上述统计数字不一定十分确切，但是相对国内其他地区所出产的羊毛质量更优，所以数量，特别是价格应是高出其他地区的，但即便如此，我们通过上述数据依然可以大致推算出近代甘宁青羊毛出口数额以及不同年份出口数额变化的情况。① 最初甘宁青出口羊毛不过几十万海关两，直到1904年增加到几百万海关两，一战后的1920年出现锐减，次年又有所恢复，此后随着国际经济恐慌，亦使羊毛出口大受影响，以后虽有增加，但很快全面抗战爆发，天津港被封锁，甘宁青通过天津出口

---

① 张之毅：《西北羊毛调查》，《中农月刊》1942年第3卷第9期。

货物基本停滞了下来。至于甘宁青所产之皮张，没有具体的统计数字，"因为皮张产量之估计，较之羊毛更难"①，但在"天津市上，青海羊皮亦占重要位置"②。

总之，在传统社会中，甘宁青皮毛出产，主要是为了解决西北地区农牧民族的衣食住行等之所需。直到19世纪60年代，伴随着天津开埠通商，甘宁青地区成为了其市场腹地后，区域商品结构出现了极大的变化，最突出的表现即昔日弃置于地的皮毛大量出口，自此甘宁青区域市场与国际市场密切地联结在了一起。皮毛出产卷入国际市场的旋涡，不仅颠覆了甘宁青传统的贸易结构及其商业格局，而且使农牧民从中获得了收益，"羊毛及其他产品的价格提高了，如羊毛的价格较原来提高了十倍"。"虽然中间几经盘剥，牧民实得不过十之三四，对贫苦牧民来说，是相当可观的，增加了收入，提高了生活水平。"③ 在外向型经济兴起的拉动和刺激下，甘宁青畜牧产业的商品化程度也愈发得以强化，特别是传统社会中封闭的游牧区域所产皮毛，除织毛带、帐幕自用少量外，更是几乎全部出售。④ 为追逐财富，在各级各类毛商的不停的往来穿梭中，"港口—腹地"的经济发展模式，在改变甘宁青传统物流方向的同时，亦使带有地域性特点的甘宁青皮毛市场网络不断地发育和成长了起来。

二 甘宁青的皮毛市场网络

美国斯坦福大学著名的人类学学者施坚雅（G. William Skinner）运用德国学者克里斯塔勒（Walter Christaller）"中心地理论"对传统中国的农村市场进行研究，他根据三个因素："（1）它对属地或腹地提供零售商品和服务项目的作用；（2）它在连接经济中心的分配渠道结构中的地位；（3）它在运输网中的地位。"⑤ 提出了中心市场（central market）、中介市

---

① 顾少白：《甘肃陇东羊毛皮货初步调查》，《西北经济通讯》1941年第1卷第4、5、6期合刊。
② 张元彬：《青海蒙藏牧民之畜牧业概况》，《新亚细亚》1933年第5卷第6期。
③ 张志珪：《清末民初畜产品交易中的歇家》，载《西宁城中文史资料》编委会《西宁城中文史资料》（第19辑）（内部资料），2007年，第84页。
④ 张之毅：《西北羊毛调查》，《中农月刊》1942年第3卷第9期。
⑤ [美]施坚雅主编：《中华帝国晚期的城市》，叶光庭等译，中华书局2002年版，第329页。

场（intermediate market）、标准市场（standard market）的市场层级理论。有学者指出，早在清代乾嘉时期，西北市场"发育逐渐成熟，州县城市成为区域性中心市场，许多居于交通要道上的村市发展成为集镇，一些集镇有了固定的集期"①。

根据施坚雅的市场结构理论方法并结合甘宁青皮毛交易的有关情况，我们把甘宁青的皮毛市场划分为三个层级：分布于甘宁青的产地市场，其数量众多。其中较大的有甘肃的拉卜楞、临潭、岷县、清水等地，青海玉树雅砻、澜沧江上游一带及其他广大地区；宁夏的花马池，阿拉善、金积、灵武等地；这些地方接近皮毛产地，在本地区交通和贸易地位重要、在当地商品贸易中地位举足轻重，可以直接与一级中心市场进行皮毛规模化商品交流的区域性中转的二级市场，当时主要有甘肃的张家川、河州、凉州、平凉等地；青海的丹噶尔厅、贵德、大通、玉树等地；宁夏的中卫、磴口、中宁等地。地处甘宁青地区交通和贸易要地，与区内及羊毛出口市场有密切联系，并直接同中转市场进行大规模皮毛等畜牧业产品交易的一级市场。当时主要有甘肃的兰州、青海的西宁、宁夏的宁夏府城（后被石嘴山取代）等处。甘宁青皮毛贸易的三个级别的市场虽非近代时期所特有，但是近代以来这些市场的发展速度更快，市场层级之间的联系也愈加紧密，初步形成了比较稳定的层级市场体系。甘肃、青海、宁夏的三个区域性市场网络相互支撑，在带动区域畜牧业商品经济发展的同时，又初步推动了民国时期甘宁青地区皮毛贸易的层级市场体系的构建，从而促进着甘宁青以皮毛为主体的出口贸易的发展。

甘宁青区域内的皮毛市场形成以后，为了把皮毛输送到天津口岸出口，就要通过包头这一最重要的转运点。而包头的发展，实际又是跟其自身所处的地理位置及甘宁青地区近代的皮毛出口贸易紧密相关的。在近代西北皮毛出口贸易的带动下，河套及蒙古高原及包括甘宁青的皮毛汇聚到包头，包头成为了内外贸易最重要的转运市场。包头位于蒙汉交界地带，地处要冲，路有平原车驮之便，水有黄河舟楫之利，水陆运输

---

① 黄正林：《农村经济史研究——以近代黄河上游区域为中心》，商务印书馆2015年版，第581页。

极为便利。"凡京、津、陕、甘、新（青）、内外蒙古、新疆货物往来，均以此为转运之场，诚西北一大市场也。1918 年贸易额年五百余万，大小商店一千二百余家。"① 民国时期，包头东南约二十里处，为黄河码头名南海子，运包头羊毛，均在南海子卸装。② 卸装后运入货栈中，把皮毛稍作整理后转运。③ 当时，来自甘宁青依黄河水路运输者曰西路客。④ 当然，西路客事实上也包括依靠陆路运输而来的甘宁青皮毛商，这些来自甘肃河西、青海东部及宁夏一部分以经商为目的西路客们，通过水旱两路，一年四季不间断地来到包头，"从祁连山青海边里运了成千上万的原料品，来屯集在包头，大批地运往天津出口；同时也不断地以他们家乡为尾闾，转运了都市的消耗品和私货，披星戴月，不辞劳苦……因为他们能这样忠诚的效劳，更使得包头的地位重要"⑤。

1923 年前后，包头仅绒毛一项每年就集散 2000 万—3000 多万斤，占整个西北地区绒毛产量的三分之二以上⑥。1926 年，包头贸易额已达 1000 万两，大小商店 2000 余家。牛皮、羊皮、杂皮、驼毛、羊毛、水烟等，由西宁、皋兰、宁夏运来。⑦ 到 20 世纪 30 年代，包头"陆则有平绥路为吞吐之骨干，而平、津各地遂为包头出入之尾闾，由包头可至西宁、肃州（今酒泉市）、五原、宁夏（今银川市）、兰州等地；至水路则有黄河之水流，用皮筏可由兰州至包头"⑧。甘宁青羊毛在包头集中后，就从包头经张家口，最后通过天津这一终点市场，出口到西方资本主义国家。

甘宁青各皮毛初级市场，主要为牧民或农民出售其皮毛之市场。事实上，这些市场有的存在已久，如拉卜楞、贵德、金积堡等地，只是在近代以前，这些地区一般是农牧民或者地区之间民间贸易的交易地点，

---

① 林竞：《蒙新甘宁考察记》，刘满点校，甘肃人民出版社 2003 年版，第 30 页。
② 全国经济委员会：《毛织工业报告书》，太平洋印刷公司 1935 年版，第 63 页。
③ 张之毅：《西北羊毛调查》，《中农月刊》1942 年第 3 卷第 9 期。
④ 聂光达：《中国羊毛贸易（续）》，《综合评论》1948 年第 2 卷第 3 期。
⑤ 西人：《"西人"与包头》，《新青海》1937 年第 5 卷第 4 期。
⑥ 李绍钦：《古代北方各民族在包头地区的活动》，载《包头文史资料选编》第 4 辑，包头市政协文史资料研究委员会 1985 年编，第 25 页。
⑦ 王金绂：《西北地理》，立达书局 1932 年版，第 428 页。
⑧ 廖兆骏：《绥远志略》，正中书局 1937 年版，第 269 页。

并且围绕着皮毛等畜牧业产品的交易数量也不多。直到近代以来,伴随着甘宁青皮毛的大量出口,这些交易市场的规模、数量、功能等方面获得了进一步的发展,变成了甘宁青地区以羊毛等畜产品和布匹、粮食等生活用品为主要商品流通的最基层的场所及最普遍的形式。

从初级市场收购的皮毛,被运往本地区的二级市场。从现有的文献中,我们可以获得以下这些二级市场的大致境况。

甘肃陇南区的张家川市场。张家川为甘肃清水县之一镇,位于陕西与甘肃交界之处,长久以来一直是关中与陇南大道的交通之咽喉。"凡百货物之往来于天水与西安之间者靡不经此。然虽为必经之道路,而并不为百货之市场。惟甘肃各地以及青海等处之皮货则以此为一中心市场。"① 清末以来,一些洋行开始在这里驻庄,如英商的仁记、怡和、平和等洋行,还有德商德泰洋行,后来又陆续有外国洋行在此驻庄。来自秦安、甘谷、成县、徽县、武山、清水等地的皮毛多在此集聚,此外海源、固原、庆阳的少量皮毛也以此为集聚地。② 虽然各洋行收购皮毛的种类略有不同,"大部以狐皮、猾子(山羊羔皮)、云板(未届生育期而流产的羔皮、毛比羔皮小)、羔皮、板子(没有绒根的山羊皮)、羊毛、山羊绒为主,同时并收购肠衣、腿皮等"。但是这些皮毛必须以天津洋行的需求为标准。③ "天津外商洋行既是列强掠夺中国北方经济的机构,也是控制天津对外贸易的组织,从天津开埠到民国初年,天津对外贸易的经营权几乎为外商洋行所把持。"④

甘肃洮西区的河州市场。河州是通往甘青藏区的重要通道,尽管当地地势凹凸不平,耕地虽多,但是"牧草甚丰,故牧羊者多,羊毛品质良好"⑤。由于交通位置重要,加上本地所产皮毛众多,因此,清末先后,吸引着英商新泰兴、高林、聚利、仁记、天长仁、平和、瑞记、普伦等

---

① 铁道部业务司商务科:《陇海铁路甘肃段经济调查》,1935年内部刊行,第65页。
② 张之毅:《西北羊毛调查》,《中农月刊》1942年第3卷第9期。
③ 马守礼:《帝国主义洋行在张家川的掠夺》,载中国人民政治协商会议甘肃省委员会文史资料研究委员会编《甘肃文史资料选辑》(第8辑),甘肃人民出版社1980年版,第178页。
④ 姚洪卓:《近代天津对外贸易(1861—1948)》,天津社会科学院出版社1993年版,第214页。
⑤ 吴雄飞:《中国羊毛业》,《工商半月刊》1935年第7卷第3期。

洋行,还有德商世昌洋行等来此地驻庄。这些内地洋行来这里收购皮毛,主要是通过与藏族居民有关系的商号,或通过精通藏语的毛贩子,经行店的介绍和担保,由洋行付给现款,赴藏区收购。换言之,河州的皮毛除本地所产外,还来自其他两个地区:一是以拉卜楞为中心,把甘加、麦秀、桑科等地的羊毛集中于此;二是以循化为中心,把循化、保安、隆务一带的羊毛集中于此。拉卜楞、循化两处收购的羊毛,全部运到河州集中,由河州转运至永靖黄河沿岸的孙家嘴,装筏水运至兰州。① 此外,临潭周边的一些皮毛也在这一地区集中。

陇东以平凉市场为中心,由于"西倚六盘,南控陇坂,北达宁夏,东通长安"的地理位置,② 加之"近泾水的发源地,当陕甘大道之卫,商务向为陇东之冠,官茶由此入口,出口以皮毛为大宗"③。各大商肆行店,萃聚于东关,而以海原之皮毛为最多,以环县之黑羊绒为最贵。④ 此外陇东地区及宁夏一些地区所产羊毛也多集中在此地,如固原、庆阳、泾川、灵台及本县所产羊毛也都是以平凉为集聚地的。⑤

青海地区的湟源为边陲之重地,正如我们前文所提到的,清代中前期该地区就已经成为蒙藏民族重要的交易市场。近代以来随着青海皮毛等畜牧业产品的大量出口,汉回蒙藏人民咸聚此地互市,洋商、皮商更携巨资设羊毛行于此,每年计出口皮张5万余张,羔羊皮3万余张。⑥ "每岁计之约出羊毛双秤至四百余万斤。价约十两上下(指每百斤)。"⑦ 故而商业日渐繁荣,"以收买羊毛,驼绒之各国洋商为大宗,其次皮商入货,以茶、布为大宗,而杂货亦与之相埒"⑧。民国九年(1920年)至民国十六年(1927年),商民发展到3000余家,资金总额白银500万两以

---

① 秦宪周:《从外国洋行在河州收购羊毛看帝国主义的经济掠夺》,载《临夏市文史》(第2辑),临夏市政协1986年编,第56页。
② 陈庚雅:《西北视察记》,甘肃人民出版社2002年版,第283—284页。
③ 张其昀:《张其昀先生文集》(第12集),台北:中国文化大学出版部1988年版,第5918页。
④ 孔祥熙:《甘青宁经济纪略》,中央银行经济研究处总务科1935年版,第57页。
⑤ 张之毅:《西北羊毛调查》,《中农月刊》1942年第3卷第9期。
⑥ 黎小苏:《青海之地理环境》,《新亚细亚》1933年第1卷第6期。
⑦ (清)康敷镕:《青海志》,台北:成文出版社1968年版,第65页。
⑧ (清)张廷武:《丹噶尔厅志》卷5《商务出产类》,甘肃官报书局宣统二年(1910年)。

上，每年集散羊毛200万公斤左右，最高达370万公斤，民族贸易昌盛，市场经济繁荣。每逢元宵，彩布篷街。灯火辉煌，爆竹通宵，盛况空前，故而有"小北京"之称。①

贵德"所出产羊毛，系由南番各番族每年春季驮运来城。由皮商收买。计每年出售十万余斤"②。从柴达木盆地向南翻过巴颜喀拉山就是玉树，旧名结古，为青藏康川之通衢，频结古水北岸，为青海南部之大市场。③ 当地雨水比柴达木盆地丰富，牧草非常茂盛，玉树是藏族25族的游牧地。④ 年产羊毛150万斤以上，毛质细软，弹性和着色力优良，是西宁毛中的代表产品。玉树25族羊毛都在此会集，进行羊毛交易。

宁夏地区的中卫，在"黄河西岸约十五里，离兰州七四〇里，离宁夏四百里"⑤。为本省"西南部重镇，依山带水，形式雄伟，（北）与阿拉善旗东南部接壤，南部与著名之羔皮产区香山山脉隔河相望，西南与甘肃最佳之农牧区靖远、景泰等县相邻，商业堪称繁盛，自宁夏羊毛外销以后，即有大批毛商长期驻扎……每当黄河结冻以后和黄河冰结以前，由黄河上游运来之羊毛堆积如山"⑥。因此，临于黄河有航运之便，商人办小轮航，利最有望。⑦ 但是到20世纪20年代，毛商、皮商及布商和杂货商四类商人依然在此地占据重要地位，又以毛商规模最大。⑧ 中卫不仅要承担甘肃、青海等地的羊毛过境，还要担负本地及其附近宁安堡、五佛寺、秀山、海城一带的羊毛的集散和转运。"每年交易额亦达万担以上，当地每年剪毛两次，在四月和九月行之。"但这里的羊毛"含沙甚多，故当地用秤虽为磅平，但收毛时须打一折扣，自九成至七·三成不等"⑨。

---

① 林生福：《湟源民族贸易概况》，载中国人民政治协商会议湟源县委员会文史资料组编《湟源文史资料》（第4辑），1997年，第37页。
② 姚钧：民国《贵德县志》（简本），青海省图书馆1930年油印本，第53页。
③ 张其昀：《青海省人文地理志》，《资源委员会季刊》1942年第2卷第1期（西北专号）。
④ 柳超：《西北畜牧业》，新知识出版社1955年版，第9页。
⑤ 王自强：《中国羊毛之探讨（续）》，《新青海》1934年第2卷第11期。
⑥ 韩在英：《宁夏羊毛产销概况》，《中农月刊》1945年第6卷第5期。
⑦ 《甘肃：英入于甘肃之调查》，《大公报—天津版》1911年10月19日第5版。
⑧ 陈博文：《甘肃省一瞥》，商务印书馆1926年版，第32页。
⑨ 《我国羊毛之交易及其集散地》，《国际贸易情报》1936年第1卷第8期。

磴口临黄河左岸，三面为沙漠，仅南面可见草地，它与石嘴子同为黄河上游的重要码头，是阿拉善蒙古的入口。① 在昔即为汉、蒙贸易之点。同治之乱，房屋焚毁净尽，乱后渐次招聚，居民约百六十家。"市街有商店二十余家，皆事蒙古贸易，内有栈房四家，专为运转东西货物者。全市贸易额约二十万，米、面、油、茶砖（每箱装三十九块，故名为"三九茶"）、酒、洋布、粗布为大宗；春冬以骆驼载货至牧地，秋令易皮毛以归，乃将皮毛转售于天津，岁以为常。"②

中宁在宁夏南部黄河南岸，西达中卫，南通甘肃，自中宁顺黄河而下，约十日可抵包头，自羊毛外销开始，境内毛商云集，形成一大规模羊毛集中市场，不仅收集同心、豫旺、金积之羊毛，也把甘肃固原、靖远之羊毛收集后，通过皮筏运往包头。③

上述甘肃、青海、宁夏三个地区的二级市场在集中皮毛后，便进一步运往一级市场。1894—1937 年的几十年时间里，甘宁青皮毛等商品输出，以及布匹等其他商品的输入基本上是沿着一条较为稳定的路线进行。④ 总体而言，甘宁青的羊毛先集中于兰州，由黄河经宁夏以达包头，再从包头运往天津。⑤ 具体来说，"甘肃之甘州、临洮各地羊毛，多先集中于兰州，由水路以运包头；宁夏则大部分集中于省会，顺黄河而达包头；青海及新疆南部羊毛多集中于湟源，经西宁运达包头"⑥。由此甘宁青的皮毛输出，就形成了兰州、西宁、宁夏府城（后被石嘴山取代）地区一级市场。在这三者中，兰州地区又是当时甘宁青地区羊毛贸易最重要的一级市场。⑦

兰州，无论是水运，还是陆运，其在西北诸省中都占据着十分重要

---

① 《〈新修支那省别全志〉宁夏史料辑译》，和龑、任德山等译，燕山出版社 1995 年版，第 231 页。
② 林竞：《蒙新甘宁考察记》，甘肃人民出版社 2003 年版，第 44—45 页。
③ 韩在英：《宁夏羊毛产销概况》，《中农月刊》1945 年第 6 卷第 5 期。
④ 这里应该说明的一点，甘宁青有些地区所产羊毛，并不是依据上述路线进行的，其全部输出数量十分有限，如甘肃庆阳集散的羊毛主要运往西安，然后是从西安运往天津口岸出口。
⑤ 王建、张折桂：《甘肃羊毛产量的估计》，《新西北》（甲刊）1942 年第 6 卷第 1、2、3 期。
⑥ 王化南：《西北毛业鸟瞰》，《新西北》（甲刊）1942 年第 6 卷第 1、2、3 期。
⑦ 为了方便起见，所有市场名称及地区，按甘宁青分省后的情况加以说明。

的枢纽地位,"水运上起西宁,下达包头,陆路东抵潼关,西通新疆,为甘宁青三省货物集散总汇之地"①。交通位置的重要,使兰州成为了甘肃皮毛贸易市场中的一级市场。此外,近代以来在兰州还有一些新旧金融机构。除钱庄这种历史比较长久的金融机构外,民国以后不仅一些近代的地方金融机构开始陆续在兰州设立,中央银行及中国农民银行两行也分别于1933年、1935年在兰州设立了分行,这些金融机关为皮毛贸易融资起到很大的作用。所以,在甘宁青的皮毛贸易网络市场中,兰州起着无可替代的中心市场功能的作用。在近代甘肃的羊毛贸易市场中,兰州不但收集附近平番(永登)、靖远、景泰等地区所产羊毛,而且"自新疆、青海及本省各地运来之毛皮,多集中于兰州,然后运销至其他市场"②。

青海地区,西宁为湟中地区皮毛交易的中心,"本省出产极多,以羊毛、皮革皆集中于西宁"③。青海地区的蒙古各旗、柴达木、沿海(青海湖)藏区、玉树二十五族所产的部分羊毛、果洛三族的部分皮毛都运抵此地。其中,来自湟源市场的羊毛最多,平均每年有2200多万斤。④这些皮毛,"藉湟水之利用牛皮筏子运载,再由新城入黄河经兰州宁夏直至包头,或自西宁等处即以骆驼运输,经平番、镇番,入阿拉善蒙旗牧地,经定远营不往磴口,即北行经乌兰察布盟境抵包头"⑤。"据各地征收局统计,青海羊毛由此(指西宁,引者注)出口者约六万八千担,实际上不止此数。"(见表3-4)⑥

---

① 张其昀:《张其昀先生文集》(第12集),台北:中国文化大学出版部1988年版,第5917页。
② 汤逸人:《西北皮毛现状及其前途》,载秦孝仪主编《革命文献》第90辑,台北:文物供应社1982年版,第364页。
③ 朱允明:《新青海之回顾与展望》,载戴季陶等编《西北》,新亚细亚学会1933年版,第135页。
④ 周振鹤:《青海》,台北:南天书局有限公司1987年影印版,第200页。
⑤ 顾谦吉:《西北羊毛业调查报告》,《资源委员会季刊》(西北专号)1942年第2卷第1期。
⑥ 吴雄飞:《中国羊毛业》,《工商半月刊》1935年第7卷第3期。

表 3-4　　青海羊毛主要集散地及输出数量①　　　　单位：斤

集散地	每年输出额
湟源县	2200000
大通县　亹源县（俄博、永安）	1000000
玉树县	1500000
西宁县（鲁沙尔、上五庄）	1500000
贵德县	1000000
循化县	1500000
其他各处	10000000
总　计	18700000

宁夏地区的羊毛市场，其最初的羊毛一级市场为宁夏府城（今银川），宁夏府城位于黄河与贺兰山之间，"乃为宁夏与西北、华北的通商贸易中心"，其地"东来者，以洋货为大宗，西来者，以皮毛为大宗"②。宁夏的羊毛来源"为阿拉善、额鲁特旗、鄂尔多斯部（属绥远）、陕西定边，及华马池、金积（堡）、惠安堡、灵武等附近。每年交易额约二万一千余担"③。所以在一段时间里，提起甘、宁羊毛大市场，人们只知有宁夏、不知有石嘴子。但因为羊毛、羊皮等数量众多，运输困难，"故其集中地往往随运输线路而转移"④。而宁夏府城距黄河 30 里，沿黄河向包头运羊毛利用其为码头颇多不便，按市场就近原则，宁夏府城的羊毛交易的优势地位逐渐被石嘴子所取代。⑤

石嘴山处于蒙汉交界，清代前中期与蒙古族已经形成了良好的商业往来，宁夏建制后，成为了"宁夏北部门户，南距宁夏约三百里，北通

---

①　周振鹤：《青海》，台北：南天书局有限公司 1987 年影印版，第 200 页。
②　林竞：《西北丛编》，神州国光社 1931 年版，第 85—86 页。
③　《我国羊毛之交易及其集散地》，《国际贸易情报》1936 年第 1 卷第 8 期。
④　顾少白：《甘肃陇东羊毛皮货初步调查》，《西北经济通讯》1941 年第 1 卷第 4、5、6 期合刊。
⑤　《〈新修支那省别全志〉宁夏史料辑译》，和龑、任德山等译，燕山出版社 1995 年版，第 193 页。

包绥，西达定远营，为省际贸易之通道"①。是故，"晚清光绪年间，外资入侵，设立洋行，遍收陕、甘、宁、青、蒙牧区皮毛，一时商贾辐辏，贸易繁盛，行商络绎，船驼麇集"②。宁夏地区，在石嘴山成为这一地区的中心市场后，除周边的平罗、惠农、宁夏、贺兰等地的羊毛在此集散外，围绕着这一地区一级市场，诸如吴忠、中卫、磴口这些地方二级市场的羊毛也在此集散。

这里还应该说明的一个问题是，由于甘宁青地区处于农牧业结合地带，农业区和游牧区人们所处的自然条件和生产、生活条件多有不同，与此相适应，各地区域市场的商品流通状况和特点也各有千秋，具体而言，由可分三种类型，即游牧区、农业区和农牧结合区。

游牧区市场商品流通的特点：一是市场之间距离较远；二是流动性比较强；三是更多的实行直接的物物交换。牧区货币缺乏，在青海牧区初级市场的商品交换中，由小贩们把货物贩运到藏族群众的居住地区后，双方交易不以货币为媒介，而是采取以物易物的交换方式。当然，这种交易需要双方的信用作为担保，互相信任是交易实现的前提。在甘宁青的皮毛贸易市场层级中，游牧区的市场基本是地区初级市场。比如临潭旧城附近，从生产者手中以迄牧地初级市场，只有两种小贩，这两种小贩，概可称之谓贩运商，一般而言，他们携带"铜器、布匹，铁器、火柴等一切藏民所需的日用品，他们带着帐房、牛、马、锅子等，到草地去履行物物交换，他们到草原去一次，至少也要四五个月，甚至有一年多的"③。

农业区皮毛初级市场较少，并且在近代甘宁青皮毛贸易中，这种市场所交换的皮毛数量也少，但是它还是存在的。由于皮毛收获的季节性很强，所以在农业区的皮毛交易时间有很强的固定性。比如甘肃靖远，并无固定之市场，来靖远收购皮毛的客商，"每年六七月间来靖远，在靖远部设庄，委托本地小贩，至乡村收购皮毛，或由小贩会同客商之乡村

---

① 韩在英：《宁夏羊毛产销概况》，《中农月刊》1945年第6卷第5期。
② 刘廷栋：《掠夺西北皮毛的天罗地网——记宁夏石嘴山帝国主义洋行》，载《文史集萃》第2辑，文史资料出版社1983年版，第161页。
③ 顾少白：《甘肃西南边区之畜牧》，《西北经济通讯》1942年第1卷第7—8期。

购买。本地小贩，或取百分之二佣金，或自行购买后转售客商，故有时为掮客性质，有时则系小贩性质"①。

农牧交错区市场的商品流通兼有游牧区和农业区的特色。据民国时期的文献记载，在青海高原的农牧交错区，除了当地的小贩子"负贩至各村落"进行皮毛等物品的采买外，② 其余大多数物品的交易则是通过与蒙藏民族定期的集市交易来完成。在拉卜楞牧区交易市场，每年都有一定时期举行的集市和庙会，如九月（均以农历为准）拉卜楞寺供谦期的会，称为"九月会"。十月份的期会称"十月会"，全年的会期共有6个：正月初一至十五；二月初三至初八；七月初一至十五；九月二十至二十九；十月二十三；十月二十五到二十七。在会期的时候，周边藏民皆来交易。其皮毛来源主要为西南各部落，如三果乎、阿米去乎、甘家、日恩、铁五、杂由、波拉、科泽、达村、苏乎、土尔胡、卓个尼马、欧拉等族，但因拉卜楞寺威望极大，每逢该寺定期的大会时，则青、川、康诸省边境的藏民，来寺院敬活佛，转"古拉"时，携带牲畜等，来此交易。③

在青海"以岁言，北部蒙人，每年秋冬二季，定期至湟源亹源大通一带集市，春夏二季，则定期在本境内集市，数百里间，皆来赶集。……每次凡二十余日乃散"④。南部藏族地区集市，"多在寺院，有定期，凡会期将届，商贩不远千里而来。平时则多聚集于结古等处……以月言，每月某日到某日，在某地集市。俱有一定。各市镇之中，每有三日为集市之期，如三六九或二五八或一四七等日，每三日为一场"⑤。这种集市的地点多选在交通便利的空旷之地。开市期间，方圆数百里的牧民都来赶集，顺便探亲访友，用自家所产的皮毛等物向外来客商群体交换各种必需的生活用品（见表3-5）。

---

① 顾少白：《甘肃靖远之羊毛与皮货》，《西北经济通讯》1941年第1卷第1期。
② 许公武：《青海志略》，商务印书馆1945年版，第80页。
③ 顾少白：《甘肃西南边区之畜牧》，《西北经济通讯》1942年第1卷第7—8期。
④ 张其昀：《青海省人文地理志》，《资源委员会季刊》（西北专号）1942年第2卷第1期。
⑤ 许公武：《青海志略》，商务印书馆1945年版，第80页。

表 3-5　　　　　　　　玉树藏族之集会日期及地点①

日期（农历）	地点
正月十二日至十五日	扎武新寨、迭达庄、竹节客耐寺、觉拉寺
二月十二日至十五日	拉布寺、惹尼牙寺
三月二十七日至二十九日	结古寺、歇武寺、朵藏寺
四月初七至初十	称多东周寺
四月十八至十九日	竹节青错寺
四月二十八至二十九日	竹节寺
五月初七至初八	拉布寺
五月十四至十五日	禅姑寺
七月二十七至二十八日	陇喜寺
八月九日	结古大寺
十月初七至初十	班庆寺
十一月十五日	朵藏寺
十二月十三至十五日	新寨

在近代皮毛等不断出口的大背景下，蒙藏民族定期的集市贸易也成为构建甘宁青皮毛市场层级体系中极为重要的一环。实际上，在甘宁青地区市场中，定期贸易是广泛存在的，因为即便是甘宁青皮毛一级市场的兰州，也没有完全从传统的农村社会脱离出来，他们依然与广大的农业社会保持着千丝万缕的联系。到1910年的时候，城镇中的居民还与乡土社会保持着密切的联系，"农忙季节，许多居民帮忙收割麦子，兰州的贸易就被迫停止三天"②。这也诚如施坚雅所言："在一个区域贸易体系中，许多流动性和定期性的经济行为会将村庄、市镇及大中型城市等各级地点真正联结起来。"③ 可以说，甘宁青广大的基层市场更是与农业社会联系紧密，所以表现出的传统社会中流动性、定期性等交易市场的特征就更加明显，也更加突出。

---

① 周希武:《玉树县志稿》，成文出版社1968年影印版，第152—153页。
② 戴鞍钢:《晚清至民国西部工商业和城市困顿探析》，《中国延安干部学院学报》2008年第6期。[美] E.A. 罗斯:《E.A. 罗斯眼中的中国》，晓凯译，重庆出版社2004年版，第193页。
③ 施林:《经济人类学》，中央民族大学出版社2002年版，第265页。

在甘宁青皮毛市场中，1920年以前，一级市场和二级市场均有天津洋行所雇佣之买办设立的内地洋行。羊毛在这些地区集中后，为了运输的方便，会先在这些地区打包，打包的方式分成两种，即陆运打包法和水运打包法。以石嘴山为例，就有由生产地到石嘴山的陆运打包法和由石嘴子走水路的船运打包法。前者是将剪后未做处理其中尚含有土砂的羊毛用手挤压成块，再用粗麻绳捆紧，外部也不用什么遮盖，任风吹日晒。不过也有例外，如宁夏等地的羊毛则要用麻袋遮盖，一般每包为40斤。后者即由石嘴子经水路运至包头的打包法，这种水运打包法远比陆运打包法先进，当各地羊毛运抵石嘴子时，要重新打包，先过秤，140斤一包，再由挤压机挤压后用绳子捆好，放入麻袋中，而且所用麻袋多是由天津专门运来，或是西宁、兰州运来的土布袋子。甘宁青其他各地的羊毛打包方法与上述方法大同小异。① 羊毛在上述地区打包后，再通过黄河水运或陆上的驼运，运抵包头，最后到达天津——甘宁青羊毛贸易的出口市场。

应该说，在近代以前，甘宁青社会的整体上生产和经营活动仍处于自然经济的状态之中。尽管畜牧业生产富足，出产大量的皮毛产品，但是这些资源对他们来说并没有太多有效的利用，如羊毛这种现代工业国家需要的毛纺织原料，在1894年皮毛大量出口以前，人们只是用来纺织一些氆氇②、毛袋、毡袄等，并且用量很小，余下的部分则弃置荒野。1840年，中国社会从传统走向了近代，在西方资本主义国家的不断入侵下，在他们对原材料不断掠夺下，地处中国内陆的甘宁青地区也成为了西方资本主义国家掠夺原材料的基地，皮毛等畜牧业产品开始大量出口。甘宁青地区以皮毛为主体的畜牧业产出被迫纳入资本主义经济循环体系之中，在旧有的经济结构不断解体下，新经济因素也不断地产生和发展，传统、封闭的市场结构逐渐被现代、开放的市场结构所取代。在畜牧业生产不断商品化的拉动下，甘宁青皮毛市场体系结构也不断地进行着分

---

① 《〈新修支那省别全志〉宁夏史料辑译》，和襲、任德山等译，燕山出版社1995年版，第194页。

② 氆氇，藏族人民手工生产的一种毛织品，可以做衣服、床毯等，举行仪式时也作为礼物赠送于人。

工和整合。各市场之间为了更好地往来和呼应,换言之,伴随着他们的密切联系,甘宁青市场层级体系也发展到了一个较完善的程度。当然,毋庸置疑的是甘宁青皮毛市场近代以来的发展,显然不能与同时期东部沿海及长江中下游一带的市场发展水平相提并论,特别是这一市场体系在很大程度上是受制于欧美西方资本主义国家原材料的需求,甘宁青皮毛产业也多次出现了跌宕起伏的状态。

要之,近代甘宁青皮毛市场的形成和发展,是在甘宁青独特资源和国际市场供需所致下的产物。其中,国际市场的需求是构建这一市场网络的核心动力,因此甘宁青的皮毛市场网是以外向型经济为特征的市场网络体系。在甘宁青地区的皮毛市场体系中,既有其完整性和统一性,亦有其明显的层次性。天津终点市场和包头转运市场,便是在皮毛市场中起着诸如信息传递、价格变动、金融调剂等重要或关键性作用的大型一级市场,如兰州、西宁、石嘴山等,它们或在本省或在几省中的进出口贸易中,起着无可替代的枢纽性作用。各市场中甘宁青商贸往来之主体,即不同的商人组织,是拉动皮毛贸易往来的直接动力源,它们不仅承担着把甘宁青地区所产的皮毛、水烟等农畜产品集散和向外输出的任务,而且也在布匹、茶叶、粮食等物品的资源配置中,不断满足着甘宁青广大民众的日常生活所需。

三 天津—内地之间的商人组织

甘宁青地区虽然出产着大量的皮毛,但是在近代皮毛出口以前,仅作为蒙藏人民日常生活用品而存在,养羊也大多是为了自己食用。有学者曾把青海羊毛事业分成了三个时期:"(一)启蒙时期。开拓青海羊毛之最盛时期,当推清康熙时,以迄嘉庆道光间,蒙藏两族已与内地之交通渐开,时来东部汉回民族聚处之城市,挟其特有之羊毛等土产,交换茶粮布匹之类,以供消费,唯此时尚无大规模之交易,汉回人民之收购羊毛,亦仅限于制造毡毯,及一部衣着之用,蒙藏两族之出售羊毛,亦仅在求得其生活之必需品而已。故此际称之曰启蒙时代。(二)洋商购运时代。自清中叶与外人通商以后,俄英美诸国商人,藉条约之权利前赴青海各羊毛集散地,与当地羊毛收集之牙行,番名曰'歇家'者接洽,而收买之,再转运天津,出口数量极大,故此时亦可为青海羊毛业繁兴时期。(三)歇家自运时代。湟源贵德大通等处之歇家,因与洋商代办羊毛,获利甚丰,乃集资采购,自运至天津等处,出售于洋商,再行出口,而以其所获,复购运大批茶砖布匹瓷器等归而出售,如此往返贸易,多获巨利,故此时亦可称为青海羊毛全盛时期。"① 对甘宁青来说,其皮毛商的交易过程也大抵如此(1929年前甘宁青本为一省),所不同的只是与洋行进行贸易往来的商业中介组织名称在各地不同而已。

事实上,"启蒙时期"早在明代就已经出现,蒙藏游牧民族用所产之皮毛交换茶叶、布匹等日常生活用品。洋商购运时代始于光绪末年,洋行在宁夏设庄后,即分赴靖远、海原、固原、会宁等地收购羊毛,② 在宁夏设庄同时,天津新泰兴等亦来河西、西宁等地设庄收购羊毛畜牧业产品。换言之,随着洋商等新式商人组织的出现,甘宁青畜牧产业开始与国际市场的需求产生了关联。当时天津经营羊毛出口之洋行有40多家。民国十一年(1922年),各洋行相继撤回。③ 因此,歇家自运时代应该始于20世纪20年代初期。在"启蒙时期",即皮毛没有出口之前,蒙藏人民用来交换的皮毛数量很少,用途极其有限,仅供本地加工自用,而且大多数仅是在原始状态下使用,换言之,皮毛出产基本上是作为一种自然经济下的物产而存在。甘宁青民众把皮毛作为一种重要商品输入国际市场,主要是在后面两个时期。

从19世纪末到20世纪20年代初期的一段时期里,甘肃全省、青海、宁夏的阿拉善等地所产的羊毛几乎全被外国洋行收买,其中一部分洋行在石嘴子、宁夏、西宁、兰州、花马池等地全年开设分店,以安排下年度的羊毛买卖。此外,也有一些洋行会在羊毛生产旺季的八九月份,到产地从事羊毛买卖,并预约收购下年度的羊毛。1894年以前,"当地畜羊的目的是食用。羊皮被利用来做冬天的寒衣,自从洋行开始进出这一带后,羊毛的需求量猛增,羊的经营完全改变成以羊毛为目的的饲养"④。

---

① 周振鹤:《青海》,台北:南天书局有限公司1987年影印版,第204页。
② 贸易委员会西北办事处调查课:《甘肃羊毛调查报告》,贸易委员会西北办事处调查课1943年版,第131页。
③ 张之毅:《西北羊毛业调查》,《中农月刊》1942年第3卷第9期。
④ [日]东亚同文馆:《中国省别全志》(第6册,甘肃省附新疆省),台北:南天书局1988年影印版,第567—568页。

市场的需求甚至改变了人们养羊的目的,从肉食和取皮为目的变成了取毛为主要目的。换言之,包括甘宁青在内的西北皮毛出口始于外人,以后皮毛出口贸易,亦"完全操纵在外人手中"①。

近代以来从事甘宁青皮毛出口业务的主要是天津洋行的外庄,他们用低价从中国内地购买农畜产品,然后高价卖到国外,很快获得了巨额利润。"除了凭借其在不平等条约中所攫取的种种特权以及采用投机性的非法手段以外,也离不开以商务代理人身份出现的买办的帮助。"② 就洋行来说,他们是外来者,在与中国商人打交道过程中总是"不可避免地要发生货物买办、银钱收付、陆地居住、生活供应等问题,因而也就不可避免地要遇到语言隔阂、制度两歧、商情互异、货币不同的困难"③。况且"了解中国多得异乎寻常的商业惯例和社会习俗似乎也是不可能的"。于是,洋行中就出现了贸易过程中不可缺少的助手——买办,因为没有这些中国助手洋行是"永远做不成生意的"④。

事实上,"深入内地刺探商情、倾销洋货、搜刮土产,是洋行靠买办而达成的基本业务"⑤。近代以来,天津洋行的外商为了更好地利用他们的商务代理——买办进行畜牧业等商品的购销——为充分调动买办的积极性,以便得到更大的经济利益,洋行都会给买办投资一定数额的资金,并允许他们持所属洋行三联单(子口税单),在内地独立进行农畜产品的收购。⑥ 当然,有些时候买办也会自己投资,但都袭用总店(天津洋行)字号的许可,在西北地区的集散皮毛市场或生产地市场开设和总店同一字号的洋行,这些洋行就是买办利用所属洋行之名在甘宁青所设之洋行,

---

① 尚际运:《西北羊毛与出口贸易》,《西北资源》1941年第1卷第5期。
② 庞玉洁:《天津开埠初期的洋行与买办》,《天津师大学报》(社会科学版) 1998年第2期。后载刘志强、张利民《天津史研究论文选辑(下)》,天津古籍出版社2009年版,第1192页。
③ 汪熙:《求索集(修订版)》,上海人民出版社2017年版,第144页。
④ [美]郝延平:《十九世纪的中国买办——东西间桥梁》,李荣昌等译,上海社会科学院出版社1989年版,第27、136页。
⑤ 毕鸣岐:《天津的洋行与买办》,载天津市政协文史资料研究委员会编《天津洋行与买办》,天津人民出版社1986年版,第1页。
⑥ [日]田中时雄:《支那羊毛》(日文),南满铁路株式会社昭和5年(1930年)6月发行,第129页。

一般称他们为"内地洋行",亦称"外庄"。① 换言之,外庄,大多由外商洋行买办有相当之关联,或一部分资金为买办所属洋行所投注,或于成立交易后,另由天津洋行付与各买办以额外酬金,故每一内地洋行,其皮毛总销于固定之天津洋商。②

内地洋行,也就是外庄。他们是甘宁青皮毛市场上最重要之商业组织,他们"揖洋招牌,持海关三联单,名义上是洋行,其实是代理洋行收货而已"③。正如我们前文所阐述的,甘宁青地区的内地洋行与天津洋行之间并不存在直接的关系,只不过开设的买办由天津洋行所雇佣,天津洋行给予部分投资或酬金而已。换言之,天津洋行是通过买办来与内地洋行之间产生联系的。因此,在近代甘宁青皮毛出口业务中,"总店不能向内地的洋行直接订货,他们必须经过买办之手,即天津洋行以指定的价格委托买办购入羊毛时,买办再转而令自己经营的内地洋行收购货物。俟货物到达时,买办再卖给总店,除获取2%的佣金外,在内地洋行买入羊毛时,还可获得总店指定价格和收购价格的差额之利"④。

应该说,买办通过自己设立的内地洋行购入货物要卖给天津总店,但是有时候,"如果买办与总店间的买卖价格差异很大,不能成交时,买办可经总店的允许后卖给他人"⑤。由于买办和洋行相互依附,相互利用,在不妨害洋行利益的前提下,洋行并不反对买办扩大他们的营业范围,因为从实质上说,买办归根结底是为洋行服务的,因此洋行也是乐于让买办壮大起来,好彼此利用,以便双方都能获取更多的经济利益。尽管天津洋行与内地洋行之间虽无直接联系,但是内地洋行在进行羊毛(或山羊板皮或山羊滑皮等)收购时,要通过买办"先向天津洋行接洽,订

---

① 《〈新修支那省别全志〉宁夏史料辑译》,和龑、任德山等译,燕山出版社1995年版,第192页。
② 全国经济委员会:《毛织工业报告书》,太平洋印刷公司1935年,第58页。
③ 顾少白:《甘肃陇东羊毛皮货初步调查》,《西北经济通讯》1941年第1卷第4、5、6期合刊。
④ 《〈新修支那省别全志〉宁夏史料辑译》,和龑、任德山等译,燕山出版社1995年版,第192页。
⑤ 《〈新修支那省别全志〉宁夏史料辑译》,和龑、任德山等译,燕山出版社1995年版,第192页。

定羊毛价格、数量、交货地点、交货时间等，洋行即将全部或大部款项"，交付给买办。① 因此，甘宁青的内地洋行，也就是外庄，其职能实际是为天津洋行到皮毛产地集货，最后的主顾也是天津洋行。

事实上，在甘宁青皮毛等畜牧业产品的交易或收购过程中，买办获得的利润是极大的。一方面，由于买办对国内外市场行情比较了解，所以他们所经营的商业活动一般不会亏损，反而可以为他们积累大量的财富。但有时也会在过分贪婪的情况下，生出诸多风险，如平和洋行买办杜克臣囤积的羊毛达到左右市场的地步，他盖了很大的楼房，被称为"羊毛大王"。"不料到1931年（应该是1932年——引者注）国际羊毛市价突变，杜所囤积的羊毛按市价算，要赔损五百余万元，他无法周转，杜服毒自杀。"② 另一方面，买办们"不仅是洋行的雇佣者，同时又是有自营生意的商人；不仅是货物的经纪人，同时又是货主；不仅赚取佣金，同时又赚取远远超过工资和佣金的商业利润"③。

尽管作为中间商人的买办获利极大，但是在皮毛收购业务中，买办及其所属的内地洋行，依然得依赖天津洋行而存在。因为，近世以来，天津洋行"因由特殊地位及雄厚资本，可以利用，更加上不平等条约之保护，在出口贸易上任意操纵"，买办及内地洋行"不能不唯命是从，否则货物一经排挤，则有不能出洋的危险"④。可见，内地洋行的商业经营活动是直接受制于天津洋行的，并且有时也会受到天津洋行的压迫。可以说，天津洋行及其买办通过密布的收购网络扩大毛皮的收购范围和规模，事实上垄断着甘宁青的皮毛出口。换言之，天津洋行左右着内地洋行收购皮毛等农畜的数量、价格等，内地洋行从各地收买皮毛后，"贩卖于洋行，只需货价到手，即已满意，出口与否不再过问，任洋行办理"⑤。由于内地洋行在羊毛、皮货等畜产品运往天津途中，要经过许多关卡和

---

① 顾少白：《甘肃陇东羊毛皮货初步调查》，《西北经济通讯》1941年第1卷第4、5、6期合刊。

② 毕鸣岐：《天津的洋行与买办》，载天津市政协文史资料研究委员会编《天津洋行与买办》，天津人民出版社1986年版，第17页。

③ 汪敬虞：《唐廷枢研究》，中国社会科学出版社1983年版，第116页。

④ 尚际运：《西北羊毛与出口贸易》，《西北资源》1941年第1卷第5期。

⑤ 尚际运：《西北羊毛与出口贸易》，《西北资源》1941年第1卷第5期。

厘金局，为了避免厘金税和众多关卡的检查，这些内地洋行就会持总店名义开出三联单避免以上麻烦。当然，在这同时，外客和买办在为天津洋行收买皮毛等农畜产品时，为了逃税，他们也常常会把自己所收取的货物列入三联单中，利用三联单只交子口半税（2.5%）的特权给自己做生意，而且"这在天津洋行中是比较普遍的"①。

早在1860年中英《天津条约》签订时，第28款就有明确的规定："英商已在内地买货，欲运赴口下载……在路上首经之子口输交……给票为他子口毫不另征之据。……每百两征银二两五钱。"② 也就是说，洋行从内地购得大宗农畜产品，仅在首经之子口交纳2.5%的税银便可运抵口岸出口。同治九年（1870年），海关又开始推行内地子口税三联单制度，即出口货在运经该口岸之前，可先向海关领取三联单，持单赴内地运货免税通行。天津的洋行正是凭借这些特权获得了巨额的利润，因之，他们把出口农畜牧业贸易牢牢控制在了自己手中。③

天津洋行所设立的内地洋行，为了垄断市场，常常在皮毛等农畜产品收购初期，"先出高价，使同行虑及成本无法收购，待其他收货人纷纷离去之后，再将货价压低，大量购进，然后实行标期付款，一般是买货四个月后再付钱。以外庄为核心的特殊收购网络，垄断了以天津为港口的广大地域的农畜产品市场"④。因此，在内地洋行没有撤出甘宁青地区以前，当地的皮毛产地和各级皮毛市场基本上都处在他们的控制之下。

除通过买办所设的内地洋行收购甘宁青的皮毛等畜牧业产品外，天津洋行有时也会通过在天津市场上从事农畜产品业务的富商进行皮毛收购。彼时，有许多内地皮毛商之代理人，在近代甘宁青皮毛输出业务中，也起着重要作用，"他们大多寄居于天津客栈或货栈内，其任务在平时则调查市场行情、商业状况，报告于内地本店，以定营业方针，交易羊毛

---

① 罗澍伟：《近代天津城市史》，中国社会科学出版社1993年版，第204页。
② 王铁崖：《中外旧约章汇编》（第1册），生活·读书·新知三联书店1957年版，第100页。另见李晓英《货栈助推近代西北皮毛贸易》，《中国社会科学报》2012年4月11日。
③ 曲金良：《中国海洋文化史长编·典藏版》（上、中、下），中国海洋大学出版社2017年版，第1996页。
④ 罗澍伟：《近代天津城市史》，中国社会科学出版社1993年版，第203—204页。

时，彼辈亦可代表本店开发汇票，接受货色，以及商量货价格等"①。这些代理皮毛业商人，也会雇用一些商人，在甘宁青皮毛市场上，从事皮毛收购业务，这些人在甘宁青市场上被称之为"外客"。

相比于甘宁青的外庄而言，外客收购的皮毛数量比较少。由于资金有限，他们在甘宁青地区收购皮毛，一般并不另设店铺，而是居住在当地的歇家或毛栈里。这样"一方可省经费，一方易于探询行情，便于交易，购买货物时，不必亲往各地，行栈即可代为接洽，自身仅注意于货价，价省，包装，发货，金融之周转，等项事务。若庄客与产品卖主系多年主顾，信用素笃，购买货物时，虽仅付货价若干。售货者当可照数发货，余款稍缓"②。由于皮毛裁剪有很强的季节性，因而他们来甘宁青收购皮毛的时间也有鲜明的季节性，一般是每年9月间挟带款货而来，翌年4月间运，载皮毛货物而返，"恰如候鸟，故称候商，亦曰行商"③。这些商人"春则买皮，秋则买毛"，季节一过，趋于冷落。④ 外客的流动性质，使他们在甘宁青皮毛市场上，亦可看作行商，他们多"夏来春返，来时携带大批货物，赴集中市场或产地市场出售，同时收购羊毛而返回"⑤。

无论是内地洋行还是外客，他们在西北内陆产区买货，一般"均须有雄厚之资本，熟习产区之商业情形，产区与天津度量衡及货币之差率及其核算方法，沿途交通状况，均须一一明了，方能措置裕如"。1932年3月27日天津的《益世报》登载《收买各地土产办法》不仅做出上述评述，认为在内地收买货物时，他们也常常要具备丰富的经验与随机应变的能力。

> 度量衡之差率，亦须明了，中国度量衡不惟各地相异，虽一地亦常不同……在内地收买货物，其斤量银两之标准，与津市磅秤行平孰大，孰小，沿途伤耗，所费用度，俱应完全核算，而津市时价若何，亦须留意及之，方不致徒劳无益有所亏折，因此津市商号或

---

① 全国经济委员会：《毛织工业报告书》，太平洋印刷公司1935年版，第58页。
② 天津市地方志编修委员会办公室、天津图书馆编：《〈益世报〉天津资料点校汇编》（二），天津社会科学院出版社1999年版，第704页。
③ 张其昀：《夏河县志稿》，台北：成文出版社1970年版，第65页。
④ 翟天松：《青海经济史（近代卷）》，青海人民出版社1998年版，第246页。
⑤ 李之干：《畜产品》，商务印书馆1948年版，第88页。

洋商派员在内地收集货物,日有信件往还,报告双方行情,倘价格涨落过巨,则用电话或电报报告,再定交易,有时津市价格激涨,产区仍在平稳时期,尽量吸收运津,原有厚利可图,但路途遥远,交通不便。虽有机会亦有鞭长莫及之叹,此则全视买货人之经验与手腕如何耳,内地买货员之一职,关系于全商店之命脉,商号或洋商派出收集货物,极为谨慎,而买货员自身尤应时刻研讨交易方法,斯项职务,诚不易为也。①

内地洋行甘宁青地区收买羊毛时,主要同各地的毛栈、歇家建立联系,收购皮毛等农畜产品。外客则是在皮毛收获期间,直接派人进入皮毛产地向生产者购买,或通过羊毛中间商(毛栈、歇家)进行收购。前者先由洋行在各地预测第二年的羊毛产量,签订合同,并预付20%—60%的定金,以防转卖他人。② 待到第二年,即按合同到产地直接收购羊毛。与前者相比,外客派出人员去产地直接从生产者手中购买羊毛的数量一般很少,与前者相比,成交额也很少。但是,在有些时候,特别是当"他们收的货多,做得面大",也常常会被买办收成外庄。③

我们在前文中也已提及,在皮毛等农畜产品外运中,天津洋行总店直接从天津海关要来三联单,然后发给甘宁青各地分行,分行再发给"支店",层层下发以供皮毛运输遇各关卡查验时使用。单上印有各种皮毛的名称,如老羊皮、山羊板皮、羊绒、驼毛等。使用时,洋行将所要起运的皮毛等商品开列清单,派学徒持制钱五百文送至关卡,有关卡文书照清单数字一一填入三联单上,加盖"验讫"公章,一联存当地主管税卡,一联报省,一联由洋行随货持送海关。有了三联单,货物即可通行无阻,直运天津,各地税务人员不敢留难。如果货物出口再按章

---

① 天津市地方志编修委员会办公室、天津图书馆编:《〈益世报〉天津资料点校汇编》(二),天津社会科学出版社1999年版,第703—704页。
② 顾少白:《甘肃陇东羊毛皮货初步调查》,《西北经济通讯》1941年第1卷第4、5、6期合刊。
③ 毕鸣岐:《天津的洋行与买办》,载天津市政协文史资料研究委员会编《天津洋行与买办》,天津人民出版社1986年版,第16页。

纳税，不出口则不纳税。五百文制钱（铜钱）算是洋行赏给文书的"润笔费"①。

据1905年10月的《甘肃官报》较为详细地记录了天津平和、仁记等洋行赴甘宁青地区持三联单采买农畜产品的情况："英商平和洋行赴甘肃宁夏府买羊毛、驼毛、羔皮、狐皮、生山羊皮、熟山羊皮张，请自八千三百六十五号至七十号三联单五张。英商仁记洋行赴甘肃海城买驼绒、羊绒、牦牛皮、羊皮褥、生羊皮、马尾鬃、生熟皮张，请自八千三百四十一号至四十五号三联单五张。英商仁记洋行赴甘肃平远县买驼绒、羊绒、牦牛皮、生羊皮、马尾鬃、羊皮褥、生熟皮张，请自八千三百四十六号至五十号三联单五张。德商瑞记洋行赴甘肃巩昌府买羊绒毛、驼绒毛、生熟皮张、马尾鬃、犀牛尾、生山羊皮、生绵羊皮，请自八千二百九十六号至八千三百号三联单五张。德商瑞记洋行赴河州买羊毛、驼毛、生熟皮张、马尾、犀牛尾，请自八千二百八十一号至八十五号三联单五张。"②从三联单中所涉及的畜牧业产品中，我们可以看出，洋行所经营商品种类非常繁多，其中最重要的无疑是皮毛。

由于甘宁青地区，在近代以来的很长一段时期，"中国之钞券，各地往往不能行使，内地之交易，非有充裕之现金不为功"。币值混乱，必须以现银交易，然而，近代以来，甘宁青地区地方不宁，"十数年来，各地土匪遍野，交通复不敏捷，运输现银，沿途堪虞，在不得已时，无现金则不能交易，虽交通不便，沿途危险，仍需设法运送现金。使交易圆满完成"③。如何运送现银，显然也是值得我们关注的重要问题。随着皮毛的输出，天津总行或买办就要向甘宁青等内地洋行的资金调拨，称为"发标"，甘宁青内地各行之间互相调拨资金，则称为"调标"。交通不便，地方不靖，押送几千几万两银子到甘宁青地区是要承担相当风险的，因此，为求沿途安全，天津洋行、买办等通常都要雇佣镖局来完成现银的运送任务。一般而言，在"起标"之初，天津洋行都要和可靠的镖局

---

① 刘廷栋：《掠夺西北皮毛的天罗地网——记宁夏石嘴山帝国主义洋行》，载《文史集萃》第2辑，文史资料出版社1983年版，第168页。

② 《甘肃官报》1905年第50册，第5—6页。

③ 天津市地方志编修委员会办公室、天津图书馆编：《〈益世报〉天津资料点校汇编》（二），天津社会科学院出版社1999年版，第703页。

订立合同，由镖局选择可靠的镖客护送。后来随着洋行资金的扩大，他们开始自己组织武装力量，押送标银。到 1914 年左右，因为甘宁青地区邮电事业的发展，洋行此时也与地方官府及各地的公私商号建立了密切的商业关系，遂改"发标"为"调标"。改为调标后，洋行不但省去了过去"保镖"或"送标"的开支与麻烦，不必费力而冒险，而且通过"调标"代办公、私兑款，获得了不少信用贴水。①

表3-6　　　　　甘宁青地区羊毛主要集散地洋行情况②

石嘴子	新泰兴洋行（英商） 天长仁洋行（英商） 隆茂洋行　（英商） 瑞吉洋行　（德商，一战后英商接收）	仁记洋行（英商） 平和洋行（英商） 明义洋行（英商）	高林洋行（英商） 聚立洋行（新泰兴分出） 兴隆洋行（德商）
包头	新泰兴洋行（英商） 隆昌洋行　（俄商）	仁记洋行（英商） 德记洋行（英商）	平和洋行（英商） 瑞记洋行（德商）
兰州	新泰兴洋行（英商） 高林洋行　（英商）	聚立洋行（英商） 兴隆洋行（德商）	瑞记洋行（德商）
河州	新泰兴洋行（英商） 高林洋行　（英商） 兴隆洋行　（德商）	聚立洋行（英商） 瑞记洋行（德商） 天长仁洋行（英商）	仁记洋行（英商） 世昌洋行（德商） 平和洋行（英商）
西宁	新泰兴洋行（英商） 聚立洋行　（英商）	仁记洋行（英商） 平和洋行（英商）	瑞记洋行（英商） 礼和洋行（英商）

表3-6是近代天津洋行在甘宁青等地开设的一些主要内地洋行，在内地洋行中，"兰州庄是洋行作调款、汇总、放贷的财政和金融机构，不搞收购羊毛业务。其他各地洋行设的庄点，以收购羊毛为主，皮张、肠

---

① 刘廷栋：《掠夺西北皮毛的天罗地网——记宁夏石嘴山帝国主义洋行》，载《文史集萃》第2辑，文史资料出版社1983年版，第165页。

② 刘廷栋《掠夺西北皮毛的天罗地网——记宁夏石嘴山帝国主义洋行》，载《文史集萃》第2辑，文史资料出版社1983年版，第165页；东亚同文馆：《中国省别全志》（第6册，甘肃省附新疆省），台北：南天书局1988年版，第801、726页；秦宪周：《从外国洋行在河州收购羊毛看帝国主义的经济掠夺》，载《临夏市文史》（第2辑），临夏市政协1986年编，第54页。

衣、药材、猪鬃为副"①。在西北甘宁青地区从事羊毛等畜牧业产品收购的代理行主要是英商洋行，其次是德商、俄商洋行。这些内地洋行之间并没有特别的契约，但各洋行一般会有意购买不同产地的羊毛。跟他们交易的中间商，也都专属于一个洋行，所以各个洋行之间并不存在相互竞争、倾轧的现象。有时当皮毛价格上涨时，各洋行间更是努力避免竞争，一直协同防止价格上涨。由于各洋行间沆瀣一气，"收购价格决无抬价的可能"②。

在近代甘宁青内地洋行中，规模最大的洋行是英国的新泰兴洋行。据相关资料统计，新泰兴洋行在甘宁青地区收购皮毛的数量，大概要占到所有洋行收购数额的一半以上，③ 而当时在皮毛外运中，利润非常大。从1917年至1919年，新泰兴利用了两年多的时间，在收购甘肃皮毛业务经营中获得了上万两白银的周转资金，并在不断向宁夏，青海的西宁、大通、湟源等地扩展，以开拓自己的皮毛收购地区，并把品质好的货源据为己有，如为了垄断宁夏平罗的滩羊皮，他们专门设立了一套机构，低价购进，高价输出。新泰兴的西北财源继续滚滚而来，随着新泰兴所属的内地洋行资金的不断积累和扩大，天津总行的经济实力也日趋雄厚。"它与垄断天津金融市场的英国汇丰银行和美国花旗银行都有着密切的信用往来，并且把在中国攫取到的大量符金汇往本国。此外，它还大量增发股票，因而又获得了大量的周转现金。"④ 由于新泰兴洋行从事皮毛等农畜产品的收购遍及整个甘宁青地区，因此，新泰兴的大老板（买办）宁星普，"在洋行撤回天津后，拥资累万，富甲津门，被天津的商人选为商会会长"⑤。

---

① 甘肃省地方史志编纂委员会、甘肃省志·外经贸志编纂委员会编：《甘肃省志》第53卷《外经贸志》，甘肃文化出版社2005年版，第60页。

② 高渤海：《天津洋商礼和洋行》，载天津市政协文史资料研究委员会编《天津洋行与买办》，天津人民出版社1986年版，第264页。

③ 秦宪周：《从外国洋行在河州收购羊毛看帝国主义的经济掠夺》，载《临夏市文史》（第2辑），临夏市政协1986年编，第56页。

④ 毓运：《天津新泰兴洋行收购甘肃羊毛的内幕》，载全国政协文史资料委员会编《文史资料存稿选编》第22辑，经济（下），中国文史出版社2002年版，第523—524页。

⑤ 刘廷栋：《掠夺西北皮毛的天罗地网——记宁夏石嘴山帝国主义洋行》，载《文史集萃》第2辑，文史资料出版社1983年版，第170页。

内地洋行在对甘宁青等西部地区进行皮毛等畜牧业产品的掠夺过程中，各洋行的代理人不仅有帝国主义分子作靠山，而且往往与甘宁青的地方官吏勾结甚密，如光绪末年洋行买办来到甘肃各地后，纷纷纳资捐官，个个顶翎辉煌。"新泰兴洋行驻兰州的老板王三爷（名不详），交结兰州的各级官僚，门前常有绿呢大轿停留，每日宴会必有名妓佐酒，打麻将，吸大烟。""新泰兴洋行驻河州的老板张华农，天津人，交结地方官绅，宴会享乐，备极豪华"，地方官僚与之结交，唯恐落后。① 为了更好地拉拢甘肃上层官僚，以寻求政治上的靠山，从而便利自己的商业投机活动，新泰兴洋行某经理人更是"把他自己的女儿嫁给了甘肃督军陆洪涛的次子陆松龄，结成儿女亲家。这样，洋行除了垄断收购行情、压低收购甘肃物资原料价格之外，更肆无忌惮地大肆偷漏税款"②。1923年③前后，由于甘宁青地方税制的变化、地方社会不靖等诸多原因，上述内地洋行陆续撤回了天津。

由以上阐述明确可见，在近代甘宁青皮毛出口贸易中，天津洋行、买办及其代理人起了先导作用，天津洋行控制着海外市场和天津口岸之间贸易，买办及其代理人又控制着天津口岸和甘宁青之间的贸易。他们之间互相依存，又互相利用，从而构建了一个比较完整的皮毛购销体系。在这些新式商人的运营下，甘宁青地区的皮毛等畜牧业产品得以大量出口，传统的畜牧业生产越来越呈现出商品化的趋势，而不断扩大的商品流通又不可避免地冲破了甘宁青地区传统市场的封闭和地域性的限制：一方面对甘宁青自然经济发展状态下的畜牧业生产的发展起了促进作用，增强了该地区经济发展的现代化因素；另一方面，通过对外贸易又强化了长久以来封闭的甘宁青地区和东部地区的经济联系，在甘宁青地区的经济发展突破了传统市场的"边界"，在纳入了世界经济循环的系统之

---

① 王致中、魏丽英：《中国西北社会经济史研究》（1840—1949 年）（下册），三秦出版社 1992 年版，第 207 页。

② 毓运：《天津新泰兴洋行收购甘肃羊毛的内幕》，载全国政协文史资料委员会编《文史资料存稿选编》第 22 辑，经济（下），中国文史出版社 2002 年版，第 524 页。

③ 洋行在各地撤走的时间是不一样的，1920 年内地洋行的代理商离开了河州，1921—1926 年间离开了石嘴山，1926—1927 年间离开了张家川。但到 1935 年，由于羊毛价格上涨，德商美最时、俄商波隆两家洋行及天津的一些毛栈又纷纷来到甘宁青等地收购羊毛。

际，甘宁青进而或直接或间接地与资本主义经济体系产生了密切联系。由于买办商人及其代理人率先接受了西方近代商业文明的洗礼，因此，他们的商业理念必然影响到其所从事商业活动的甘宁青地区。

但是，与此同时，我们也看到，天津洋行、买办及其代理人在近代甘宁青以皮毛贸易为主体的一系列商业活动中，始终是以不平等条约为基础，以经济掠夺为目的，在此基础上的交换必然是不等价性质的交换，因此他们操纵着皮毛市场的价格，对皮毛等畜牧业产品进行着垄断之际，还同地方政府和官员相互勾结，在取得超经济的特权后，利用各种手段获得巨大的商业利益。这一切，都标志着包括歇家、毛栈等商人组织在内的广大甘宁青的民众也处于他们的剥削和压迫之下。

四　甘宁青羊毛市场中的居间商人

自19世纪末到20世纪20年代，甘宁青的羊毛主要是通过内地洋行及外客收购的，但是，甘宁青地区特别是一些游牧民族地区，由于交通阻塞，行旅艰难，加之游牧民族一向素称强悍，故极少有人深入。① 加之近代中国城镇和市场体系尚未趋于一体化，商人体系仍旧处于零散分裂的状态下，因此商人只能"在特定的自然经济区域内，根据资源和地区间交通运输的状况，来安排和组织他们的活动"②。而近代以来，初次到甘宁青地区从事羊毛收购的内地洋行或货栈的代理人与当地人民特别是蒙藏游牧民族间，存在着诸如地理环境、语言、文化、商业习惯等方面的诸多差异，以致他们必然需要一些中间人和蒙藏等民族打交道。而且以养羊为业之农牧民，大都分散而居，"销售羊毛，若用直接推销法，固然未尝不可，惟为经济起见，如果对于羊毛销售，由居间商出任其事，农（牧）民不必亲至中央市场兜售，而购买羊毛之人，亦不须亲至乡间收买，时间较为经济，故居间商在羊毛事业中，乃为不可少之经手人"③。显然，从事皮毛业的内地洋行抑或外客，只有通过不同"经手人"才能

---

① 俞湘文：《西北游牧藏区之社会调查·自序》，载李文海主编《民国时期社会调查丛编·少数民族卷》，福建教育出版社2005年版，第444页。

② ［法］白吉尔：《中国资产阶级的黄金时代1911—1937年》，张富强，许世芬译，上海人民出版社1994年版，第26页。

③ 丁馨伯：《市场学原理》，世界书局1934年版，第140页。

更多地收购到皮毛等畜牧业产品,而"持续繁荣的商业是商人阶层日趋稳定的表现"①。

在近代甘宁青的皮毛市场中,既有活跃在皮毛产地市场的出拔子、擀毡的、毛贩子、小房子、刁郎子等资本较少的小商贩,也有活跃在皮毛一级、二级市场的歇家、大房子、毛栈、大毛贩子、过载行、经纪一类商业组织。这些居间商人的存在及相互间的绾合贯通,才不断地促进着甘宁青地区的皮毛出口。这也诚如日本人所调查的那样:"西北贸易很早就是联系极端落后的生产地区(西北地区)和先进工业地区(京津)的交易,是靠毛栈、货栈这类特殊批发商的中介使自己发展起来的。毛栈和货栈把这两种极不相同的生产机构在技术上搭桥和进行联系,付出了辛勤劳动。"②

在甘宁青地区,活跃在宁夏阿拉善旗、额济纳旗等皮毛初级市场的主要是拔子商和擀毡的。"(蒙古地区)由各市场派到蒙地出差的中间商叫'出拔子'(旅蒙商)。这些'出拔子'携带蒙古人需要的谷物、烟草、火柴、砂糖、针线、丝绸、砖茶、布类,走蒙古人的浩特,或者利用庙会(集市)等机会,将所带的物品与蒙古人的牲畜、畜产品进行交换。"③ 活跃在甘肃羊毛产地市场的主要是一些小毛贩子;活跃在青海羊毛三级市场的是刁郎子或者小房子。就性质来说,这些人都是资本较少的一些小羊毛贩子。"出拔子专门与逐水草而居的蒙古人进退,彼辈携带一切杂货布匹杂粮等项物品,随时以之向蒙人交易皮革羊毛,但彼等资本,究属缺乏,故欲向出拔子处获得大量羊毛,殆不可能,然出拔子在羊毛输出贸易上,亦颇占重要地位。"小房子一般为大房派至各产毛区收羊毛者,一般能讲蒙藏语言,赴各产毛区域时,"均携带大量蒙民日用物品,如茶砖针线等,以之换易羊毛"④。无论是出拔子,抑或是小房子,

---

① 白寿彝总主编:《中国通史》第10卷,《中古时代·清时期》上册,上海人民出版社1996年版,第497页。

② [日] 中村信:《蒙疆经济》,徐同功译,载《内蒙古史志资料选编》第9辑,内蒙古地方志编纂委员会总编室1985年编印,第195页。

③ [日] 中村信:《蒙疆经济》,徐同功译,载《内蒙古史志资料选编》第9辑,内蒙古地方志编纂委员会总编室1985年编印,第102页。

④ 全国经济委员会:《毛织工业报告书》,太平洋印刷公司1935年版,第64—67页。

这部分小商贩，尽管仅有一点点的本钱，但是他们常年追逐蒙藏游牧民的生活轨迹，也会一些蒙藏语言，所以常常会受毛栈或歇家的资助直接去牧区收购皮毛等畜牧业产品，换言之，他们要依附于毛栈、歇家等商业组织而得以存活。

毛栈也称为"皮毛栈"，搞羊毛批发、兼营仓库的货栈和旅店，资金一般比较大。他们留宿单个的商贩，为其保管羊毛，并担当买卖的中间人，以收取手续费。为了收取手续费，他们会给商贩提供比较便宜的住宿。① 同时，也会派店员做毛贩子，出外购买羊毛，还为羊毛交易提供资金或预付资金等。这样，毛栈就很容易地从各种卖出人手里得到羊毛，为此，一些经营毛栈的回族人成为了很富有的人。② 尽管不少的毛栈兼营批发，但就其职能而言，仍然是市场上不可或缺的"媒介"。

过载行者，专事介绍皮毛生意从中抽取佣金的商业组织。庄客收货，"住宿于过载行内，膳食亦可在行内搭伙。过载行对已成交及为成交之货物，均负保管之责，不另收取堆栈费"③。每到羊毛、皮货上市，小毛贩等，便"有货来庄求售"④。显然，过载行的性质和毛栈基本相似，不过它只是存在于甘宁青农业区的皮毛市场上，但是由于农业区所出产的皮毛数量少，所以在1937年以前，它主要活动于青海的西宁，甘肃陇东地区的平凉、西峰镇，宁夏的中宁等地区⑤。除具有经纪人性质，有时还兼营集货批发商之业务，"此项业务，往往于小贩或大贩来货之时，如一时无庄客收买，则由过载行之行买进，再转售庄客"，或自运天津销售。过载行中，通常有职员6人，分经理、副经理、会计、收货、杂差、学徒等职务，除经理、副经理、会计有一定分工外，其余并不分工。⑥

---

① ［日］小林元：《回回》，东京：株式会社博文馆昭和15年（1940年）印，第310页。
② ［日］小林元：《回回》，东京：株式会社博文馆昭和15年（1940年）印，第310、321页。
③ 贸易委员会西北办事处调查课：《甘肃羊毛调查报告》，贸易委员会西北办事处调查课1943年版，第146—147页。
④ 顾少白：《甘肃陇东羊毛皮货初步调查》，《西北经济通讯》1941年第1卷第4、5、6期合刊。
⑤ 张之毅：《西北羊毛业调查》，《中农月刊》1942年第3卷第9期。
⑥ 顾少白：《甘肃陇东羊毛皮货初步调查》，《西北经济通讯》1941年第1卷第4、5、6期合刊。

歇家者，"其初不过通番语之牙侩而已，自近年洋商以重金购毛，而不能直接与番人交易，又番人之所信者，亦唯歇家，于是歇家得以居间为利，变牙侩而为栈商"①。清代，随着茶马贸易的终止，在青海和甘肃河西地区出现了一种联系蒙藏人民经济贸易往来的一种中间人，这种人就是歇家。

据《青海百科大辞典》，歇家设立于明代，"最初充任茶马贸易的'通事'，办理官府与部落之间的有关事项。当时，在钦差衙门领照备案的歇家，称为'官歇家'、'歇役'，他们除了执行官府指定的任务外，还开设旅店，专供蒙藏群众住宿，并从事与牧业区少数民族的贸易"②。可见，在明代，"歇家就以'力役'的角色出现，并在执行官府制定的任务之外，还在牧区少数民族的贸易中发挥着一定作用"。当时的歇家尽管不是完全意义上的商人，③ 但"蒙番进口，人地生疏，言语不通，其住宿卖买，全惟歇家是赖"④。

近代以后，随着甘青地区皮毛贸易的发展，歇家不仅重新崛起，而且变成了一种具有皮毛店性质的毛栈，换言之，他们已经成了真正意义上的商人。最初歇家的资金较少，主要是向产地市场派刁郎子、小房子收集杂货，当刁郎子等资金不足时，还负责为他们提供信用贷款。此外，歇家还留宿运羊毛的牧羊人，并同他们进行买卖交易，用日用品换取其羊毛。⑤ 最初，由于资金少，他们便因陋就简地搭上一些帐篷，招待牧民。伴随着皮毛出口的不断增加，他们的资金也不断得以扩大。

> 随之为了争夺市场，扩大贸易，他们各尽所能，占用广阔的地皮，修成一座很大的院落和能容纳二百多头牦牛的畜圈，以备牧民居住和堆积畜产品以及牦牛、马匹的饲养。也为了便于就近管理，

---

① 周希武：《宁海纪行》，王晶波点校，甘肃人民出版社2002年版，第20页。
② 严正德，王毅武编：《青海百科大辞典》，中国财政经济出版社1994年版，第532页。
③ 拙文：《近代西北羊毛贸易中的歇家》，《甘肃社会科学》2014年第3期。
④ （清）那彦成：《那彦成青海奏议》，宋挺生校注，青海人民出版社1997年版，第255页。
⑤ 《〈新修支那省别全志〉宁夏史料辑译》，和龑、任德山等译，燕山出版社1995年版，第190页。

"歇家"也及时修建自己的住宅,在大院落之内设有大厨房,安置大锅三口,以备熬茶、炸馍、煮牛、羊肉之用。所茶饭的操作,均由"歇家"的妇女担任。开饭无规定时间,凡来居住交易的牧民,随时吃喝,不论居住时间多久,一律不收食宿费用,所有住圈的牦牛,马匹的饲养草料,也免费供应。①

由此看来,"歇家"必须有一定的资金,还要有仓库、住房、帐篷等,特别是要和蒙藏民族有良好的关系,根据不同部落间的关系,确定自己业务的规模和范围。当然,只靠这些还不足以开展业务,他们还必须精通蒙藏牧民的语言,取得与其交易人群的信任,只有这样才能在交易中得心应手。显而易见,歇家的性质和毛栈基本相似,只是在青海和甘肃的河西地区,这种机构可能更普遍的存在。歇家在市场上有两种:"一为无固定字号,但具有商业信用的流动商贩;而为设有字号经营其他业务,仅于剪毛季节受托兼营收毛业务。"②

经纪人又称"跑合儿",他们没有自己的店铺。③ 作为一种私人性质的经纪人,他们专事走访商号,"打听行情,为人撮合羊毛交易",从中抽取2%的佣金。④ 对于在甘宁青等地从事收购皮毛的客商来说,甘宁青地区是陌生的,故而他们常常需要一些经纪人来为他们接洽生意。一般而言,跑合儿对于货物的来源、品质、价格都是知之甚详,他们无须任何资本,全凭与买卖双方的关系与信用,因此,充当"跑合儿"者大都要以某货栈、商号或内地的洋行为"靠家",建立一种可靠的信用关系,只有这样,才能在市场上赢得信任。由于"跑合儿"大都与买方关系接近,常常受买方之洽购货物,遂使其与卖方的代理人——毛栈、歇家、毛贩子等成为交易的伙伴。一个"跑合儿"大都至少同时为两三家商行或货栈接洽生意,由于这些人的收入皆视成交生意的多少

---

① 蒲涵文:《湟源的"歇家"和"刁郎子"》,载中国人民政治协商会议青海省委员会文史资料研究委员会《青海文史资料选辑》(第8辑),青海人民出版社1981年版,第37—38页。
② 许道夫:《中国近代农业生产及贸易统计资料》,上海人民出版社1988年版,第316页。
③ 《〈新修支那省别全志〉宁夏史料辑译》,和龑、任德山等译,燕山出版社1995年版,第19页。
④ 李之干:《畜产品》,商务印书馆1948年版,第87页。

而定，因此他们往往使出各种手段往来"说合"。"倘在价格上或货物的买卖两方成僵局时，则当经纪者能设法解释，以此成交易。当经纪者实店内之重要人物，成事之多寡，与店内之营业有关；而各买主卖主之去留，亦以经纪能否使双方满意为定。若常故意袒护一方，他方必不满意。日久恶名四溢，必影响全店之大局。"① 但是他们是市场交易中不可或缺的存在。显然，经纪与毛栈、歇家、毛贩子等互相联合成为皮毛市场中最活跃的角色，通过他们市场交换得以顺利进行，换言之，他们是市场交易的主体。

正如我们前文所提到的，在近代甘宁青地区从事皮毛收购的内地洋行和外客的从业人员都是经验十分丰富的人，他们来到地处内陆的甘宁青地区，就和常年与蒙藏民族打交道的毛栈、歇家、毛贩子贸易组织进行联系，与他们形成一条特殊而不间断的交易链，然后顺着这条交易链把他们的购销活动渗透到产地市场。实际上，无论是毛栈、歇家还是毛贩子，他们起到的作用是一样的，也就是说他们具备的功能是相同的，只是各种商人的名称因地而异。②

在20世纪20年代前，歇家、毛贩子、毛栈便成为了牧民与洋行交易的中间商。一方面，蒙藏人民的信任机制所导致的洋行难以直接收购到大宗的皮毛，因为对于初次到达甘宁青的洋行来说，"只图重利盘剥不事预先贷款供给他们（蒙藏）人民需求者，往往被他们所轻视，立时信用扫地，营业无从发展，而遭失败者，屈指难数"。蒙藏人民"认人不认账"，"他们由商人预先贷取零正货物后，等到自己的出产品收集好去清偿支销商人账项为止，始终相信着商人，自己无详细的记载，依着商人簿记所载账项，如数抵消清偿，从未发生过纠葛"。即使他人受到商人委托依据账目向他们要账强使履行时，"就是提出账项果真不差时，也是不理的，常等候原授款人临幕时，如数履行偿还债务，继续旧好"③。应该说，蒙藏人民这种商业经济上的习惯，必然会使洋行不得不依靠歇家、毛

---

① 李锐才：《包头之羊毛》，《国货研究月刊》1932年第1卷第1期。
② 《〈新修支那省别全志〉宁夏史料辑译》，和龚、任德山等译，燕山出版社1995年版，第190页。
③ 张元彬：《青海蒙藏两族的生活（续）》，《新青海》1933年第1卷第3期。

栈等羊毛交易机构来完成羊毛的收购。另一方面，牧民若离开他们则更无法与外商成交。尽管他们常常由于"大半资本不足周转，故一遇挫折困难，即求速售，若不卖出，必致赔累不堪，是以处处甘心受洋商之制"[①]。但是，伴随着皮毛贸易的快速发展，这些商人的身价也不断得以提高。

以青海的歇家为例，他们除了"精通蒙藏语言及风俗习惯，信息灵通，行情通达并拥有一定声望，还必须接受政府管辖，领取由西宁办事大臣所发的（以后为省政府）营业执照，进行备案手续，依法纳税。限制哄抬市价，务必公平交易并按规定地区、规定对象，规定产品和居住地点进行贸易，不得紊乱"[②]。显然，这种执照只有省级地方官才有资格颁发"且有固定的名额，这个执照每隔五年检查一遍，并重新发给同时，名额亦可能变更。实际上，省区与地方官员常常不顾名额而自行发给执照，因为这项业务是州县政府收入相当可观的一个来源"[③]。

当然官方也负责调节歇家之间的纠纷，制止他们哄抬物价，[④] 同时为保障歇家的利益，政府亦规定，蒙藏民族之交易也必须通过歇家，"擅自交易者，谓之'越行'，须告官追究。歇家之间，亦不得越规招留非经批准的蒙藏商人和收购其畜产品，若如违犯，亦称之'越行'，则必告官处理"[⑤]。可见，歇家有固定的"客户群"，蒙古族、藏族居民的贸易亦有熟悉之歇家，这种商贸往来的方式，可以说是利弊参半的。"蒙藏商人将货物运到湟源、贵德、大通一带，被招待其所熟识之商家，即所谓之'歇家'是——出售货品或购办粮茶布匹，皆由'歇家'负责中介，故不受其他奸商小贩之欺骗，此其利；但蒙藏商人有时不满意其素所信任之

---

① 顾谦吉：《西北羊毛业调查报告》，《资源委员会季刊》（西北专号）1942 年第 2 卷第 1 期。

② 胡铁球：《明清歇家研究》，博士学位论文，华东师范大学，2010 年。另见阎成善《湟源的歇家洋行山陕商人和座地户及刁郎子》，载中国人民政治协商会议湟源县委员会文史资料组编《湟源文史资料》第 2 辑（内部资料），青海省湟源县印刷厂 1996 年印，第 72 页。

③ 杨联陞：《传统中国政府对城市商人的统制》，《清华学报》1970 年第 8 卷第 1—2 期。

④ 张志珪：《清末民初畜产品交易中的歇家》，载《西宁城中文史资料》编委会编《西宁城中文史资料》（第 19 辑），2007 年（内部资料），第 83 页。

⑤ 阎成善《湟源的歇家洋行山陕商人和座地户及刁郎子》，载中国人民政治协商会议湟源县委员会文史资料组编《湟源文史资料》第 2 辑（内部资料），青海省湟源县印刷厂 1996 年印，第 72 页。

歇家，欲另觅主顾时，非得该'歇家'通（同）意不可，因此垄断专利之事遂生，此其弊。"①

由于对蒙藏贸易进行垄断，把持着他们的贸易往来，因之在商业领域，歇家得以"大权在握，确有举足轻重之势"②。在青海近代羊毛贸易的发展中，"羊毛进口之处，均有歇家"③。当时，由于来自天津的内地洋行及其代理人不能与蒙古族、藏区居民之间直接交易，尽管他们"礼帽革履，长袍马褂，与中国商人来往时，彬彬有礼，刻意模仿中国礼节习俗。但蒙藏语言不通，对牧区风俗不明，与之贸易交往，更系隔阂重重"，风土礼仪不同，商业习惯迥异，常常使他们"只好望洋兴叹，无能为力，而歇家则熟知牧区情况，精通蒙藏语言，且控制行规，非经歇家媒介，则洋行一筹莫展。所以洋行与歇家，共存共荣，相互利用，歇家无洋行，则畜产品销路不畅，洋行无歇家，则畜产品无从收购"④。

于是，在近代青海皮毛市场上，"歇家"作为一种蒙藏民族和洋行之间的中间人"乃得居间取利，遂多因此而致富，往往拥资巨万，交结官府，齿于缙绅，有左右金融之势力"⑤。民国时期王自强先生曾对此有过这样的评论："外商在此设立洋行，或派人来此收买羊毛，在羊毛尚未到达时，必先预付定钱，且将羊毛价钱定好，待货至时，即检定羊毛，收货交付银两，而对歇家及小贩子给以手续费几分之几，以为报酬，否则无毛可买，因此地歇家可操纵羊毛价格故也。外国洋行之初来西宁者，买付货物，非常困难，必先认识熟商号，以为保证，否则将受大小贩子之欺骗也。"⑥ 不仅如此，蒙古族、藏族居民也很"愿助长他们的'客卿'（蒙人称呼商人）'客哇'（藏人称呼商人）都成为豪富，彼此间永

---

① 李自发：《青海之蒙藏问题及其补救方针》，《新青海》1933 年第 1 卷第 12 期。
② 阎成善：《湟源的歇家洋行山陕商人和座地户及刁唁子》，载中国人民政治协商会议湟源县委员会文史资料组编《湟源文史资料》第 2 辑（内部资料），青海省湟源县印刷厂 1996 年印，第 72 页。
③ 周希武：《宁海纪行》，王晶波点校，甘肃人民出版社 2002 年版，第 20 页。
④ 阎成善：《湟源的歇家洋行山陕商人和座地户及刁唁子》，载中国人民政治协商会议湟源县委员会文史资料组编《湟源文史资料》第 2 辑（内部资料），青海省湟源县印刷厂 1996 年印，第 73—74 页。
⑤ 马鹤天：《西北考察记·青海篇》，台北：南天书局有限公司 1987 年影印版，第 214 页。
⑥ 王自强：《中国羊毛之探讨（续）》，《新青海》1934 年第 2 卷第 11 期。

远发生经济关系,供其所求,用其所需"①。因此,洋行为结交歇家,"时常登门拜访,请客送礼。'歇家'也以囤积居奇的手法,胁制外商。因之,外商们有交接'歇家'有比交接地方官员之难之叹。"②

甘宁青的内地洋行与毛贩子、歇家、毛栈这些当地的皮毛商取得联系,并委托他们代理收购、承运等业务。一般而言,他们首先和歇家、毛栈、大毛贩子等签订合同,然后预付一定的资金给这些毛贩子和歇家、毛栈。在皮毛收获的季节,当毛贩子、歇家把羊毛收购回洋行所在地时,洋行就会把羊毛称重验货,付下剩余的费用给这些歇家、毛贩子、毛栈,然后再由歇家和毛栈雇佣运输队运往包头。当然这里有些规模较大的歇家、毛栈也同时承担皮毛的运输,如当时甘肃河州的"同心店""昌新店"等羊毛店,就是既从事皮毛的收购,又承揽黄河筏运的。③ 于是,歇家、毛贩子、毛栈等贸易组织在收到定金后即进行羊毛收购。

一般而言,甘宁青的歇家、毛栈等,常常是有固定的蒙藏民族与他们交易。对青海的歇家来说,每年皮毛收获的季节,蒙藏民族就来到歇家所在地,换取他们的日常生活所需,如青稞、面粉、挂面、茶叶等。尽管有些歇家没有设立商号,但是他们各有熟悉的蒙藏商人为其固定的顾客。比如湟源著名的四大马家,即城关的马明瑜,接待的是柴旦蒙古族及海西的汪什代海藏族客商;西关马鹤亭,精于藏语,接待刚察客商;东关马升柏,接待果洛、玉树地区的客商;城台马明五系刚察千户之至交,接待刚察地区的客商。④ 随着皮毛出口量的不断增加,歇家活动也愈来愈兴盛起来。到民国时期,青海湟源最大的"歇家",就有48家,他们以茶、布、粮食等大量收购羊毛。⑤

这里另外值得说明的是,在实际的操作中上,歇家往往采用多种手段从内地洋行及牧民身上赚取利润。其中最主要的手段是买卖羊毛、皮

---

① 张元彬:《青海蒙藏两族的生活(续)》,《新青海》1933年第1卷第3期。
② 蒲涵文:《湟源的"歇家"和"刁郎子"》,载中国人民政治协商会议青海省委员会文史资料研究委员会《青海文史资料选辑》第8辑,青海人民出版社1981年版,第38页。
③ 秦宪州:《从外国洋行在河州收购羊毛看帝国主义的经济掠夺》,载《临夏市文史》(第2辑),临夏市政协1986年编,第55页。
④ 林生福:《回忆解放前湟源的民族贸易》,载青海省政协学习和文史委员会编《青海文史资料集萃》(工商经济卷),2001年,第336页。
⑤ 青海省志编纂委员会:《青海历史纪要》,青海人民出版社1980年版,第90页。

张，使用"吉下"的价格：具体做法是，如羊毛每百斤定下"吉下"价格白银 10 两后，从牧民手中买入或向洋行卖出，都以"吉下"价格计算，貌似同等价格买入卖出，而且对牧民无偿提供吃住，不仅无利可图，甚至会亏本，但实际上，他们通过压低羊毛等级和在秤上作假，从牧民手中以 10 两白银买来的压秤羊毛 100 斤，往往是一百二三十斤，而把这些羊毛卖给外商时，由于掺入各种杂质或浸湿灌水等手法，一百二三十斤的羊毛又变成一百四五十斤以上。原价 10 两银子收入的羊毛，转化成了 20 多两白银。[①]

除了蒙古族、藏族居民直接前往歇家、毛栈等处进行交易外，为了收购更多的皮毛，毛栈也会派出自己的出拔子或擀毡的、小贩子等前往游牧民族地区收购。资金较大的歇家会派刁郎子去牧区收购羊毛，一些资金较少的歇家也常常会直接前往牧区进行皮毛收购。这些小商人驮着蒙古族、藏族人民所需的各种物品，"到部落里来住下，或自备帐房，或住相熟悉的帐房，交换羊毛皮子以及酥油磨菇（蘑菇——引者注）等货物。等到交换完了，从原路回去"。等第二次再去时，这些人已经成了蒙古族、藏族人民的熟人，"一旦骑着马到了部落，他们听到狗咬，全体出来欢迎"[②]。在甘南藏区：

> （毛栈等）他们除了自己派员深入藏区换货外，有一大批的小贩子们每年向他们借款和借货，往南番区域去换取皮毛和药材等，大概十个月左右，可以回来，回来之后，除还本加息两分或三分借款外，更须将全部换来的货物，卖给债主，这时候，卖货的价格，不由小贩定，而是由债主定……藏民的性格，是天真豪侠，真诚爽快，如果和他一熟，就什么都相信你，所以他们的易货，也是喜熟不喜生，即使生人以较高比价去采他的货，他还是愿意以较低比价来换熟人的货，因此，与藏民买卖，只要不和他们的关系弄坏，那么你

---

① 蒲涵文：《湟源的"歇家"和"刁郎子"》，载中国人民政治协商会议青海省委员会文史资料研究委员会《青海文史资料选辑》（第 8 辑），青海人民出版社 1981 年版，第 38—39 页。
② 杨希尧：《青海风土记》，林竞校，新亚细亚学会 1933 年再版，第 38、40 页。

重重地剥削他们，还是因信你而乐意受下去的。①

很显然，交易为甘宁青各民族人民相互信任和良好往来提供了重要媒介，换言之，商业往来是各民族友好交往的重要载体之一。实际上，刁郎子、小房子等小商贩到牧区集货，价格低廉，但鉴于近代甘宁青地区交通不便，往返一趟，所需要时间太久，为了完全融入当地社会中，他们勤奋好学，学习蒙藏民族之语言，能过他们的生活，并"熟悉他们的土官、头目等，才能去集货，并且草地的风险太大，人数如果不多，便有被劫的风险。晚间一不小心，便有被窃的可能"②。在前往牧区之时，这些小商贩都会携带游牧民族所需要的茶叶、粮食、棉布、绢布以及游牧民族所需要的一些装饰品。为了交易成功，他们也往往携带一些"奢侈品"以赠送给游牧民族。有时出于安全方面的考虑，也为了减轻"导游费和护卫费"的需要，商贩一般都以商队的形式前往牧区。当去距离较近的游牧民族地区时，商队的规模相对而言是比较小的。"但是如果去游牧民族居住的地区深处，商队的规模就比较大，往往四五十人为一队，其中八九人是为商队携带炊事等日常生活用品的。"由于商队携带的货物较多，所以他们行走的速度比较缓慢。虽然羊毛收割是在春季，但是这些商队一般在头一年的隆冬就出发了，收购回皮毛后，他们在第二年晚春时才返回他们的驻地。③

甘宁青的洋行除了和毛栈、毛贩子、歇家进行贸易往来外，有时他们也会对单个的毛贩子（如出拔子、刁郎子）给予资金的资助，使其从属于自己，或与其进行对等的交易。如果我们以毛栈为中心，就会看到不同商业组织间围绕着皮毛等畜牧业产品交易所形成的关系。

要之，甘宁青以歇家、毛贩子、毛栈等主体的皮毛商人组织，是在近代甘宁青皮毛大量出口、甘宁青特殊的地理和人文环境下发展与完善起来的，虽然有些组织早在明清时期就已经开始活跃在了甘宁青的历史舞

---

① 徐旭：《西北建设论》，中华书局1945年版，第68—69页。
② 顾少白：《甘肃西南边区之畜牧》，《西北经济通讯》1942年第1卷第7—8期。
③ ［日］几志直方：《西北羊毛贸易と回教徒の役割》，东京：东亚研究所昭和15年（1940年）发行，第117—118页。

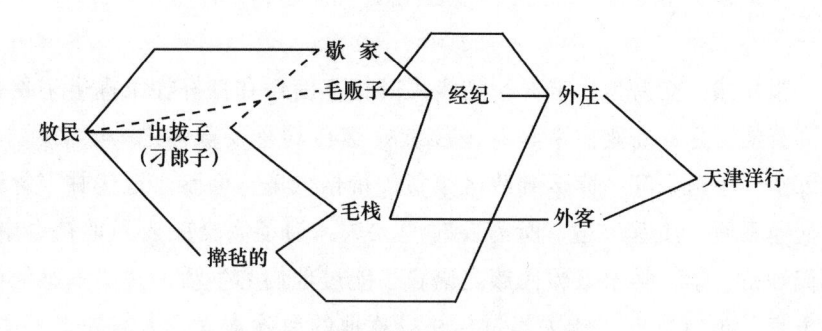

图3-1 羊毛交易组织关系示意图①

台上，但是他们的资本薄弱、规模较小，有时甚至不是以完全的商人身份存在，直到近代以皮毛等畜牧业产品不断出口，他们才发生了嬗变，成为了近代意义上真正的商人，并在甘宁青商贸往来中，不断地成熟和发展，并且逐渐形成了一套比较完整的、有着自己独特的运行机制的从皮毛收购到输出的商贸网络体系，尽管他们最初从中发挥的是经纪人的作用，但在物的交易关系产生作用的同时，他们在人员的雇佣、介绍、保证等社会关系中也起着作用。而这些作用，无疑又会降低不同商业组织交易中的风险，从而使他们在甘宁青近代社会的经济变迁中充当着重要的角色。当然，更为重要的是，伴随着皮毛收购和转销，他们从中获得和积累了大量的商业利润，在财富积累过程中自身也得以发展壮大，并且不断地使自己的商业思想，特别是其商业视野开始面向全国乃至更大的世界市场，为此，他们开始利用洋行的资金发展自己经营的商业贸易，②随着他们"羽毛既丰"，在1921年以后，在内地洋行陆续撤走后，甘宁青地区的皮毛收购和向天津输出皮毛的任务，就由歇家、大毛贩子、毛栈等自己来完成，"不复转卖于洋行矣"③。

---

① [日]小林元：《回回》，东京：株式会社博文馆昭和15年（1940年）印，第323页。
② 张志珪：《清末民初畜产品交易中的歇家》，载《西宁城中文史资料》编委会编《西宁城中文史资料》（第19辑），2007年（内部资料），第84页。
③ 业：《青海羊毛事业之现在及将来》，《新青海》1933年第1卷第4期。

小 结

综上所述，近代甘宁青皮毛出口以前，地处西北内陆的甘宁青地区鲜见海外贸易往来。世异时移，在中国近代社会转型的整体影响下，甘宁青以皮毛为主要产品的畜牧业市场不断地活跃了起来。伴随着皮毛等畜牧业产品的大量出口，甘宁青区域商品经济的发展，被纳入了资本主义的商业循环体系之中。自此甘宁青地区的商业贸易进入到一个新的发展阶段。在这一阶段，随着新式商业组织的出现，甘宁青地区的商人构成也发生了一些变化，但是，无论是内地洋行、外客等大量的客商群体，还是本地区的歇家、毛栈等商业组织，为追求商贸往来之厚利，他们不断地把"触角"伸入到甘宁青堂奥之地，无幽不瞩，匪险不探。在商品经济的冲击下，甘宁青地区的商业组织日渐分工明确，他们所形成的商贸网络体系几乎不间断地促进着甘宁青地区皮毛等畜牧业产品的输出，传统社会下任其腐灭的皮毛等畜牧业产品，可以更多地用来交换，换言之，蒙藏等少数民族有了更多"财富"在市场上以货易货，西方国家"雨盖洋伞、洋巾、花边、脂粉、洋族、洋药水、雕刻木器、洋磁漆盘之类"等诸多商品，在广大蒙古族、藏民族等人民的眼中，这些货物是"花样新出，夺目炫睛"的，① 但是通过购买和消费这些货物，甘宁青地区蒙、藏民族地区的诸多人群亦渐趋接受欧风美雨的洗礼，这在很大程度上增强了甘宁青民族地区与外部世界的联系。商品化、市场化程度的加深，使甘宁青社会传统经济发生了变革，而商业关系中传输着大量的现代化因素也在悄然改变着各民族的传统观念和生活方式。这一切，为甘宁青社会，特别是蒙藏游牧社会的近代化转型奠定了基础。

更为重要的是，在旧有的经济生活模式不断演化之际，甘宁青地区不同地理和文化空间的各民族人民，也通过商人的商业活动得以在更大范围内实现交流和交融。玉树陕西商会袁会长，原系陕西三原人，在玉树经商二十多年，"娶藏妇，生有二子一女"②。经济上互相往来，文化上

---

① （清）张廷武：《丹噶尔厅志》卷5《商务出产类》，甘肃官报书局宣统二年（1910年）。
② 马鹤天：《甘青藏边区考察记》，胡大浚点校，甘肃人民出版社2003年版，第278页。

互相交往，汉、回、土等族"多通晓蒙、番文字、语言，常与蒙、番互市，以博微利"。在商贸活动中，"无论汉、回、土人，互相交际，均以茶封、糖包为常仪，番民亦以封茶、糖包为常仪，惟上蒙丝由一块，番语名曰'哈达'，上有绣佛像者最精，多系丝麻织成者。彼此交换哈达，乃番民最重之礼节，再重则礼檀、藏香等物"[①]。很显然，近代商业贸易的纵深发展，为甘宁青地区各族人民之间的交流和融合提供了契机。

---

① 王昱、李庆涛：《青海风土概况调查集》，青海人民出版社1985年版，第62页。

第四章

商人与甘宁青社会变迁

在甘宁青地区社会的兴起和转型中,商业贸易占据着重要地位。近代以来,在皮毛、水烟等农畜产品大规模之输出及京津等地外来货物不断输入的大背景下,甘宁青传统商路发生了变迁,进而影响到甘宁青城镇之发展。其中,不论是以皮筏为主要运输工具的黄河水运,还是以骆驼为主的陆路运输,都为甘宁青新商路体系的联结及商品的转运奠定了基础,在承担向外输出商品的同时,也传送着来自京津等地区的"外部"商品,与商路变迁相联动,推动了甘宁青的城市化进程。与此同时,为符合游牧的蒙古族、藏族居民在长久历史发展过程中所形成的商业习惯及自身"文化—象征"的特征,从而更好地推动蒙藏民族以皮毛等为主要商品的畜牧业产品的输出,包括预买交易、委托交易、标期交易及订购交易、贷款交易、抵押交易等等多种灵活多样的交易方式便应运而生。通过不同形式的交易,蒙古族、藏族居民手中有了更多可供支配的"财富",进而拉动了他们传统观念及生活方式的变迁。"活跃的商业组织活动史,增加了个体间社交网络的关联强度,形成了非正式的商业资讯交流场域,为知识与信息的传播扩散提供了良好的环境。"① 换言之,处在近代转型时期的甘宁青地区,商人的商业活动,不仅促进了商业城镇的发展、生活方式的变迁,更为重要的是,商人价值观取向也在一定程度上指引了蒙藏游牧社会的发展方向。

---

① 刘蓝予、周黎安、吴琦:《传统商业文化的长期经济影响——基于明清商帮的实证研究》,《管理世界》2021年第11期。

第一节　商路变迁联动下甘宁青城镇的近代发展

自光绪末年始，伴随着甘宁青水烟、皮毛等农畜产品的大规模对外输出，水烟、皮毛也成为影响当地商业经济格局中最重要的商品，尽管落后的交通运输状况，有时根本不能有效而便捷地把水烟、皮毛等农畜品从甘宁青地区运输出去，但是为了保证皮毛等农畜产品的输出及来自京津地区等外来货物的输入，运输商们充分利用区域资源优势，通过对地理资源和动物资源的有效开发，选择了两种独具特色的运输工具，即皮筏之水路运输及骆驼之陆上运输。在传统的商贸路线发生变迁之际，与之相联动的是沿线商贸城镇的兴起。可以说，近代以来，伴随甘宁青流通商品类型的变化，使甘宁青地区传统商路不断演变，各区域之间商贸网络在嵌入传统市场体系之际，作为影响商业经济发展交通线及其交通节点的城镇，其空间布局及相互间的联系也在不断地被重塑。在传统和近代的碰撞中，商贸往来作为重要推动力的特点，在甘宁青城镇近代发展中越发凸显。

一　"旧工具新利用"的商贸路线变迁

在水烟，特别是皮毛没有大规模开发为出口商品以前，通往甘宁青以及从甘宁青出发的主要商路有三条。第一条是传统的丝绸之路，从西安出发，经过陇山进入甘肃天水，然后沿渭河顺流而上，直达临洮之后到达兰州，再进入河西走廊直到新疆。当然这条路在甘肃境内还有分支，其中北道从西安出发，沿着泾河经过陕西彬县、长武到达平凉，经过甘肃武威沿着沙漠边缘直达河西走廊；南道从西安出发，翻越秦岭经过陇县到达天水，然后沿渭河到达临洮，渡洮河进入河州，再渡黄河沿湟水河谷经西宁，在扁都口翻越祁连山到达张掖进入河西走廊。第二条是经过青海的唐蕃古道，从兰州、张掖或者河州出发到达西宁，绕过青海湖，翻越日月山到达玉树，直达西藏，在甘宁青范围内与丝绸之路有部分重合。第三条是经呼和浩特、包头、巴彦淖尔、阿拉善进入河西走廊到达新疆的草原丝绸之路，基本上是沿着沙漠边缘行进，被称为"草原丝绸之路"。当然，道路的形成和发展十分复杂，在这三条主要的商路上，还有许多的分支网络,像毛细血管一样连通到了整个甘宁青地区商贸往来之中。

近代以来,随着水烟向东南市场的输出及皮毛从天津口岸的出口,甘宁青传统的商路被打破,原来从东往西的商贸活动逐渐出现了从西往东的畜产品出口倾向。自此,这条商路成为甘宁青物流的中心路线,其运载量的多少,与水烟特别是皮毛输出的多少有着密切的关系。抗战以前,大抵是从西宁、兰州等主要城市出发,均沿黄河经宁夏一带,由水路或者陆路转运包头,由包头转运京津地区。虽然有部分经过西安转运,但数量很少,在水烟、皮毛流通中不占重要地位。换言之,水烟、皮毛的向外输出改变了甘宁青地区传统的商贸路线。

事实上,在人类发展史上,交通运输工具是商业贸易发展和人类文明进步的前提及基础条件之一,它与商品市场的形成和区域经济发展有着十分密切的关系。就商品流通数量而言,交通工具的承载量和频繁度决定着商品的流通数量;就商品流通的速度而言,交通工具的便捷和道路的通达性决定着商品流通的快慢程度。就近代中国的道路运输情况来说,甘宁青等西北地区的交通运输条件要比中国的东部和中部情况更差。"甘肃偏于我国之西北边,山岳重叠,荒芜不毛之地所在皆是,其地离海岸甚远,交通不便。"① 在外国人眼里,所谓的"道路完全尚在原始状态中。实际言之,此种道路简直无欧洲人所谓道路之意义;特用以指示方向而已"。"凡穿过此种地带之道路皆需经过各种不同之泥土:石子、粘土、沙砾及由水所淤积之灰泥,互相发见。"② 故而有时人评述说:"西北一般的交通,都停留在中世纪型。"③ 更有甚至者认为甘宁青之道路是"自有地球以来未经人工修理的道路"④。

至于近代以来可以承担远距离、大货量运输的铁路运输,贯穿中国东西的陇海铁路尽管从1903年(光绪二十九年)开始筹建,但是直到

---

① 《我国羊毛及牧羊业》,《银行周报》1919年第3卷第5期。
② [俄]克拉米息夫(W. Karamisheff):《中国西北部之经济状况》,王正旺译,商务印书馆1933年版,第37—38页。
③ 风玄:《卓尼归来》,载本书编委会编《中国西北文献丛书》第139册,兰州古籍书店1990年版,第180页。
④ 杨希尧:《青海风土记》,新亚细亚学会1933年再版,林序,第3页。

1924年,这条铁路仅通车到潼关,1935年底通至西安,1936年通车到宝鸡。这样,1923年通车到包头的平绥铁路,便成为了甘宁青地区货物通往区域外的唯一一条铁路主干线。包头之所以成为黄河干流上的一处商贸中心和西北地区输出商品的集散中心,和铁路的开通密不可分。甘宁青地区的公路交通也极为有限,兰州到包头的公路干线一直没有修成。①1931年,由国民党要员伍朝枢领衔的一份提案称:"吾国文化虽甚古,而物质文明发达则甚迟,以交通言之,除东北、东南数省略有铁路可通或兼擅舟楫之利外,二十八行省及蒙古、西藏铁路寥寥可数,西北如甘肃、青海、宁夏,西南如四川、西康、贵州、广西,尚无一尺铁路,河川亦少,蒙、藏更等自邻,其交通工具惟恃古代相沿之骡车、骆驼、驮子、肩舆、民船,重以幅员阔、山岭多之故,自县至乡,有须四五日或十日者,自省至县,有经月始达者。"②仅就青海而言,面积虽大,但"地广人稀,且又多山,除与省会诸大道外,其余较远之处,不易通达"③。即便是西宁,其道路也均为土路,"晴天刮狂风的时候,便尘埃飞扬,不见天日,若遇下雨,满街泥泞,深可没胫"④。

20世纪30年代,甘宁青地区也有了现代化的交通工具——汽车,但是我们通过时人的记载,发现甘宁青当时的实际路况根本就不适合汽车运输,甘宁青所谓公路,由于工程简陋,只能牛车骡车混合通行,"以甘宁青三省地面广阔而言,当二十三年秋季,全部尚无安全之汽车公路,交通极感不便,即有所谓公路,亦系以旧时之骡马车道略加改造而成,一逢天雨,改造成绩即完全消失。故非独本地各项物产,不能输出,即甲地与乙地互通有无,亦多阻滞"⑤。一遇到雨天,道路泥泞,汽车不能通行,显然,道路状况并不适合汽车在甘宁青道路上的通行。不惟如此,作为一种新式的现代化的交通运输工具,就甘宁青地区一般民众的消费水平而言,汽车的运价也是非常昂贵的,它是时人眼中的奢侈品。"他们

---

① 丁焕章:《甘肃近现代史》,兰州大学出版社1989年版,第270页。
② 《伍委员朝枢提缩小省区案(1931年2月6日)》,载中国第二历史档案馆编《国民党政府政治制度档案史料选编(下册)》,安徽教育出版社1994年版,第338页。
③ 孔祥熙:《甘青宁经济纪略》,中央银行经济研究处总务科1935年版,第8页。
④ 王生海:《西北的一个省会——西宁》,《中学生文艺季刊》1936年第2卷第4期。
⑤ 安汉、李自发:《西北农业考察》,正中书局1936年版,第51页。

农产品的贸易，用不起汽车，而他们人事上的来往，如果搭一次汽车，好几个月的生活，都会成问题。"① 由于运价昂贵，汽车运输除官厅及军需使用外，在民间贸易往来上，是极少使用的。在没有铁路、公路运输可以有效利用，或者不宜利用的情况下，换言之，在没有现代化运输工具可以利用的情况下，交通运输对甘宁青商业发展的制约是非常显见的。早在光绪末年，商务议员彭英甲就指出：

> 天下凡商务繁盛之区，非道路四达，即航路交通。现在火车、轮船盛行各处，如天津、上海、汉口、香港、神户、长崎，无不商力雄厚，是地理与商务有密切之关系也。甘肃地居边徼，所辖十四府州，山多路险，铁道未筑，航路未通，于商业中绝少利益。②

实际上，在"贩运艰难，较他省为尤甚"的甘宁青地区从事货物之运输，③ 是需要特殊的装备和技能的，比如他们可以使用一大群牲畜从事商品运输。在甘肃河西走廊，由于大量产骡、马、驴等家畜，"居民多善骑驰，农人与忙罢后，则驱其骡马为商人运货，及为农家之副业"④。以近代皮毛出口大省——青海省为例，当时青海省的皮毛从西宁运到兰州，陆路运输分为"牦牛运输、骆驼运输、骡马车运输"等，"牦牛为海藏特产（甘肃南部地区也有——引者注），力大身壮，毛长有光，形态雄伟，望之生畏，其负重力较内地牛类为大。每头可载羊毛百五十余斤。冰天雪地，藉之为运输利器；唯运输迟缓"。"骡车运输，仅通行青海各大县之间，尚未能深入其内部。载重每辆可至八百余斤，日行八九十里，运费每辆每日三元至五元。"⑤

用牦牛运输虽然运量较大，但是运速缓慢，因而仅适合短途运输。而骡车运输由于道路条件所限又不能深入各地。在这种情况下，人们选择最便利的工具主要有两种：一是负重量较大，适合各种陆路路况运输

---

① 范长江：《塞上行》，新华出版社1980年版，第144页。
② 宁欣：《中华大典 经济典 商业城市贸易分典3》，巴蜀书社2017年版，第1827页。
③ 宁欣：《中华大典 经济典 商业城市贸易分典3》，巴蜀书社2017年版，第1828页。
④ 安汉、李自发：《西北农业考察》，正中书局1936年版，第60页。
⑤ 业：《青海羊毛事业之现在及将来》，《新青海》1933年第3卷第5期。

的骆驼运输；另一种则是运量适中，费用经济适合长途水路运输的皮筏。除了动物运输的陆上交通外，贯穿甘宁青等地的黄河水路，成为这一地区人们可资利用的另一条交通路线。甘宁青之水，黄河为大。"上游自青海经甘肃、宁夏等省东流，中越山险，汹涌澎湃，奔流而下，溯青海之贵德以上，海拔达四千余米，水势急激，或成悬流，或成险滩，河岸河床岩石矗立，形成山溪瀑布，不能航行，自贵德以下，始有航利可言，惟仍因沿途山险环列，水流湍急，河面宽窄无定，河水深浅不一。"① 故而"无舟楫之利。（青海）省西毛、革、木、粮，省东烟、药、蔬、果，所恃以东输省会，北达夏绥。航运之具，仅惟木筏、皮筏"②。自兰州到宁夏间，直线不超过900里，但河道歪曲，水路约长1400里。③ 河水巨流，"几半经峭壁削崎之山下，峡内水深流急，峡外河床广袤，滩阻歧多，故而木船行使时有破覆搁浅之虞"。由于水势及航道所限，牛羊皮筏便成为黄河上游唯一的交通工具了。④ "皮筏吃水仅半市尺至一市尺，因而不怕搁浅，对航道要求不高。"⑤ 而且"皮筏为较经济而敏速"，所以皮筏就自然而然地成为了西北特有之运输方法了。⑥ 皮筏在甘宁青运输区域非常广阔，西起青海之贵德，东达宁夏绥远，甘宁青水烟、皮毛等大宗货物，均赖之以运至绥远包头，转平绥铁路出口。

20世纪30年代前期，"内蒙绥陕甘宁青等地产品，都沿黄河以皮筏运输，由平绥路向天津输出，每年奚止千万。此为西北利源的大概"⑦。皮筏分为牛皮筏和羊皮筏，当时从青海下行及长途运输者多用牛皮筏，短途多用羊皮筏。

> 牛皮筏全身为牛皮，入羊毛或驼毛于其中，扎紧，放入水中。每一牛皮筏可装二百余斤。连一百二十个牛皮为一筏，以六人驾之，

---

① 许宗舜：《黄河上游的皮筏》，《旅行杂志》1944年第18卷第9期。
② 王昱：《青海方志资料类编》（上册），青海人民出版社1987年版，第298页。
③ 孔祥熙：《甘青宁经济纪略》，中央银行经济研究处总务科1935年版，第7页。
④ 许宗舜：《黄河上游的皮筏》，《旅行杂志》1944年第18卷第9期。
⑤ 鲁人勇：《西北古老的水上运输工具——皮筏》，载《宁夏文史资料》第12辑，1984年，第158页。
⑥ 业：《青海羊毛事业之现在及将来》，《新青海》1933年第1卷第5期。
⑦ 胡鸣龙：《西北垦殖的今昔》，《新亚细亚》1936年第11卷第1期。

各筏相联如鱼阵，人坐其上，并可装货少许，听其自流，抵包头后，取毛售于肆中，每年为数不下数千，由西宁至兰州通用此筏。至兰州后，合并四筏为一筏，直抵包头。至于装运水烟，及其他货物，则不入皮囊内，而将牛皮吹大，编制成筏，置货其上。①

为满足货物运输需要，当时也有可以载重二三万斤的大牛皮筏子。②至于羊皮筏，是以木头编成筏形，下面结绑吹气羊皮增加浮力而形成的交通工具，一般以全羊皮吹成，有以八个为一筏者，也有以十二个为一筏者，吹气羊皮的数量由运量决定，"因载重之不同，而分数之多寡"③。当然，由于所用木头的长度和河上运输条件的限制，皮筏上的吹气羊皮不可能无限制增加，一般是以十二头为限。当时黄河上的牛皮筏主要来自西宁等地，当地筏客门从西宁放筏入湟水后，顺流而下进入黄河漂至兰州。进入黄河后，"河面渐宽，始合数筏，成一大筏"④。当时有很多筏子运输介入皮毛运输这一新兴行业。到 1934 年前后，兰州资本额在 1 万元以上的筏子店就有林盛店、全盛店、永盛店、晋盛店、长生店、王兴店、隆裕店、林盛旭、聚义旭等 10 家，其中林盛店资金最多，规模最大，资本额达 5 万元。林盛店开设在桥门街，其他 9 家均开设于兰州西关。⑤

近代以来，兰州由于居中四连的重要地位，不仅每年向宁夏、包头方向发运出口皮毛，众多的商家还要组织接收和拆解、分包青海方向每年运来的各类出口物资。在光绪元年（1875 年）到宣统末年（1911 年），从兰州到达包头的皮筏大约是年均 734 只（次），经由兰州东运的皮毛总数达到 1746 万斤。从民国元年（1912 年）到民国二十七年（1938 年），每年由青海、甘肃、宁夏运往包头方向的毛筏约 1771 只（次），年均输

---

① 林竞：《西北丛编》，神州国光社 1931 年版，第 413 页。
② ［日］几志直方：《西北羊毛贸易と回教徒の役割》，东京：东亚研究所昭和 15 年（1940 年）发行，第 84 页。
③ 林竞：《西北丛编》，神州国光社 1931 年版，第 413 页。
④ 陈赓雅：《西北视察记》，甘肃人民出版社 2002 年版，第 92 页。
⑤ 潘益民：《兰州工商业与金融》，商务印书馆 1936 年版，第 126 页。

出3974.28万斤，年均运量比前一时期上升179.40%。① "每年四月中旬，黄河完全解冻，冰流溶尽时起，至十一月河水封冻时止，惟兰州黄河济渡者，则早在二月中旬开始矣！"② 当时兰州水北门一带是皮筏靠岸检修和筏工上岸休息的重要码头。"每年春秋两季，这里皮筏如云，遮盖河面数里，黄河两岸熙熙攘攘，蔚为壮观。"③ 从兰州到包头，共计运程为1880公里，多则20天，少则15天即可到达，在包头卸去货物后，即将木料采取，就地变卖，"皮胎中之气完全放去，变成数百张双层皮张式样，交骆驼或车子运回兰州，下次再用"④。

除过承担水路运输的皮筏子，在陆路皮毛运输中起主要作用的是驮运。就陆运来说，被喻为"沙漠之舟"的骆驼起着举足轻重的作用。这是由骆驼特有的生物属性决定的。骆驼性格温和，体型高大，成驼一般重千斤左右，高约两米，夏季耐热，冬季耐寒，适合沙漠行走。"骆驼适宜于运输，可以运输重载在任何道路中，有路线无路线，皆可安舒前进。骆驼进行平稳，能断水十日至十五日，其驯服之性显然。"⑤ 骆驼不择食，一半沙漠中生长的带刺食物都可以食用，靠驼峰存储能量，一日所食可抵数日行程，驮上两三百斤货物每天可以行走七八十里。尤其是骆驼可以在沙漠中辨识道路，不会迷失路径。"骆驼之耐饥渴，走长途，亦绝非牛马所能及也。"⑥ 因此，自古以来，骆驼就一直是西北地区丝绸之路沿线主要的交通工具，在近代甘宁青仍然十分落后的道路上，骆驼运输就成为十分重要的一种方式。

光绪三十三年（1907年），李贻德从京津沿北草地前往新疆，对从沿途由归化城（今内蒙古自治区呼和浩特市玉泉区）起身之驮户曾有较为详细的记载，"因骆驼畏热，故昼宿夜行；又以旷野无垠，复不见人，故驮户多结队而行。驮户每帮，多则三四百驼，少亦七八十驼。由

---

① 陈琦：《黄河上游航运史》，人民交通出版社1999年版，第147页。
② 许宗舜：《黄河上游的皮筏》，《旅行杂志》1944年第18卷第9期。
③ 杨重琦：《百年甘肃》，敦煌文艺出版社2001年版，第168页。
④ 焦席襟：《黄河上的皮筏》，《现代邮政》1948年第3卷第6期。
⑤ ［俄］克拉米息夫（W. Karamisheff）：《中国西北部之经济状况》，王正旺译，商务印书馆1933年版，第39页。
⑥ 达乌德：《驼家生活》，《西北论衡》1936年第4卷第6期。

归化起身，必带大犬一只，夜以守货，防盗贼也。又有领房子者，即掌柜之谓也，此人须能操蒙古语，及熟悉此路，且曾经三四次走过者。每日濒行，骑马先走，夜分寻得有水草之地，可以住宿之处，即下马以火镰击石，火光四射（因风大，不能张灯），牵驼者遥见火光，始知驻所。"至于骆驼，则不带草料，每到一处，驮户牧放于山，柳枝枯草，任其所食，不问其食饱与否，每到夕阳西下，仍负货物以行，每夜十二点后乃宿。所以行北草地者，非骆驼不可；而宿处又非水草俱备者不可也。①

青海部分地区、甘肃河西一带及宁夏的盐池主要依靠骆驼之驮运进行货物输出。近代甘宁青通过骆驼运输的北方草原之路，主要是为"穿过人迹稀少之境，避过税卡以达包头"②。这条路线主要包括从酒泉、张掖、武威出发，经过民勤、阿拉善蒙古旗，越过810里之戈壁，往往东行，到达定远营，经过磴口，渡过黄河，经过鄂尔多斯，到达包头。③另一条则是从兰州到包头间的冬季行走路线，一般遵行在大道上，即由磴口经平罗、宁夏中卫，由一条山、红水至兰州，一般来说，从兰州到包头用骆驼运输，需时四十余日。"驼性畏热，每年四月春暖以后即入厂休息，直至秋季八月以后，始出厂工作。"④通过兰州驮运之京货、洋货输入及水烟、皮毛输出，是"由火车运至包头，再由骆驼运至兰州、凉州，转销各地，之若出口货羊毛，水烟等由驼运者亦居其半"⑤。

无论水运、陆运，运费一项都是依货物价格之涨落，行程距离之远近，运畜之负担力或速力，以及各地之繁荣程度而定。⑥但是就大规模运输而言，从西宁或兰州运输的物资数量，其中三分之二是通过黄河水路利用皮筏运输到包头的，其余三分之一则是通过陆路利用骆驼进行输

---

① 李德贻：《北草地旅行记》，载顾颉刚《西北考察日记》，达竣、张科点校，甘肃人民出版社2002年版，第10—11页。
② 全国经济委员会：《毛织工业报告书》，太平洋印刷公司1935年，第75页。
③ 张其昀：《甘宁青三省之商业》，《方志》1935年第8卷第11—12期合刊。
④ 张其昀：《甘宁青三省之商业》，《方志》1935年第8卷第11—12期合刊。
⑤ 潘益民：《兰州之工商业与金融》，商务印书馆1936年版，第155页。
⑥ 顾谦吉：《西北羊毛业调查报告》，《资源委员会季刊》（西北专号）1942年第2卷第1期。

送的。① 当然，这其中也包括那些没有水运航道可资利用的地区。当然有时亦有其他情况的发生，如 20 世纪 30 年代以后，青海（西宁）、兰州、宁夏各地，因为羊毛成为出口大宗，征收羊毛之税亦被各省视之为利薮，税收过重，商人为绕开税卡，降低交易成本，也使有些本依皮筏水运的地区改用骆驼，穿越人迹稀少的北方草原之路了。②

近代甘宁青的水烟、皮毛等货物的运输，在条件许可的情况下，主要运输方式还是以黄河上皮筏为主的水上运输占主导地位。主要原因：一是由于水运较陆运速度快、时间短；二是由于水运比陆路上的动物运输和车运价格低廉，成本有所降低。从兰州经由宁夏到包头，筏子运输所需的时间最多不过是一个月。而据日本人的调查，同样的两地之间，驼运则需要 40 天。从宁夏到包头用筏子最多不过 14 天，而驼运则需要 30 天。③ 可见，用这两种运输工具进行货物运输，所花费的时间大约相差一半。此外，两种运输工具在运输价格上也存在一定的差距，仅以羊毛运输而论，从西宁到包头，驼运最低价为 10 元/担，同样运输距离水运的最低价仅为 6 元/担。④

作为曾认真研究中国传统市镇而集大成者的西方学者施坚雅，尽管强调现代交通工具在近代贸易中心兴起中所扮演的角色，但是与此同时，施坚雅也指出："在民国时期，看似足够的工业化和交通现代化使大量的农业经济商品化，然而真正的现代化少得可怜。"⑤ 这种由交通工具所带动的社会变化，发达地区如此，包括甘宁青在内的西北经济发展落后地区更是如此。

由以上论述可见，近代以来甘宁青水烟、皮毛大宗长途运输物资不断增长的背景下，甘宁青地区长途运输的驼运和筏运也有了发展的空间，

---

① ［日］几志直方：《西北羊毛贸易と回教徒の役割》，东京：东亚研究所昭和 15 年（1940 年）发行，第 88—89 页。

② 全国经济委员会：《毛织工业报告书》，太平洋印刷公司 1935 年，第 75 页。

③ ［日］几志直方：《西北羊毛贸易と回教徒の役割》，东京：东亚研究所昭和 15 年（1940 年）发行，第 82 页。

④ Chin Chien Yin：《Wool Industry And Trade In China》（金建寅《中国羊毛业》），天津工商学院经济论文，1937 年第六册，第 109 页。

⑤ ［美］施坚雅：《中国的农村市场和社会结构》，史建云、徐秀丽译，中国社会科学出版社 1998 年版，第 92—94、105—106 页。

尽管历史不断地前进着，特别是对于以铁路、轮船为标志的中国近代化交通运输工具而言，无论是以驼运为主的陆上运输，还是以皮筏为主的水路运输，无疑都是极其落后的运输方式，但是对于近代甘宁青区域本身而言，以动物资源为主体的运输工具，旧方式接续了新内容，承担了大量货物输出及外来货物的输入的重任，换言之，由于中国幅员广阔，在近代中国东部沿海地区，公路、铁路有所发展，交通工具日益革新，以火车、轮船、汽船等为代表的载货数量多、速度快的高层次的交通运输工具得到日益发展的同时，广大甘宁青等西北内陆地区，驼运、筏运等传统、落后的交通运输方式依然大行其道。

因此，尽管交通运输在很大程度地制约着城镇商贸的发展，但是随着物流方向的变迁，落后的交通工具，却在稳定甘宁青新商道过程中发挥着重要作用。通过驼商、筏子客的互联互结，使甘宁青区域市场与东部市场日益紧密联系了起来。在带动货物流通与商道变迁联动之际，也为沿途所经城市、乡镇、商业网点、渡口、码头的近代的发展和繁荣奠定了基础。这也诚如托马斯·罗斯基在《战前中国经济增长》中所说的："新式水路运输工具的出现，使生产和贸易的总量和格局都发生了显著的变化，但不能把这种变化完全归结于新技术的影响。在战前中国，不只是轮船和铁路，而是多种多样的新旧运输方式组合基础上产生的运输技术的新格局，推动着专业化和商品化水平向着更高层次的发展。"① 可见，旧式交通所形成的交通运输网络抑或格局，在社会变迁中的表现或隐或显，作用或大或小，但都为近代甘宁青社会的"现代性"变迁产生了一定的实际效应。

二 黄河水运商业群的近代勃兴

尽管道光年间，作为西北重镇的兰州城已是"商贾贸易，市廛鳞列，居民饶富"②，可谓是一派繁荣景象。但是至同治初，"回叛造乱，蹂躏几遍全身。道路不通者十数年，即棉布粗物亦不能销，是同治间商务腐败，

---

① [美]托马斯·罗斯基：《战前中国经济的增长》，唐巧天、毛立坤、姜修宪译，浙江大学出版社2009年版，第232页。

② （清）黄璟：《皋兰县续志》卷3《水利》，道光二十七年（1847年）刻本。

不堪言矣"①。此后虽有发展，但直到光绪初年，兰州作为甘肃政治文化中心和商务总汇区，还依然是一个"北临河滨，南对兰山，地面狭隘，周围五六里，户口约三千有奇"的"北五省一极小都会。本地居民并无富商大贾，亦无巨室世家；本处人经商者多烟业行。外省人除山西票商四家外，钱业、布庄、杂货、木行陕人居多；京货直隶、陕人各居其半；绸缎河南人居多；茶商分东、西、南三柜，南柜为湖南帮，东、西柜为陕帮；当商三十余家，本处及山陕人相等，然资本甚微，过万金者绝少"。这里无实力雄厚的富商大贾，土产输出者，水烟土药而外，别无他物，输入品为大布、茶叶等。② 此后，随着水烟特别是皮毛的大量输出，兰州作为重要的商业节点的城市才得以真正繁盛起来。

事实上，在近代甘宁青商贸市场网络中，兰州成为最重要的商业市镇，是与其所处的地理位置密切相关的。"南依五泉，北枕洪流，表里河山，中开平壤"的地理位置，加之流经此地时，黄河的河道十分狭窄，宽仅二百米，因此自古以来就是黄河上游第一要津。③ 黄河自西从青海流入甘肃境内，过积石峡，再向东进入寺沟峡大峡谷。在这里第一次形成90度大转弯，向北进入刘家峡大峡谷。"在刘家峡峡内有大夏河、洮河两条支流由南向北在永靖县莲花旧址归入黄河。湟水、大通河由西北在永靖汇入黄河。庄浪河由北向南在河口流入黄河。黄河流入川尾后，在西段被突起的高山束羁，即被挤在牛鼻子峡内。当黄河进入盐锅峡中，又由西折向东北，出现第三次大转弯，接着被压入八盘峡，进入兰州。"④ 很显然，兰州为青海、甘肃黄河主流和支流的交汇处，因而也是各支流物资的汇集中心与分散中心。

自明清以来，兰州形成的商路主要有五条："东通秦豫为东路；南达巴蜀为南路；北通宁夏、包头、归绥为北路；西通新疆、俄领地为口外；西南通青海、西藏为西路。"这些四通八达的商路把兰州与全国市场网络紧密联系了起来。"葡萄、棉花、桂子皮、尔雅缎等，皆由口外输入。川

---

① 宁欣：《中华大典 经济典 商业城市贸易分典 3》，巴蜀书社 2017 年版，第 1827 页。
② 宁欣：《中华大典 经济典 商业城市贸易分典 3》，巴蜀书社 2017 年版，第 1827 页。
③ 张其昀：《张其昀先生文集》（第 12 集），台北：中国文化大学出版部 1988 年版，第 5917 页。
④ 陈琦：《黄河上游航运史》，人民交通出版社 1999 年版，第 162 页。

绸、川缎、茶叶等皆由南路输入。红花、藏香、皮、毛等，皆由西路输入。至于湖南之散茶，汉口之砖茶，三元之大布，湖北之蓝布，及陕西之棉花、纸张等，均由东北路而来。米则来自宁夏。输入总额在一千万两左右。其输出品，以毛为大宗，牛皮次之，杂皮又次之，药品、水烟再次之，毡毯再次之。输出总额，约在七百万两左右。"① 从货物的输出、输入额中我们可以看出，伴随着近代经济结构的转型，北路成为了货物输出最重要之路线，输出货物则以皮毛、水烟为大宗。

商业繁茂，"客商骈集，阛阓四达，肩摩谷击，冬令尤甚。城东关、西关多五谷，东新关城，壕多挐畜，南门内外，西大街及南关店铺，则商旅之货萃焉"②。各地商人不停地云集于兰州。1904年1月，清政府颁布《商会简明章程》规定，发出商务繁盛之区可设商务总会号召。鉴于"甘肃地居陇右，滨临黄河，北连蒙古，南通川蜀，西界番藏，东接陕晋，凡转运货物，均以兰州为枢纽，进来兴办劝工织呢各局厂，商务日形发达，亟须于省城设立商务总会"，宣统二年（1910年）二月二十五日农工商部上《甘肃省城设立商务总会请给关防折》称：

> 前准陕甘总督咨称据甘肃农工商矿务局总办彭英甲详拟在省城设立商务总会，订立简明章程，咨请立案到部，当经咨覆转饬各商董，速举总协理报部核夺并迭次札饬甘肃商务议员转饬该会，公举总协理等员刻日报部去后，兹据甘肃商务议员彭英甲详称，据省城各行商董郝毓坦等禀称，遵饬会议公举前陕西候补知府降选通判谈廷瑞为总理，五品蓝翎从九职卫刘凌霄为协理造具履历清册，禀请札委颁给关防。③

二十八日，清廷议准后，甘肃商务总会成立后。此后，"省内客商土商，无论票庄、当行、烟行、木行，银行，京货，杂货及工作各行，

---

① 王金绂：《西北地理》，立达书局1932年版，第417—418页。
② 《甘肃通志稿》编委会编：《甘肃通志稿》卷5，敦煌文艺出版社2021年影印版，第1664页。
③ 《农工商部奏甘肃省城设立商会请给关防折》，《政治官报》1910年第886期。

所有自立各本行会首均归商务总会管辖，其省外各府属拟设商务分会，为实行保护互相维持之意"①。各行各业之商会，使商人的经营更好地向收购、运输、销售等一体化的方向前进了一步。作为一种新式商业组织的商会，它不仅对商人利益的维护起着重要作用，而且"商人——民族资产阶级的力量，经由这种组织的作用，增强起来了，在社会生活中发挥着重要作用"②。在近代甘宁青社会结构转型中，作为社会经济集团的商会也经常会把自己的社会影响力渗透到城市社会生活中。1921年的甘肃易督风潮中，甘肃省议会就与商会等公民团体组织，就蔡成勋督甘进行了抵制。③ 亨廷顿曾说过："组织是通向政治权力之路。"④ 很显然，商会的成立，在发展和促进地区特色工商业、维护商人合法权益等诸多方面发挥积极作用的同时，在经济之外也影响着甘宁青的社会变动。

此时，兰州各地会馆数量也持续增加，除原有之江西会馆、山陕会馆、浙江会馆外，三晋会馆、八旗会馆、两湖会馆、广东会馆、豫东会馆等也于1918年前后在兰州开设。⑤ "商人在会馆建设上不断投入大量精力，也体现了他们力求以会馆显示自己的经济实力和家乡特色，从而在客地取得与当地人或别帮的对等文化交流和融合。"⑥ 借同乡关系得以抱团取暖的这种商业组织，为本商帮同其他商帮的竞争发挥着作用之际，他们中的部分人群也逐渐融入了当地社会，从而对当地社会的发展变迁产生着一定的影响。民国十七年（1928年）九月，甘肃省第一家综合性市场——中山市场落成。"规模宏敞，设备齐全，汇百业于一市，足以促之发生观感，改良竞争也。"⑦

在商品经济发展的刺激下，特别是伴随着皮毛输出，更是带动了兰州的近代发展，据《青海水道运输》记载："在西宁、民和等聚集的羊

---

① 石涛：《中华大典 经济典 综合分典2》，巴蜀书社2016年版，第1091页。
② 魏永理：《中国西北近代开发史》，甘肃人民出版社1993年版，第260页。
③ 赵国强：《近代甘肃政要施政文献选编》，甘肃文化出版社2016年版，第184页。
④ [美]亨廷顿：《变动中的政治秩序》，生活·读书·新知三联书店1989年版，第34页。
⑤ 东亚同文馆：《中国省别全志》（第6册，甘肃省附新疆省），台北：南天书局1988年版，第773—774页。
⑥ 王日根：《论清代商人经营方式转换的若干趋向》，《浙江学刊》2001年第1期。
⑦ 魏永理：《中国西北近代开发史》，甘肃人民出版社1993年版，第260页。

毛、粮食都装筏顺湟水运抵兰州……每当春秋水盛，毛贩、粮贩接踵云集，商务随之繁盛……由青海境内水运入甘肃的……货物十分可观。"① 每年经兰州运出的羊毛约11000万斤，皮货约170吨。② 兰州不仅承担运送甘肃本地货物进出的任务，还承担着青海西宁、民和、玉树等地的货物转运的任务。加上本地水烟外运，兰州作为黄河上游水路上重要的商品集散地，在西北地区的货物中转地位愈发显现，"有水烟之特产，以及青海等处货物过往"③。仅1932—1933年两年间，经兰州输出皮毛类即达到了5297776斤，药材共计7381000斤，水烟21515612斤。输入货物分别为布匹6670672斤，棉花2160480斤，海菜265680斤，杂货85971360斤。此外，还有五金、茶类、纸张、丝织、烟类等。④ 1935年前后，通过兰州进行中转的货物总值达到了1300余万元。⑤ "兰州之出入口贸易总值占甘肃全省出入口贸易总值三分之二以上，由此以观，兰州为甘省之商业重心。"⑥ 当时，来自东部地区包括布匹、丝织品等货物，一部分被本地区人民所消费；另一部分则通过兰州转运到了河西、青海、阿拉善等地。在市场规模不断扩大的背景下，兰州地区传统的金融机构如票号、典当等制度安排显然已不能满足市场交易的需求，早在光绪三十二年（1906年），兰州近代金融组织——甘肃官银钱局开设。新式金融机构的出现，为支持远程贸易，"使越来越复杂的交换方式成为可能"⑦。

在货物的大量运输和转运中，兰州商业行业的经营范围也有了大规模的发展。1934年前后，兰州已有较大规模的商号出现，"他们或收购内地物产，如皮毛、药材等类，运销于外。或运入布匹、糖、茶、杂货等类，分销青海、河西及甘肃西南部各地"⑧。此时，专门经营某种生意的

---

① 陈琦：《黄河上游航运史》，人民交通出版社1999年版，第163页。
② 铁道部业务司商务科：《陇海铁路甘肃段经济调查》，1935年内部刊行，第87页。
③ 铁道部业务司商务科：《陇海铁路甘肃段经济调查》，1935年内部刊行，第64页。
④ 杨重琦、魏明孔：《兰州经济史》，兰州大学出版社1991年版，第171页。
⑤ 铁道部业务司商务科：《陇海铁路甘肃段经济调查》，1935年内部刊行，第64页。
⑥ 廖兆骏：《兰州的金融业》，《钱业月报》1932年第16卷5期。
⑦ ［美］王国斌：《转变的中国：历史的变迁与欧洲经验的局限》，李伯重、连玲玲译，江苏人民出版社2010年版，第9页。
⑧ 铁道部业务司商务科：《陇海铁路甘肃段经济调查》，1935年内部刊行，第64页。

专业行店也不断出现,商业分工越来越细,如京货行、筷子行等,所有这些行业分布于兰州的四街八巷。其中城内西大街,主要聚集的是钱庄、绸缎店、布匹百货军衣社,印字馆类商企;皮货店、古玩店、照相馆、书店等多聚集于省政府之南的中山林一带;中西药店、诊所多集中在道升巷;布匹洋货等摊贩不下百余处主要集中在地处东大街的中山市场。其他如医院、客栈、成衣店、理发店、当铺、药肆等民生服务行业,几乎各街都有。东关一带多烟行,规模宏大,财力雄厚。南关大街,行店集中。当时兰州城的商业精华,主要集中在东、南两关附近。尤其南关更是兰州商业最集中、最繁华的地方,许多为当地人认可的京货店集中于此。① 市场数量的多寡,是衡量城镇经济发展的指标,而商业行店的增加,则意味着商业经济活动的活跃。

至1935年,兰州商业行业已经有包括京货行、杂货行、茶叶行、土布行、货行、过载行等在内的30余行,店铺671家。这些行货店中,一般店铺资本额都在千元以上,部分资本额高者甚至多达数万乃至数十万元之巨。比如京货店的80多家店铺中,资本额达5万元以上就有协成裕、万顺成、晋兴庄等3家;杂货行有70多家中,资本额5万元以上有秦源涌、敬义秦、永盛庄、瑞凝霞4家,1万元以上者也有20家;茶叶行有32家,资本额都在万元以上。土布行尽管只有15家,但除新盛合商号资本额为5000元,其他14家资本额都在万元以上。作为兰州输出之大宗的经营水烟之水烟坊,资本额大者更有高达10万元的;就连日常生活密切相关的盐行资本额都高达1万元,低额亦有千元;甚至连照相馆,资本金额也在1000—6000元之间不等。② 此时,由于驮运在兰州运输中起着重要作用,"兰州西赴青海各地及新疆,北赴宁夏、绥远、内蒙古等处,其往来货物,多赖驼运",由于往来驼队众多,于是,为驼主提供便利,并从中获得利益的驼行得以出现,"遂有骆驼一行,经营斯业者,大都择城外辽阔近水处设厂畜驼,筑屋存货,凡驼主运来之货,卸存场中,由场主代为兜售,售出后,收佣金百分之一"③。

---

① 杨重琦、魏明孔:《兰州经济史》,兰州大学出版社1991年版,第170页。
② 潘益民:《兰州之工商业与金融》,商务印书馆1936年版,第39—46页。
③ 潘益民:《兰州之工商业与金融》,商务印书馆1936年版,第88页。

近代兰州商业发展的重要原因，显然与兰州和"外部"市场联系增多及交流的频繁是密切相关的。而以商人为依托的商贸活动，起着联结"东部"和"西部"的重要作用。他们带动着商品的流动，满足着兰州及其商品腹地人群的生活所需。此时，传统上近距离的商品流通及余缺调剂，已逐渐被外向型消费经济所取代。"兰州市上洋货之多，国货之少，几令人不信置身西北。"① 至于进口货物，"除官茶棉布外，其他各种物品，种类纷繁，不胜缕述。大概外货居多，国货甚少。如纸烟一宗，为最普通货物，某公司出品，兰州遍街皆是。其号称国货者，仅美丽牌而已，市面并不多。……总之国货有日暮穷途之悲，洋货有喧宾夺主之势"②。商业活动频繁，人员辐集，兰州市面上流通的商品发生了实质性变化，尽管茶叶等商品依然处在市场上，但突破了区域性封闭状态而被纳入世界范围的经济转运体系当中的兰州，商品种类已越来越多，西方商品业已大行其道。在商品经济的拉动下，城市人口也日益增加，到1936年，兰州城镇人口已在10万以上。③

从整体上看，兰州商业水平在这一时期的发展，虽然依其规模仍然不能与同时期经济发达的京津沪穗相提并论，但如果就其自身发展或以西北地区来看，其发展规模已经达到了一个较高的层次，它作为西北地区中心商业城市的功能也日益显现了出来，在兰州的辐射带动下，次一级区域市场的"陇东区之平凉，陇南区之天水（旧秦州），洮西区之临夏（旧河州），湟中区之西宁，河西区之张掖（旧甘州），宁夏区之宁夏，皆以兰州为枢纽，商业均甚活跃"④。

兰州与西宁之间有陆路和水道相连，从兰州顺湟水（又名西宁水）上溯过老鸦峡可达西宁。"当时在西宁经营筏运业的有十余家，除当地筏子客外，吸引了不少循化、化隆、永靖、兰州等地的筏子客。在西宁的装货地点在今林家崖、周家泉一带……湟水河不存在春季枯水期问题，

---

① 徐弋吾：《新疆印象记》，西安和记印书馆1934年版，第33页。
② 钱宗泽：《兰州商业调查》，陇海铁路管理局1935年版，第59—60页。
③ 潘益民：《兰州之工商业与金融》，商务印书馆1936年版，第2页。
④ 张其昀：《张其昀先生文集》（第12集），台北：中国文化大学出版部1988年版，第5917—5918页。

每春暖时,上游冰雪融化,湟水反而暴涨,谓之桃花汛。"① 可以说,近代以来,濒临黄河支流湟水的西宁,通过皮筏子的黄河水运,就是由此开始它的行程的。"地横跨黄、湟、大通三流域(就西宁道区言之),南部由黄河以达兰省,中部由湟入黄河以达省,北部由大通会湟入黄河以达省,均不过二三日之程。物力雄厚,交通便利。"② 借黄河水运之功,而交通便捷,所致长久以来西宁一直是青海货物集中区。19世纪中晚期,经过咸丰、同治年间的战乱,西宁商业也出现了衰落停滞、货弃于地的境况。此后,随着洋行的设立和洋货的输入,在一定程度上刺激了民间商业的复苏,从而带动了商业经济的发展,近代商业文明的气息开始在西宁日益显现。

据成书于民国时期的《甘肃通志稿》记载:"青海以西宁为中心。青海多产皮毛、鹿茸、牛黄、麝香,萃于西宁。每秋冬间,兰州商人分往收买,以行销于东南。蒙番多运青盐、马匹,以易官茶、青稞、杂货。"③ 事实上,清朝末年,随着青海地区皮毛等畜牧产品的大量输出,青海的商品经济发展才有了明显的改观。在西宁商业市场上,山陕商占有很重要的地位,特而晋商更是独树一帜,故而当地有"先有晋益老,后有西宁城"的说法。此外"四川成都帮,山东、河北的大中商号,湖北黄陂商人,河南商人,宁夏吴忠堡客商,陕南及汉中商客",也大量活动于西宁市场中。④ 西宁成为青海地区皮毛等畜牧业产品集散中心后,青海各地所产皮毛多汇聚集中于此。⑤ 光绪末年,天津帮商人以西宁为据点,从事皮毛输出业务。由于从事皮毛收购利润可观,山陕商人亦渐染指其间,但是由于天津客商背后之洋行势力支撑,天津商帮在西宁皮毛外运中一直拥有绝对之优势。"皮毛的不断出口,带动了农付(副)业土特产品交易的活跃。各种手工业产品也随之增多,业务逐步发展,地方经济活跃,

---

① 张志珪:《清末民初畜产品交易中的歇家》,载《西宁城中文史资料》编委会编《西宁城中文史资料》(第19辑),2007年(内部资料),第85页。
② 周希武:《宁海纪行》,王晶波点校,甘肃人民出版社2000年版,第15页。
③ 邓隆:《甘肃通志稿》卷14《舆地十四物产》,第14页。
④ 天顺:《廖氏兄弟与裕丰昶》,载青海省政协学习和文史委员会编《青海文史资料集萃》(工商经济卷),2001年,第164页。
⑤ 王金绂:《西北地理》,立达书局1932年版,第422页。

购买力不断提高,市场逐渐一天天繁荣起来了。"①

远距离的商贸往来,也推动了西宁现代化金融机构的设立。在西宁市场上,皮毛出口以前,一直货币流通不足,常需要从兰州等地调剂,才能满足货物往来的需要,洋行的进入,歇家的兴起,也活跃了西宁金融市场。民国四年(1915年),甘肃官银钱号在西宁设立分号。民国十六年(1927年),甘肃银行在西宁设立办事处,从而一改青海金融调剂全由调兑的情形,商民咸受其利。② 因之,青海独立建省后,西宁不仅成为了青海省政治中心,而且由于其进一步成为农产商业之总汇而成为全省经济中心。"由内地输入之茶、布、糖等货,聚于西宁,运输湟源、大通、贵德、鲁沙尔等地,然后分销与蒙藏各地。"③ 政治主导向经济主导的转型,市场规模的扩大,使青海地区城乡(牧区)结合日益紧密。④

多变的时代悄然降临,改变着中国人的传统观念。伴随着中国社会日益改变,地处偏僻的甘宁青地区也逐渐被动地卷入了国际市场,"而从根本上推动这一切变化的,正是那持续不断、从西方滚滚东来的商潮"⑤。皮毛等农畜产品走向国际市场,大量输出以前,青海"当地人出外经商的很少,仅有少数土产,零星运销邻省,以换回一些生活必需的商品。大多数资源,则处于货弃于地,无人过问的状态"⑥。在西宁市场上的,流通的商品也仅限于湖北的宽面土府布、梭布,湖南茯茶,四川丝绸,宁夏大米等少数品种。随着皮毛输出,越来越多的外地商人进入了西宁市场,"商品亦转变为多种多样,如人马弓斜布、九龙洋布、采石矶德国缎、斜文缎、哈机布等。其他日用针织品,如洋袜子、毛巾、香皂、牙

---

① 廖霭庭:《解放前西宁一带的商业和金融业概况》,载中国人民政治协商会议青海省委员会文史资料委员会编《青海文史资料选辑》(第1辑),1963年,第99页。

② 孔祥熙:《甘青宁经济纪略》,中央银行经济研究处总务科1935年版,第51—53页。

③ 李自发:《青海羊毛调查报告》,贸易委员会西北办事处调查课1945年版,第25页。

④ [美]费正清:《剑桥中华民国史》(第2卷),章建刚等译,上海人民出版社1992年版,第14页。

⑤ 马敏:《商人精神的嬗变:近代中国商人观念研究》,华中师范大学出版社2001年版,第29页。

⑥ 廖霭庭:《解放前西宁一带的商业和金融业概况》,载中国人民政治协商会议青海省委员会文史资料委员会编《青海文史资料选辑》(第1辑),1963年,第98页。

膏、纸烟等，也都逐渐增多"①。输出贸易带来的巨大商业利润，也使得本地的小商小贩不断壮大，并开始与外地客商同台竞技。20世纪20年代，西宁本地人廖祥麟、廖书麟、廖瑞麟（霭庭）三兄弟开办的裕丰昶商号，经营布匹、绸缎、茶叶等商品，随着"外埠进货基地扩大，从汉口、西安、成都的上货邮包已发展到一定数量，批发业务早已由本市下伸到湟源、贵德、互助、大通、徨中、上五庄、门源、恰不恰等农村牧区的县镇，业务蒸蒸日上"。除裕丰昶外，福顺昌、永和祥、德生隆、昌顺德、洪丰店、福盛店、恒庆栈等，业已成为西宁市场上较有实力的商号。②

民国十八年（1929年），西宁商业市场上出现了照相、浴池、军装（缝纫）、剧院等行业。③ 民国二十年（1931年），西宁则有了西药行、电料行等。④ 这些新兴商业行业的出现和发展，标志着西宁近代商业规模的初步形成。1932年左右，输入西宁的商品，"以杂货、布匹、绸缎、海菜、药材、瓷器为大宗。据商会统计每年约在六百二十万七千余元，输出商品以羊毛、皮革、牲畜、油木、药材为大宗，每年约计在一千五百四十九万七千余元"⑤。仅羊毛出口就有800万斤左右，价值160余万元。⑥ 贸易顺差达929万元，表明了青海在货物输入、输出贸易方面处于十分有利的地位。为了推动地方商业的发展，民国二十二年（1933年），在新大街与饮马街之间的原贡院旧址的基础上，政府修建了一个以孙中山之号命名的长一百五十米，宽约六米的市场，成为西宁唯一的夜市和繁华市场，其"两侧为二层木结构小楼，底面为铺面，楼上设茶肆或酒店雅座。市场内有商铺、食品店、饭馆、熟食摊、戏院、妓院以及说书、卜算各色人等，白天顾客络绎不断，晚上10时以前仍然灯火通明，叫卖

---

① 廖霭庭：《解放前西宁一带的商业和金融业概况》，载中国人民政治协商会议青海省委员会文史资料委员会编《青海文史资料选辑》（第1辑），1963年，第100页。
② 王昱、聪喆：《青海简史》，青海人民出版社1992年版，第232页。
③ 天顺：《廖氏兄弟与裕丰昶》，载青海省政协学习和文史委员会编《青海文史资料集粹》（工商经济卷），2001年，第168页。
④ 青海省地方志编纂委员会：《青海省志·商业志》，青海人民出版社1993年版，第58页。
⑤ 顾执中、陆诒：《到青海去》，商务印书馆1933年版，第304页。
⑥ 孔祥熙：《甘青宁经济纪略》，中央银行经济研究处总务科1935年版，第62—64页。

之声不绝"①。这一年春夏之交，福盛店商行从把"洋糖（水果糖）"输入西宁，西宁人尝到了"洋糖"的滋味，大开了眼界。同时期，通过天津商人运进的汽油，西宁人逐渐知道了汽油照明的优越性，从而使青海传统的清油灯盏逐步缩小了它世代相沿的地盘。"从此，汽油发出的亮光，也就在闭塞的青海大地上逐渐的扩散开了。"②

先进的城市景观，现代化的生活方式和开放的场所自此出现在这个长久以来，因"民族之庞杂，语言、信仰、风俗习惯不同"，而与内地同胞隔绝了往来的地区。③ 民国二十五年（1936 年），西宁已有京货行 20家，资本总额达到了 37100 元；广货行 5 家，资本额 17000 元；杂货行 183 家，资本额 321000 元。由于羊毛输出为大宗，转运羊毛之羊毛行的资本总额更是高达 200000 元。④ 20 世纪 30 年代，西宁城中有大小商号 1000 余家，"内有资本十万以上者十余家，五万以上的四五家"⑤。市场上，不仅有来自天津等地出产的绸缎、瓷器等，还有日产的各种香皂、花露水等，当时大商号主要经营布匹，有些亦兼营皮毛，他们大都集中于道门街，街道两旁鳞次栉比，从小十字起到东门一带最为繁盛。在所有商号中，"首推河州人所开之义源祥，资本十万元，……不仅批发京广杂货，并兼办皮毛及其他业务，可谓西宁之托辣斯（托拉斯）。又德兴店亦系河州人，资本四万元，公积三万元，经营布匹杂货，兼营皮毛"⑥。南大街、北大街、西大街仅有少数杂货铺和熟食摊。手工铺子和食店大部分散处在石坡街、大新街、饮马街、关门街以及东关等街巷。

在西宁的辐射下，特别是在商人群体的往来奔波中，青海藏边腹地的商品经济也开始有了发展，如都兰县"外来回汉商人，皆来自西宁、湟源一带，夏季携蒙番必需之物，如茶、烟、酒、布、针、线、糖等入境，往各帐贩卖；及冬时，则收取各类毛皮及鹿茸、麝香等以归，年只

---

① 杨景福：《青海商业志》，青海人民出版社 1989 年版，第 94—95 页。
② 任景民：《西宁过载行业概况》，载《西宁城中文史资料》编委会编《西宁城中文史资料》（第 3 辑），1990 年（内部资料），第 140 页。
③ 张元彬：《青海蒙藏两族的生活（续）》，《新青海》1933 年第 1 卷第 3 期。
④ 《西宁商业调查》，《政治成绩统计》1936 年第 2 期。
⑤ 孔祥熙：《甘青宁经济纪略》，中央银行经济研究处总务科 1935 年版，第 63 页。
⑥ 马鹤天：《甘青藏边区考记》，甘肃人民出版社 2003 年版，第 154 页。

一次。输出之品,以羔皮、羊毛、狐、狼、熊、豹、野牛皮、麝香、鹿茸为大宗"①。贵德以出产皮毛为大宗,每年羊毛集中于此者,130余万斤,羊羔皮1万余张。②"贵德所出羊毛,系由南番各番族每年春秋驮运来城,由皮商收买,每年出售十万余斤。贵德所出羊皮,多系鲁仓、都受汪什亥一带番族每年初几驮运来城,各皮商争相收购,运往天津,计每年出售三万多张。"③ 1914年,贵德私营工商户182家,到1937年已经增加到了400余家。④ 循化地区,经销的大部分商品多来自天津、汉口等处,以国货和日货为主。国货数量最多,占比接近70%,日货占比接近30%。每年输入之商品,约值洋26471元;输出商品,仅值洋3910元,入超之较,为22561元。⑤ 显然,伴随着皮毛输出贸易,青海一些偏僻的牧区也已开始和国内乃至世界经济体系产生了联系,外来洋货不仅对传统市场造成了冲击,而且牧区人民对西化商品也渐渐有了认同。此诚如布罗代尔在《资本主义的动力》中所说的,市场经济"是纽带,是马达,是狭窄但活跃的区域。事物、活力、新事务、创举、各种觉醒、增长,甚至进步皆有此涌出"⑥。可见,以商人为媒介,在商品经济浪潮的冲击下,传统社会中位于边缘体系中的西宁,也发生了一系列社会变动,在自身向近代社会转型过程中,亦带动了周边乃至全省的社会经济发展。

与黄河水运相联结的另一重要城镇则为宁夏石嘴山(今宁夏石嘴山市),此地在平罗县西北70里,当河套之口,为宁夏北部之门户,"原是个小渔村,只是一个进行季节性商品交换的'市口',但随着皮毛贸易的发展,石嘴子因扼居皮毛贸易交通要道而兴起,成为西北重要的商业城市"⑦。迄光绪初年(1875年),即有包头之平和、新泰兴等洋行派庄驻于此地,收购皮毛,由黄河水路,转运包头,此后,随着甘宁青羊毛大量出口,到光绪末年(1908年),天长仁等众多内地洋行云集此地,不仅

---

① 林鹏侠:《西北行》,宁夏人民出版社2000年,第137页。
② 《青海贵德县畜牧概况》,《新青海》1936年第4卷第5期。
③ 顾执中、陆诒:《到青海去》,商务印书馆1934年版,第729页。
④ 贵德县地方志编纂委员会:《贵德县志》,陕西人民出版社1995年版,第267页。
⑤ 顾执中、陆诒:《到青海去》,商务印书馆1934年版,第237页。
⑥ [法]费尔南·布罗代尔(Femand Braudel):《资本主义的动力》,杨起译,生活·读书·新知三联书店1997年版,第12页。
⑦ 胡铁球:《近代西北皮毛贸易与社会变迁》,《近代史研究》2007年第4期。

收购当地皮毛，也集中收购黄河上游及洮河流域之皮毛。①

甘肃、青海及宁夏等地的皮毛等畜牧业产品运抵石嘴山后，都在石嘴山梳洗打包，然后由石嘴山装船水运至包头转口。石嘴山也因之成为了"商货转运囤集之地，且黄河船舶，麇集于此"之地。② 此间黄河上还"有木船七百余只，往来包头、中卫之间。赴中卫，上水十天，下水四天。赴包头，上水十二天，下水八天。其往来包头者，下水多运皮毛、甘草、枸杞、麻之类，上水则运洋货、糖、茶、土瓷等"③。当时，石嘴山为转运皮毛的市场需要，设有专门的皮毛加工工厂。1915 年前后，新泰洋行和仁记外国公司联合在石嘴山开办皮毛加工包装工厂。这个石嘴山最早的皮毛粗加工工厂，"雇佣 1500 多个工人，专事清理污物及冲洗和晒干羊毛"④。

1919 年前后，由石嘴山下行从包头转运天津口岸的皮张已达到百万张，羊毛 3000 万斤左右。⑤ 业务繁盛前所未有，自光绪六年（1880 年），"仅运输一项，每年约 1000 万公斤，至民国十五年（1926 年），自石嘴山运出羊毛共 4 亿多公斤"⑥。借黄河水运的便利，换言之，黄河水运之功成就了石嘴山的经济地位，正如前文中所提及的，宁夏府城皮毛等货物集散地位渐渐被石嘴山取代。⑦ 到抗战全面爆发前，当地皮羊商帮及驻庄洋行不下数十处，皮毛堆积如山，自黄河解冻起至黄河封河止，河面上皮筏络绎不绝。⑧

东西走向的黄河运输成为近代甘宁青货物流通的重要载体，而石嘴山转型和发展及其繁荣，显然是基于其处于黄河商运的支点作用，使之成为甘宁青地区与天津通商口岸进行货物往来的重要集散地，它不仅对

---

① 韩在英：《宁夏羊毛产销概况》，《中农月刊》1945 年第 6 卷第 5 期。
② 陈泽湉：《宁夏省经济概要》，中国殖边社 1934 年版，第 73 页。
③ 林竞：《蒙新甘宁考察记》，刘满点校，甘肃人民出版社 2003 年版，第 49 页。
④ ［美］詹姆斯·艾·米尔沃德：《1880—1909 年回族商人与中国边境地区的羊毛贸易》，李占魁译，《甘肃民族研究》1989 年第 4 期。
⑤ 林竞：《蒙新甘宁考察记》，刘满点校，甘肃人民出版社 2003 年版，第 49 页。
⑥ 《石嘴山市志》，宁夏人民出版社 2001 年版，第 278 页。
⑦ 东亚同文馆：《中国省别全志》（第 6 册，甘肃省附新疆省），台北：南天书局 1988 年版，第 217 页。
⑧ 韩在英：《宁夏羊毛产销概况》，《中农月刊》1945 年第 6 卷第 5 期。

甘宁青与华北间的经济往来起着重要的联结作用，而且京津一带的日用百货和工业品也大量通过当地转运甘宁青其他地区。远距离的货物双向流动，不仅为石嘴山工商业发展奠定了基础，而且在客观上助推了石嘴山城市的近代化发展。

要之，随着新式经济因素的进入，与近代甘宁青商贸往来密切相联的是：通过皮筏运输所联结的黄河上游交通运输大动脉的兴起，黄河水运将上下游地区的城镇联系在了一起，而借水运之利的西宁、兰州、石嘴山等城市由此开始了向近代化迈进的步伐。在货物大量往来的拉动下，石嘴山—兰州—西宁为中心市场的商业带得以形成。无疑，外源性的经济动力，导致了甘宁青商品流通路径的变迁。传统时期相对封闭性和地域性限制的市场格局也被打破，在与东部发达地区乃至世界市场不断得以交流之际，西宁、兰州、石嘴山等城镇的经济功能不断得到提升，经济活动能力亦不断得以强化，在他们的经济辐射及其联动效能下，磴口、中卫、贵德、循化、靖远、河州等黄河沿线市镇也开始有了向近代发展的趋向，诸多地区自然经济不断解体，并有力带动和示范着更偏远地区的社会发展，在把这些地区广大民众带入到商品经济运行轨道中的同时，必然自觉地引发着甘宁青社会不同于以往的嬗变。

三　北方草原之路甘宁青段城镇的兴盛

唐晓峰曾在《长城内外是故乡》一文中论述："在长城地带，人文地理与自然地理一样具有过渡性，它是一个渗透着农业和草原势力的世界，一个两种势力接触并汇合于此，而不能被任何一方永远统治的世界。"但是，"过渡"却是进行贸易的绝好地方，这一农业和草原交汇地方，贸易永远是积极的。[①] 明清以后东起张家口、宣化、大同，西至榆林、三边、灵武、银川的通往北方传统草原丝绸之路（也被称为"钦察道"）的商业通道，伴随着甘宁青商品运输的繁盛而再度兴起。这条路线基本上处于长城沿线，是以骆驼为主要交通工具来承担货物往来运输重任的。

在近代甘宁青经济转型的大背景下，北方草原之路的重新勃兴，由此也带动了沿途城镇商贸之发展。其中，酒泉、武威、张掖三县，为河

---

① 唐晓峰：《长城内外是故乡》，《读书》1998年第4期。

西货物集散中心市场,依靠河西的骆驼大队,走沙漠戈壁地带运输,其外输货物,以皮毛为大宗,"多由蒙古运往包头去天津"①。当时,普通商帮运行,"多以骆驼千头组为商队,下分若干小队,每小队约有骆驼七至十头"。自民勤、张掖、酒泉出发到达包头的骆驼商队分别需要30、34、40天。②

酒泉,"居洮水河南岸,西距嘉峪关仅七十华里,扼边关要塞,为河西西部商业中心,尤为皮毛交易重镇。昔日外商高礼洋行,明义洋行及新泰兴洋行,均派人驻庄于此。外帮毛商设庄者亦复不少。嘉峪关以外各地羊毛,亦由酒泉毛商前往收购"③。与西北大多数商贸市镇一样,同治回变期间,酒泉街市亦遭到了严重的破坏,成为废墟。④清光绪七年(1881年)开埠为通商口岸,在经历了清末的商业贸易,特别是北方草原之路的兴起,带动了酒泉近代皮毛及洋货转运业的发展,其皮毛贸易额岁已在百万以上。⑤其时,"商务颇形发达,可比于省垣"⑥。1919年3月13日,林竞路过肃州时,对肃州做了如下描述:

> 肃州为甘、新两省之枢纽,甘肃极西之锁钥,以故商贾往来,蔚成大观。其繁盛次于甘州,贸易额岁在百万以上。其异于甘州者,甘州乃原料出产之地,此则转运市场也。输入品由东大道来者,以陕西之大布及纸张为大宗。由包头经蒙古草地来者(四十五日可达宁夏),以洋货(火柴、布匹、手巾、化妆品)、砖茶为大宗。青海蒙番则以毛皮、牲畜,换米、面、布匹以往,其情形无异于甘州也。⑦

---

① 徐旭:《西北建设论》,中华书局1945年版,第34页。
② 贸易委员会西北办事处调查课:《甘肃羊毛调查报告》,贸易委员会西北办事处调查课1943年版,第206—207页。
③ 张桂海:《河西羊毛产销概况(下)》,《贸易月刊》1942年第3卷第9期。
④ 黄正林:《农村经济史研究——以近代黄河上游区域为中心》,商务印书馆2015年版,第588页。
⑤ 王金绂:《西北地理》,立达书局1932年版,第432页。
⑥ 李德贻:《北草地旅行记》,载顾颉刚《西北考察日记》,达竣、张科点校,甘肃人民出版社2002年版,第26页。
⑦ 林竞:《蒙新甘宁考察记》,刘满点校,甘肃人民出版社2003年版,第119页。

应该说，肃州是周边地区皮毛集中，并通过骆驼队运往归绥地区的贸易中心，① 所以其更多呈现的是转运市场的功能，换言之，肃州不仅承担附近地区皮毛向外运送的任务，亦为河西多县货物转运供给之中心，金塔、鼎新、临泽、安西、敦煌、玉门等之皆仰赖之。② 在酒泉的辐射下，安西县尽管行政上为"甘省最清闲之缺"，但是在经济上"每岁惟春间青海番蒙持皮毛、牲畜至此，交换粮食，人众繁杂，稍宜注意"③。人员往来，货物集聚，也成为了一个重要的商业市镇，吸引着时人的目光。除安西这一"最清闲"之县外，敦煌、玉门、金塔、鼎新、肃北设治局及青海北部所产皮毛皆集中酒泉。为避免税卡，"北路经金塔、鼎新二线，出额济纳，绕宁蒙草地，至绥包"，就成为了商运要道，并全赖骆驼驮运。④ 在商贾往来、百货云集下，当地商铺数量持续增多，街道宽敞，且尚整洁，市场上之洋货，"价反廉于兰州者，以由草地来少经关卡也"⑤。全县商号最多时，达到了 70 多家。⑥

与肃州"无异"的甘州，即张掖，"自兰州至敦煌一千一百公里，张掖居其中途，其南祁连山之扁都口，为通青海之捷径，骆驼队则由黑河而通绥远"⑦。张掖向为甘肃西路枢纽，人口稠密，土地丰美，商务素称繁盛。"皮毛，虽非本地产，然岁由青海来者，辄百余万斤，专售于各洋行。"⑧ 尽管张掖不产皮毛，但由于附近各县有产，包括临近青海海北等地所产皮毛，年约百余斤，多运到此处集中。⑨ 故而吸引着大量洋行在此地设庄。民国十四年（1925 年）前，"外商洋行设庄者，计有益利、兴隆、聚利等家，一时商贾云集，交易盛旺。直至抗日发生，商业之盛，

---

① ［俄］克拉米息夫（W. Karamisheff）：《中国西北部之经济状况》，王正旺译，商务印书馆 1933 年版，第 43 页。
② 张泰：《酒泉县现状》，《陇铎》1945 年第 2 卷第 4—5 期。
③ 林竞：《蒙新甘宁考察记》，刘满点校，甘肃人民出版社 2003 年版，第 133 页。
④ 张泰：《酒泉县现状》，《陇铎》1945 年第 2 卷第 4—5 期。
⑤ 林鹏侠：《西北行》，王福成点校，甘肃人民出版社 2002 年版，第 146 页。
⑥ 高良佐：《西北随轺记》，建国月刊社 1936 年版，第 169 页。
⑦ 张其昀：《张其昀先生文集》（第 12 集），台北：中国文化大学出版部 1988 年版，第 5919 页。
⑧ 张桂海：《河西羊毛产销概况（下）》，《贸易月刊》1942 年第 3 卷第 9 期。
⑨ 王金绂：《西北地理》，立达书局 1932 年版，第 424 页。

仍不减昔日"①。其商业繁盛程度亦在酒泉之上。张掖附近地区所产羊毛，"多先集运各产地市场，如高台之新坝，张掖之康龙寺，民乐县城及永固等地，而后集中张掖县城。至青海北部俄博、永安等地羊毛，则经民乐集中张掖起运，然亦有集中民乐后，即直接驮运包头者"②。20世纪30年代，张掖周边年产（集中）羊皮2000张，羊毛50万斤，驼毛6000斤。③在驮运商往来运输下，张掖商业发展日趋活跃。

> 输入品，多日本货，由天津或包头运来，行蒙古草地，经北面大山及苦知林井，约三十余日而至。此道人烟稀少，骆驼驮载，开支甚省，税卡亦少。故甘州物价反较兰州为廉（秦、陇商人之赴新疆者，亦多取道于此）。青海、蒙古诸蒙番，岁携牛、羊、皮、毛至此间以易茶、面者，为数亦多。盖此地不特为西路繁盛商场，又为汉、回、蒙、番贸易之所焉。④

伴随着频繁的货物往来，拉动了张掖城中市场的兴旺，"商店林立，生意繁盛，不让皋兰"⑤。城内大小商户500余家，⑥ 商贸往来畅旺。在以鼓楼为中心的十字街头，市面十分热闹——尤其是南街和河西街——道路是石子铺成的，都经过现代化的修整。路面有一丈来宽，略作弧形，两旁各有二尺宽的阳沟，还有尺度不齐的人行道，道旁靠沟一齐栽着树木，大街的两旁，有的是规模较河西各处为大的买卖铺子。"除了一部分铺子有很宽的门面之外，还有些铺子是由一个很狭的门径，把顾客引到很深的院子里，在两旁并排的台柜上做生意；商品里有源源不绝的大炮台香烟，有来自巴黎的化妆品，有价值三十五元一瓶的三星斧头老牌白兰地，以及极精的鸦片烟具，和来自东方的上品麻雀牌。此外还有很多

---

① 林竞：《蒙新甘宁考察记》，甘肃人民出版社2003年版，第112页。
② 张桂海：《河西羊毛产销概况（下）》，《贸易月刊》1942年第3卷第9期。
③ 高良佐：《西北随轺记》，建国月刊社1936年版，第152页。
④ 林竞：《蒙新甘宁考察记》，刘满点校，甘肃人民出版社2003年版，第112页。
⑤ 林鹏侠：《西北行》，王福成点校，甘肃人民出版社2002年版，第138页。
⑥ 林竞：《蒙新甘宁考察记》，刘满点校，甘肃人民出版社2003年版，第112页。

'太阳牌'的东西。"① 当地妇女"多傅粉涂脂,亦不似前此各站所见者,尽皆蓬头黑脸",而与甘肃其他地区"尽系粗面"所不同,此地有售挂面者。②

张掖所属之高台由于畜牧业发达,年产羊一万余头,羊毛四五万斤,由肃、甘客商购买运往包、绥售卖,"当地货物皆由大商于包头、绥远等处,用驼载运,或由小商自酒泉、张掖购办,以备营业"③。在商品经济的刺激下,该地"城厢比户鳞接,县属各境,黍油麦秀,前后三百余里,平阳膏腴,沃壤相接,直至兰州,无有出其右者"④。这一切都在一定程度上凸显着近代商贸往来的拓展性和拉动型之效能。

凉州以武威市为中心,当地商店门面甚小,内容甚大,多系晋帮,平津帮亦不少。"晋帮出口以烟土、皮毛为多,进口以茶糖、布匹为大宗。平津帮大率以进口洋广杂货为主要营业。"⑤ 津沪绸缎洋杂各货,借由骆驼运自宁夏之磴口,各种货价格恒较兰州为廉,"土布、胰子、皮货、烧酒、皮胶为行销大宗,次为毡毛、黄绿烟、羊烛、驼毛",凉州附近各县均产皮毛,"民勤驼毛之多,为全省冠"⑥。凉州所产皮毛都集中于永昌及民勤,由民勤驼商经过阿拉善运往包头。

定远营为阿拉善旗府所在地,为西套蒙古之重地,地当贺兰山以西,龙头山北,东至宁夏边界,西与额济纳相邻,南至凉州、甘州边界。⑦ 此地不仅接受来自附近沙漠中的蒙古族百姓,"常用骆驼载酥油、皮毛等来城交换米、面、茶叶等物",⑧ 而且"凡有宁夏包头等处输经阿旗、额旗及甘肃河西与青海之货物,皆首先集中于此"⑨,每年大量驼商经过此地,

---

① 明驼:《河西见闻录》,载顾颉刚《西北考察日记》,达浚、张科点校,甘肃人民出版社2002年版,第143页。
② 林竞:《蒙新甘宁考察记》,刘满点校,甘肃人民出版社2003年版,第111页。
③ 高良佐:《西北随轺记》,建国月刊社1936年版,第162—163页。
④ 李德贻:《北草地旅行记》,载顾颉刚《西北考察日记》,达浚、张科点校,甘肃人民出版社2002年版,第37页。
⑤ 徐弋吾:《新疆印象记》,西安和记印书馆1934年版,第54页。
⑥ 孔祥熙:《甘青宁经济纪略》,中央银行经济研究处总务科1935年版,第58页。
⑦ 卓宏谋:《绥远分县物产图:附阿拉善、额济纳旗》,文岚簃印书局1937年版,第111—112页。
⑧ 叶祖灏:《宁夏纪要》,正论出版社1947年版,第87页。
⑨ 韩在英:《宁夏羊毛产销概况》,《中农月刊》1945年第5卷第6期。

货物辐辏，商贾云集，故而带动了当地商业经济的发展，这里大小商号林立，有杂货铺、皮毛栈、粮栈、茶栈以及客店等等，城内外开张铺面过多，日日交易，沿途腰站地方，尽属客民盖设过店，客留往来，行人住宿，直与内地无异。① 很显然，商品化、市场化在促进各族人民密切往来之际，也加快了定远营附近蒙古族居民内地化的进程。

近代以来，尽管定远营商号都集中南门外，自成一区域，店房多系亲王私产，由商家各自租用，汉民不得任意购置产业。② 并且由于该地属于转运，"有时某货满街皆，时而数日后，即不复见期踪迹"，全因骆驼客至此做数日勾留，交易货物，旋即而返。③ 即便如此，至民国十七年（1928年）前，当地也已有商号百余家，其中以祥泰隆、永圣合、兴泰合、万泰永、兴泰隆等27家为最大。④ 早在清末民初，仅晋商祥泰隆商号所经手输出附近蒙古族人民所产之皮毛就值百余万元，输入布匹、糖、茶等杂货。当时，宁夏及沙漠中均有其分庄及代理人，常年居住，收售货物。⑤ 由于商业规模的不断扩大，民国九年（1920年），阿拉善大旱成灾，大量牲畜死亡，牧民严重缺粮。祥泰隆竭尽全力，从全国购进黄米、小麦等大约200万斤，借给蒙古族牧民，帮助他们渡过难关，"不但使自身赖以生存的消费市场得到保护，也得到了蒙古族人民的人心"。可见，活跃在定远营的商人组织"在沟通汉族和蒙、回等少数民族的经济、文化交流，开发牧区经济资源，促进畜牧业生产发展，供应牧民生产、生活用品，增进蒙古草原各民族的团结等诸多方面都发挥过巨大的积极作用"⑥。

宁夏盐池，"即鄂尔多斯草原南端之花马池，以产盐池文明，为历史上著名之蒙藏交易市场，附近草野茫茫，羊群遍地，出产羊毛极多，自羊毛外销以来，每于剪毛季节，中外客商咸集于此，集中之羊毛，除略

---

① 梁丽霞：《阿拉善蒙古研究》，民族出版社2006年版，第301页。
② 叶祖灏：《宁夏纪要》，正论出版社1947年版，第87页。
③ 西庭译：《甘肃定远营纪游》，《国文周报》1923年第3卷第15期。
④ 《定远营商业概况》，《边疆经济》1944年第2卷第11期。
⑤ 叶祖灏：《宁夏纪要》，正论出版社1947年版，第87页。
⑥ 山西省政协《晋商史料全览》编辑委员会、晋中市政协《晋商史料全览·晋中卷》编辑委员会编：《晋商史料全览 晋中卷》，山西人民出版社2006年版，第425、415页。

加整理包装后,即用骆驼经草原,运至包头或归绥,再转平绥路外销"①。吴忠地区依靠黄河水运也较为便利,但大多仍然采用骆驼运输。当地商号都采取四兼(东家、采购、会计、运输)的经营方式。较大的商号主要活动在甘宁青采购皮毛等农畜产品,这些商号通常有自备驼队自行运输货品,从吴忠向东经过伊克昭盟到达包头地区,往返一次往往昼夜兼程需要一个多月时间,商品和资金的运转速度较快,灵活方便。至抗战前的13年时间,吴忠地区(包括金积、灵武)能从外地进货的商户在三十多家。据旧商会不完全统计,资金在20万白洋以上的有两家,"天成和"有流动资金20万元以上,还有包绥吴忠等地房产200多间、骆驼200余峰;"义顺源"流动资金也在20万元以上,天津、吴忠房产180余间、骆驼百余峰等。此外资金15万元到20万元的有5家,即"福兴奎""永昌隆""宣德堂""忠义荣""庆盛奎"。"当时吴忠市场非常繁荣,人们称为小上海,有生意兴隆通四海之势。外地的商号纷纷来吴忠开设店铺。"② 中西商贾,络绎不绝。③

要之,近代以来甘宁青旧式交通工具——骆驼,不仅没能随着时代的变迁而陷入窘境,反而适应区域商品经济发展时势的需求,利用"旧方式"对接了"新内容",重新构建了地方商品运销体系,在拉动以皮毛为主体的畜牧业产品外销,促进新式商品流通格局形成的同时,也对增强城镇和乡村的互动产生着积极影响。伴随着驼商对北方草原之路的重新开拓,沿线所经之商业城镇具有了近代化的因素,而城镇的发展,反之又更好地促进了农牧经济商品化程度的加深。从这个意义上来说,符合地区经济发展,充分利用原有资源优势,也是满足落后地区商业经济发展的重要手段。应该说,在包括甘宁青在内的广大西北地区,伴随着我国社会进入近代阶段,传统的运输工具并没有退出历史的舞台,在经济生活中,依然发挥着重大作用,有时甚至大行其道,也许这也是我们研究包括甘宁青地区在内的西北近代化历程中不能忽视的因素。

---

① 韩在英:《宁夏羊毛产销概况》,《中农月刊》1945年第5卷第6期。
② 李风藻:《解放前的宁夏商业(下)》,《华兴时报》2017年11月14日。另载政协宁夏回族自治区委员会文史和学习委员会编《宁夏文史资料》第22辑《纪念政协文史资料工作创建四十周年》,宁夏人民出版社1999年版,第214—215页。
③ 倪良钧:《宁夏之茶叶》,《中农月刊》1943年第4卷第8期。

第二节　多种交易方式下蒙藏游牧社会的近代化趋向

商人是市场交易的主体，必须在符合区域经济发展水平的基础上，在遵循市场运行的规则前提下才能从事正常的商业经营，进而拉动货物的流动。实际上，无论是歇家、毛贩、跑合儿，还是皮毛经纪行等众多商人组织，近代以来，在甘宁青的兴起和发展过程中，都与甘宁青社会转型时期的社会发展特征相适应。作为社会最活跃的因子，他们的转型与蜕变，都表明了他们在甘宁青商业化、市场化进程中所起的重要作用。面对近代以来甘宁青社会发展的实际情形，特别是在蒙藏游牧民族地区长久以来特殊的地理环境、人文习惯等因素的影响下，一些传统交易方式或规则已不能完全满足社会转型下市场交易的需求，故而当甘宁青地区货物交易与国际市场产生联系的时候，符合甘宁青地区的自然、人文环境所需的各种新旧交易方式或规则，便与多维复杂的交换网络相伴而生。在交换价值成为了畜牧业生产的目的，创造尽可能多的经济价值时，便为蒙藏游牧民族的自我转型提供了契机和动力。可以说，与甘宁青社会经济发展紧密交织在一起的畜牧业产品的商业化发展，不仅促进了畜牧经济的发展，而且通过商贸关系所浸染的现代化因素也在悄然改变着甘宁青社会。

一　交易方式的变迁

甘宁青地区"为中国内地之边陲，但亦为西北边陲之内地。因是环境特殊，故亦常有特殊之商贩。如在夏河，即以地多藏民，寺院权力甚大，寺院喇嘛亦多，经营羊毛或代客买卖，收取佣金，此外商有牙子，亦经纪人之一种也，多设行店，供客歇宿，并通藏语，介绍毛商与牧民或喇嘛交易"[①]。特殊的自然地理与人文环境，对甘宁青地区广大民众长久以来的生产生活方式产生着重要的影响，从而使他们的一切活动必然打着地理和环境影响的烙印。近代以来，伴随着以皮毛为主要商品的畜

---

①　贸易委员会西北办事处调查课:《甘肃羊毛调查报告》，贸易委员会西北办事处调查课 1943 年版，第 117 页。

牧业产品出口，尽管在比较偏远的蒙藏游牧民族地区，也就是在广大的初级市场中，依然采用着原始的以物易物的交易方式，但是在市场规模不断扩大的背景下，一级市场及二级市场中各种较为现代的交易方式也开始在市场交易中广泛使用，使我们发现，在甘宁青皮毛市场上，不仅有活跃在一级、二级皮毛市场上内地洋行、外客与毛栈、大毛贩、歇家等商人组织间多种方式的觅购批销，也有初级地市场上小商小贩和农牧民间灵活多样的零星买卖。符合甘宁青地区的地理和人文社会环境多种交易方式的灵活并行，在推动着甘宁青远距离以皮毛为主要货品的商贸发展的同时，也在客观上为各民族之间的互信及其友好往来奠定了基础。内地洋行、外客、毛栈、歇家等市场、贸易等因素，都成为引发甘宁青蒙藏游牧社会发生变革的重要因素。

应该说，近代甘宁青皮毛输出贸易中，围绕着皮毛交易，一级、二级皮毛市场在1923年前，甘宁青的内地洋行（外庄）、外客和歇家、毛栈、大毛贩子等商人组织间多样化的交易方式，"使致用之物流通于天下"①，尽管这一切都是为满足他们之间借交易效率提高而达到聚敛财富之目的，但是在这同时，亦不可否认的是随着甘宁青区域内大规模的皮毛等畜牧业产品的输出也带动了当地社会经济发展。仅以青海而论，有学者估计，20世纪30年代，其羊毛、绵羊羔皮等每年输出海外者，金额就已达数百万元，由于皮毛等畜牧业输出数量众多，影响着当地人民的生活。故而时人调查后认为，皮毛等畜牧业产品"实为贫苦之西北特有财富，而与国家经济之发展，亦有密切关系"②。职是之故，通过歇家等商人群体的商业挥动，在使甘宁青区域内外的联结奠定基础之际，也使皮毛等畜牧业的流通更为顺畅。

第一，预买交易，亦为期货交易。当内地洋行（外庄）拿到天津洋行的羊毛订单后，为了顺利地从毛栈、歇家手里拿到羊毛，他们大都采取预买方式：每届新年，内地洋行与毛栈、歇家等签订合同，预买羊毛，彼此签订期货契约，交付相当定金，并订定羊毛的品质、价格、交货地

---

① 梁启超：《〈史记·货殖列传〉今义》，载李敖主编《古书疑义举例 国故论衡 饮冰室合集》，天津古籍出版社2016年版，第398页。
② 李自发：《发展青海绵羊事业与国计民生》，《新青海》1933年第1卷第10期。

点，交货时间等。"预买之价格，大约照市价十分之七至十分之八之间。"① 在剪毛季到来时，当毛贩子、毛栈、歇家把羊毛收购回内地洋行所在地时，内地洋行就会把羊毛称重验货后，付下剩余的费用给这些歇家、毛贩子、毛栈。"期货交易中为当之尤甚也，厥为'折价偿还'，折价云者，即至合同规定交货时期，如遇卖方不能交货，则必须以当时市场价格，折合货币数量而清偿之，如不能全部清偿，则再以其所验无法清偿之货币数量，预卖下一期之畜产品。"②

第二，委托交易。指外客与歇家、毛栈等之交易。外客酌予被委托者以相当之手续费，"如在河西羊毛市场上，即常委托当地信用卓著而深知产地情形之商人（当地称为'歇家'），贷以款项，托其收毛"③。由于与被委托者存在着款项往来，所以为了对委托者资产、信用有所了解，外客"首先对歇家之信用，慎重予以考虑，然后贷以三万或五万之款，委托收购。如需大量收购，则可同时委托歇家多人办理，其所贷款项自亦增多。歇家领款后，即赴产地向牧户直接订购。有时候歇家将款项转贷与小毛贩，至收购之羊毛，则由歇家负责运至指定地点。歇家为获厚利，多于交货时将毛价提高"④。换言之，歇家从牧户手里收取皮毛后，转手给洋行。

第三，标期交易。标期交易实际上是赊购，就是先交货而后交款之交易。具体交款的日期，在交易时讲明，一般期限为三到六个月。"标期交易与记账交易不同者，即记账交易全靠信用，靠交情，论价格，与现金交易同。而标期交易，如标期一个月者，则须将一个月之利息，加入价格之内，二个月者，须将二月之利息加入在内。"以此类推。⑤ 标期交

---

① 顾少白：《甘肃陇东羊毛皮货初步调查》，《西北经济通讯》1941年第1卷第5、6、7期合刊。
② 贸易委员会西北办事处调查课：《甘肃羊毛调查报告》，贸易委员会西北办事处调查课1943年版，第156页。
③ 贸易委员会西北办事处调查课：《甘肃羊毛调查报告》，贸易委员会西北办事处调查课1943年版，第156页。
④ 张桂海：《河西羊毛产销概况（下）》，《贸易月刊》1942年第3卷第9期。
⑤ 顾少白：《甘肃陇东羊毛皮货初步调查》，《西北经济通讯》1941年第1卷第4、5、6期合刊。

易主要盛行于陇东、平凉等皮毛市场中。① 显而易见，标期交易无形中增加了皮毛等农畜产品的价格，但外庄和外客可以扩大贸易额。而就甘宁青地区的实际情况而言，由于交通不便，汇兑不畅，货币缺乏的情况下，这种交易方式又是保证皮毛等货物能顺利交接的一种手段。但是，与此同时，洋行购买皮毛，先交货后交款，只凭一纸空头汇票，无限额的大购大买，把皮毛商贩的皮毛，用标期手段买下后，常常一推再推不付价款。直到他们把皮毛买齐运走，到了天津等地，赚足了利钱，才给皮毛商贩付价，有时也会使与之交易的许多商贩负债累累。②

此外，在一级、二级皮毛市场上，也有少量的正常交易，即毛贩子、歇家与内地洋行、外客直接以正常价格，买卖定量羊毛。③ 亦有内地洋行、外客通过跑合儿从产地大羊户手中购进羊毛。

因为在近代甘宁青皮毛市场上，羊毛并无严格的等级之分，即使较大的羊毛市场上有近似分级之分等，"但分等方法也非常简陋，通常采用看成色的方法"④。至于广大蒙藏牧民，就是把羊毛剪下，用的是旧式的毛剪，不但剪时非常麻烦，并且剪下的羊毛长短不一，剪毛之先，既不洗毛，剪毛之后，亦不洗毛，所以牧业区所产羊毛肮脏不堪。⑤ 不唯如此，皮毛出产影响着甘宁青人民的生活，特别是蒙古族居民、藏族居民的生活，因此有时为伪骗商人，以图厚利，皮毛生产者，"常混合羊粪砂土于毛内，甚至灌水，增加羊毛重量"⑥。

因此，为防止商贩以次充好，保证所购羊毛之品质，正常交易通常是通过以下六个程序来完成的。第一是"说样"，即跑合儿于预先探知卖主存毛数量、品质及愿于何种价格下抛售后，即各处奔走，代觅买主，告以货色品质、产地、价格等详情。第二是"论价"，买主由跑合儿那里

---

① 贸易委员会西北办事处调查课：《甘肃羊毛调查报告》，贸易委员会西北办事处调查课1943年版，第154页。
② 马守礼：《帝国主义洋行在张家川的掠夺》，载中国人民政治协商会议甘肃省委员会文史资料研究委员会编《甘肃文史资料选辑》（第8辑），甘肃人民出版社1980年版，第179页。
③ 贸易委员会西北办事处调查课：《甘肃羊毛调查报告》，贸易委员会西北办事处调查课1943年版，第131页。
④ 张之毅：《西北羊毛调查》，《中农月刊》1942年第3卷第9期。
⑤ 顾少白：《甘宁青三省羊毛之生产》，《中农月刊》1943年第4卷第4期。
⑥ 顾谦吉：《西北羊毛业调查报告》，《资源委员会季刊》1942年第2卷第1期（西北专号）。

听取各种"说样"后,如认为可以购买,即与之论价,以"摸手"行之。第三是"对样",即买卖双方初步论价后,就约定时间,买家前去看货,是曰对样。第四是定价,即买方看货认为满意后,再与跑合儿论价,跑合儿复与卖主接谈,如买卖双方均认可,交易即大都告成,是为定价。第五是过秤。定价后,跑合儿即陪同买主前往卖主堆放羊毛的货栈,会同双方过秤。跑合儿掌秤,买卖两方监秤记数。第六,成交。也就是过秤完毕后,买卖双方当即银货两清,由卖方出具交买方收执,由跑合儿作为证明人,至此交易遂告完成。①

在正常交易中,所产生的交易费用有三种(当然其他形式的交易也多存在)。第一种是秤银,即"公秤"的使用费。在羊毛买卖中,为减除买卖"双方争执起见,羊毛交易多用商会所备公秤。每借用一次,如当日交还,须纳二百文(铜圆二十枚,相当法币五分),其借用数日者则半元或一元不等。此项费用由卖方担负"。第二种是过秤搬运费,"为过秤时雇佣小工所需之工资,由买方负担"。第三种是佣金,就是买卖双方付给跑合儿的费用。当买卖双方交易成功后,跑合儿从中抽取佣金百分之二,由买卖双方各出一半,当然如果交易量很大,"则可斟酌给酬,不依此例"②。

在甘宁青皮毛市场的交易中,我们可能应该把关注目光更多地放在二级市场和初级市场的交易。因为在甘宁青皮毛市场网络中,初级市场多处于偏远蒙藏牧区,由于蒙古族、藏族居民常年过着逐水草而居的游牧生活,所以在那里就存在着复杂而多样的交易方式。虽然他们的交易不同于一级市场的大宗贸易,而且又缺乏具体的统计数字,但是值得注意的是,它是近代甘宁青皮毛贸易中重要的交易环节。在这一环节中,互惠交换、物物交换广泛存在,不仅体现出一种经济现象,而且更多体现出的是一种"人情"观。通过对它的研究能更多地展示出人类学学者王铭铭所指出的:"中国的集镇不是简单的市场,而是库拉圈、互惠场所、夸富宴的举行地、再分配的网络、社会的竞技场和文化展示的舞台。"因此,完全应该纳入我们的研究视野。"一个地域共同体之所以成

---

① 张桂海:《河西羊毛产销概况(下)》,《贸易月刊》1942年第3卷第9期。
② 张桂海:《河西羊毛产销概况(下)》,《贸易月刊》1942年第3卷第9期。

为一个共同体,很大程度上是由于交换主体之间的社会关系和族群—区域认同意识所致。"① 步入近代以来,甘宁青蒙藏人民的生活,依然保持传统社会状态下简单并无多大奢望的日常生活。

> 无大的奢望,人民相互间都是亲爱诚挚,无欺诈无谎话,因之他们的经济生活还是循行着以物易物制;以银币作交换媒介者很少,间有以圆宝银块为交易的,除少数拥有数万牲畜的富豪,或王公千百户外,一般人民多不如此;如以纸币代金属货币使用的习惯更未之有;如交易行为中行利起息的行为,尤其众所憎恶不愿的,宁可断绝相互经济关系,绝不应诺利息的负担,开罪恶的源,遗害子孙。所以近于蒙藏人民的商人,也就明白了这一点,凡与蒙藏人民发生经济行为时,为应合蒙藏人民的心理,仍然惯行以货易货与无利息无抵押的办法,预先给蒙藏人民所需之物,等到他们剪羊毛,取羔皮,牛羊皮的时候,一时可以收回预先房贷的帐项,囤积起大批皮毛,运销到内地各埠以赚厚利,这种一诺千金,不欠分文的如期如数的偿债行为,是蒙藏人民特具的美德。②

显然,中国的区域不仅是简单的经济空间,它还是"社会、行政、文化—象征的空间场域"③。近代甘宁青皮毛交易的初级市场,特别是地处堂奥之地的蒙藏游牧地区正属于诸多因素组成下典型的文化—象征之场域。

一批20世纪早期的旅行者已给我们留下了有关皮毛生产者的交易的一些情况。埃里克·泰切迈描写甘青交界地区的俄博时曾说道:居住区所处的位置与它所起的经济作用是一致的,用土筑成的小市镇坐落在青藏高原的边缘,一条连接青海和河西走廊的道路从俄博边上穿过,目所能及之处都是一望无际的大牧场,在牧场上藏族居民放牧着他们的牧群,

---

① 王铭铭:《空间阐释的人文精神》,《读书》1997年5月10日,另见王铭铭《社会人类学与中国研究》,广西师范大学出版社2002年版,第131页。
② 张元彬:《青海蒙藏两族的生活(续)》,《新青海》1933年第1卷第3期。
③ 王铭铭:《社会人类学与中国研究》,广西师范大学出版社2002年版,第131页。

搭着他们的帐篷。泰切迈所遇见的操汉语的回回民族是唯一参与收购羊毛和草原土特产品的民族，他们运载着收购来的羊毛和土特产品到较远的小城镇里卖掉。① 泰切迈描写贸易村落的文章，向人们展示了甘青交界地区皮毛生产者市场的基本特征：过着游牧生活的皮毛生产者，在广袤无垠的大草原和商人有着直接的联系，通常的交换都是以物易物。

甘宁青许多地区的人民，特别是蒙古族、藏族居民步入近代以来，他们大多数依然处在逐水草而迁徙的生活中，因之其商品交易亦多传统社会下的以物易物。"青海商业除西宁各县外，其余均为蒙番游牧之民，故其交易极为简单，以物易物，货币不甚适用，因其不辨银色之真伪，及银两之轻重。汉人至其地采办货物，无物不收，即旅行之人，其饮食之料，驼运之价，亦须以货物为抵，予以银两，虽多给之，亦不收易。"② 在玉树，"居民交易以货易货，结古其二十五族之商场也。"③ 都兰人民惯于游牧生活，商业方面，人们交易即为牛马羊皮之类，"民间亦无金银货币之行使，交易时以货易货"④。甘肃拉卜楞、旧城（临潭）、黑错（合作）藏族居民的买卖方式，依然也是以货易货。⑤ 1936 年，受教育部之聘去西北视察的庄泽宣亦有这样的记述："甘省之一部分及青海之大部分居民犹滞留于游牧生活之中，不知货币之为用，仍在以货易货习惯之中。"⑥

关于游牧民族和毛商进行羊毛交易的具体情形，民国时期的学者为我们留下了一些记载。比如甘肃的拉卜楞地区，因南通四川松潘、西北接青海南部牧区、东连临夏、直达兰州，所以长久以来一直是甘南农牧贸易的一大中心，吸引着不少商人前去经营皮毛。据张元彬的《拉卜楞之畜牧》记述，因为蒙藏人民不记数字，完全信任商人，"至于交易之情形，多由临夏、临潭、贵德各地之汉回商人，运茶、布、面粉等物，到

---

① ［美］詹姆斯·艾·米尔沃德：《1880 年—1909 年回族商人与中国边境地区的羊毛贸易》，李占魁译，《甘肃民族研究》1989 年第 4 期。
② 许公武：《青海志略》，商务印书馆 1945 年版，第 79 页。
③ 马福祥：《蒙疆状况》，蒙藏委员会 1931 年版，第 150 页。
④ 新西北通讯社南京总社：《边疆异俗漫谈》，南京文华昌记印书局 1935 年版，第 43 页。
⑤ 徐旭：《西北建设论》，中华书局 1945 年版，第 67 页。
⑥ 庄泽宣：《西北视察记》，载宣侠父《西北远征记》，达浚、宗华点校，甘肃人民出版社 2002 年版，第 231 页。

达各地易换皮毛等畜产品,蒙藏人即按其需给,以其剩余之皮毛与商人交易。此种交易,纯为以物易物制,从不以银作价。此种交易,尤以商人预先放货订货,到皮毛生产期即往收集之,而蒙藏人亦预先放货,以应彼之需给者,认为有交情互相交易,从无纠纷,惟须商人处处表现信实,则蒙藏人甚所信赖也"①。为了能使贸易成功,做买卖的人,通常是买主,不得不自愿学习蒙古族、藏族人民的语言,并且习惯一些游牧民族的生活习俗。正如列宁所说的:经济流通的需要,就会愈迫切地推动各民族学习一种最便于他们进行商业往来的语言。②"(青海的贵德)出产以皮毛为大宗。每年羊毛集中与此者一百五十余万斤。……民元以来,临夏县商人到此营业,年有增加,直到现在约数十家。多投资于皮毛,而设立国货庄,以通有无,每年运往上海、汉口、四川、天津……各地销售,(每年回民贸易三十万元)从事是业者必熟悉番语,驮粮赴帐房一带(游牧番民),购皮易物。"③比如在湟源,每年夏、秋季,"牧区的客户,用牦牛和骆驼将所收取定金的羊毛、皮张……驮运到湟源,交给'歇家'"④。

遍布牧区的交易,并无固定的交易场所,前往牧区的歇家、毛栈等,特别受他们雇用的小毛贩子、小房子等贸易组织,通常携带茶叶、面粉、酒、清油等游牧民族所需的日常生活必需品,"运至一处,即插账以居,每至一处,即设法认识一该地夙有声望之人,为之介绍当地居民,作种种交易,谓之'主人家'"⑤,并与之以厚礼。而所有的交易往往是"无铺面,多就家中贸易。所居皆土屋,甚湫隘"⑥。这些交易又多以宗教会期为贸易时间,贸易地点在寺庙附近,周围既无常设市场,又无固定店铺,"就旷野为市场,物贵者蔽于帐,物贱者曝于外,器物杂陈"⑦。有些地方"产羊毛,而无另售毛之所。有制毡房,而无售毡之商店;产各种

---

① 张元彬:《拉不楞之畜牧》,《方志》1936 年第 9 卷第 3—4 期合刊。
② 《列宁全集》第 20 卷,人民出版社 1958 年版,第 2 页。
③ 马梦鹤:《青海省贵德县回民概况》,《突崛》1936 年第 2 卷第 6 期。
④ 张志珪:《清末民初畜产品交易中的歇家》,载《西宁城中文史资料》编委会编《西宁城中文史资料》(第 19 辑),2007 年(内部资料),第 82 页。
⑤ 业:《青海羊毛事业之现在及将来(续)》,《新青海》1933 年第 1 卷第 5 期。
⑥ 周希武:《玉树调查记》,青海人民出版社 1986 年版,第 177—178 页。
⑦ 马鹤天:《西北考察记·青海篇》,台北:南天书局有限公司 1987 年影印版,第 210 页。

兽皮，而无硝皮、售皮之商店"，收购毛皮客商"须觅诸民家"①。这些客商熟悉沿途的道路，会讲蒙藏民族的语言，并且了解他们的生活习俗。

民国时期，畜牧业专家顾谦吉调查发现，"在西宁每块茶砖不过三元左右，至产区即作五六两银子易与蒙藏人民，同时一茶砖换羊毛'番秤'百斤计，每'番斤'约合市斤二斤余，故以三元左右之茶砖，加一元之运脚，即可换得羊毛二百余斤"②。顾谦吉因而认为这种交换是"欺骗贸易"，使蒙藏人民感受痛苦。事实上，这种交易，尽管表面看来是一种不等价交换，但就其实质来看，这种交易完全是建立在信任基础之上的，因为羊毛裁剪期是有季节性的，而蒙藏人民的生活所需却是日常的，这样一来，就存在"放账"和"收账"关系的存在。所谓"放账"，就是预先支付牧民一定的日常所需货物，但是"蒙藏人赊取货物者不记账，仅与毛商言明砖茶或斜布一方——约二尺——应给羊毛若干斤，再记于其账簿上，将依所言取毛，'放账'手续，即行完毕"。到羊毛裁剪时，"毛商级携带衡器，前往账户收毛，再行运回帐房，整理成捆，存储待运，'收账'手续，即行完毕"③。当然，在收账过程中，有时也会出现收账困难的情况，这并不是蒙藏人民预先怀有不还的心理，而是"看重皮毛的商人们想多收皮毛，都要争竞着放账，当然取账的人都不是能够生产大量皮毛的，穷人们也为着种种需急，不妨也向商家取一些货物以填其生活的急困"，却忽略了清偿的能力，导致所欠账目无法偿清，只能等下年偿换。④尽管如此，在近代甘宁青牧区交易中，"放账"也就是赊欠的情况非常普遍，而这种赊欠又完全无正式的契约来保障，而"全赖之熟悉经营，亦只凭人之交易，否则信用丧失或人有变更，则一切交易项目均无着落"⑤。信任机制的存在，减少了双方交易中的一些风险。实际上，在当时特定的背景下，也为买卖双方提供了诸多便利，因而在交易过程中得以减少许多不确定的因素，在交易成本得以内化的同时降低

---

① 马鹤天：《甘青藏边区考察记》，甘肃人民出版社2003年版，第59—60页。
② 顾谦吉：《西北羊毛业调查报告》，《资源委员会季刊》（西北专号）1942年第2卷第1期。
③ 业：《青海羊毛事业之现在及将来（续）》，《新青海》1933年第1卷第5期。
④ 张元彬：《青海蒙藏两族的经济政治及教育》，《新青海》1933年第1卷第10期。
⑤ 《青海省商业史料汇编》第6册《青海商业志》，藏青海省图书馆1988年版，第59页。

了交易成本，达到了买卖双方双赢的目的。

对于蒙藏人民来说，在皮毛出口之前的一段时期里，甘宁青地区恰为多事之秋，战乱不断，"市场萧条，因畜产品流通渠道不畅，加上运输困难，从事单一的游牧经济的蒙、藏族来说，对他们的生产和生活失去了保障，造成了许多困难。好多偏远的牧区（玉树、果洛）。屯集有大量畜产品无法运出，有些牧民，对羊毛放弃不剪，任其自生自脱，因剪下也没人收购，换不来生活用品，他们终年见不到'粒粮寸布'，全依牛、羊肉和乳制品维生，生活达到十分贫困的境地"。随之而来的是"畜牧业生产停步不前，甚至倒退"。在皮毛出口的带动下，"羊毛及其他产品价格提高了，如羊毛价格较原来提高了十倍，湟源市场成交价格达到每百斤20两白银，最高时曾达到30两。虽然中间几经盘剥，牧民实得不过十之三四，对于贫困的牧民来说，是相当可观的，增加了收入，提高了生活水平"[①]。而对于进入牧区的广大商人群体而言，随着"洋行"进入，他们的贸易渠道得以拓宽，在洋行撤走后，他们"走出省门，远赴津门，直接和外商打交道"[②]。

具体而言，在初级皮毛市场上，通常所采取的方法有如下五种。

（1）订购交易。订购交易就是毛贩子或毛商在羊群剪毛以前，以现金向产户订购羊毛，其方法有两种，一种为定价先期购买，即当时与产户讲定毛价，先付一部分货款（价格无定），俟羊毛交清，再付清剩余款项。另一种方式为先向产户预定羊毛，但不议定毛价，俟剪毛后，产户必须将羊毛售于原订主，并以当时市价付款。[③] 在甘肃河西一带，"每届阴历三、四月间，彼等即赴地订购，首先估计牧户可出产羊毛若干，然后按毛价十分之四，给予款项或布疋、茶叶，以为定钱，商定在初级市场某处交易，并按行情清付价款"。

（2）贷款交易。"每届阴历三、四月间，毛商派人赴各产毛地区，贷

---

① 张志珏：《清末民初畜产品交易中的歇家》，载《西宁城中文史资料》编委会编《西宁城中文史资料》（第19辑），2007年（内部资料），第84页。

② 张志珏：《清末民初畜产品交易中的歇家》，载《西宁城中文史资料》编委会编《西宁城中文史资料》（第19辑），2007年（内部资料），第85页。

③ 韩在英：《宁夏羊毛产销概况》，《中农月刊》1945年第5卷第6期。

给牧户相当款项，将来即按议定毛价归还实物，价格涨落，均不反悔。"① 至于货物与羊毛交易标准，均按市场价格折合。

（3）抵押交易。每逢农历三四月青黄不接之际，穷困牧户，需款孔亟，多将未剪羊毛以重利抵押给毛商或高利贷者，以资周转。② 将来收毛时，即以羊毛抵偿债务，其利率很高，"有达月息百分之十至十二者。亦有牧户向羊毛商贩先期购进布匹等日用物品，俟羊毛上市时，按购货时之毛价，将欠款折成定量羊毛，以之清偿前债"③。

（4）正常交易。为京津地区的羊毛商人与跑合儿或其他经纪人之交易。他们往来市场收毛时，多住宿于当地有关系之分庄，由跑合儿或熟人从中介绍成交，按百分之二抽取佣金。④

（5）零星交易。零星交易就是剪毛季节毛贩与牧户之零星直接交易。毛贩收购后即运至市场售于各兼营毛商，或消费者。此外，行商亦间有直接赴产区向牧户零星收购者。一般而言，零星交易，"多行于毛价激涨之际；或蒙藏人之富有者，不需货物，而愿贮积金银时行之"⑤。因此，此种交易，也叫"现金交易"，在甘宁青皮毛市场上，这种交易不如以货易货普遍。⑥

在产地市场上，游牧民族和小商、小贩之间遵循传统的物物交换方式，却同样承担着皮毛出口贸易，而也正是通过这种传统的交易方式，才把广大的甘宁青牧区与世界市场体系联系了起来。在货币经济尚不发达的情况下，甘宁青游牧民族地区这种物物交换形式，既能明显地体现出区域社会经济的发展水平，又能体现出观念形态、行为规范、道德准则、宗教信仰等在交换中发生的巨大作用。这种交易形式完全是建立在买卖双方相互信任的基础之上的，因此随着他们交易的完成，他们之间的关系也得到了进一步强化。只要不发生大的变故，双方间的买卖合作

---

① 张桂海：《河西羊毛产销概况（下）》，《贸易月刊》1942年第3卷第9期。
② 韩在英：《宁夏羊毛产销概况》，《中农月刊》1945年第5卷第6期。
③ 贸易委员会西北办事处调查课：《甘肃羊毛调查报告》，贸易委员会西北办事处调查课1943年版，第154页。
④ 张桂海：《河西羊毛产销概况（下）》，《贸易月刊》1942年第3卷第9期。
⑤ 业：《青海羊毛事业之现在及将来（续）》，《新青海》1933年第1卷第5期。
⑥ 韩在英：《宁夏羊毛产销概况》，《中农月刊》1945年第5卷第6期。

关系就不会不存在，这诚如乔纳森·特纳所指出的："随着行动者卷入经常性的交换，他们对支付的比率负有更多的责任，因此降低了交换内在的不确定性"①。

要之，在近代甘宁青市场上，无论是歇家、毛栈等商业组织与蒙古族、藏族居民间的以货易货，还是内地洋行、外客与歇家交易方式的灵活多样，都是各级各类商人为维护市场交易秩序、保证市场规模扩大的基础，而这一切显然都是在甘宁青地区特殊的自然地理人文环境、物资和近代以来当地货币极其匮乏、交通运输条件十分落后的特定条件之下，为保障各类商人的获利机会而形成的，职是之故，无论是传统的抵押交易、正常交易、零星交易，还是现代的预买交易、委托交易、期货交易，从中可能更多体现出我国著名经济史学家吴承明先生所指出的传统偏好、文化和习俗刚性等，会破坏和造成市场失灵，市场机制也随之发生变革。② 这种商业层面及市场机制的变化，在很大程度上说明了甘宁青地区经济近代化的转型过程中的独有特征，传统与近代并存，不仅使甘宁青地区和天津近代以来的商业往来进一步加深，也保障了其与世界市场体系的密切联系，在使皮毛等畜牧业产品商品化程度得以深化的同时，也刺激着甘宁青地区不断向近代社会迈进的步伐，而蒙古族居民及藏族居民在传统社会中发展"缓慢性"的特性，也在商品经济浪潮冲击下出现了向近代社会发展的趋势。

二 蒙藏民族思想观念及生活方式的近代变迁

由于蒙藏民族在历史上常年过着逐水草而居的生活，衣食住行莫不仰于畜牧，因此他们"认为经济畜牧，非其他任何事业所能比。同时蒙藏民族，迷信佛教，以为不营畜牧，变更他业，不但毁其祖先之遗业，且为侮辱佛教或违反教条。故宁作焦头烂额之斗争，而不愿另营他业"③。畜牧业完全是为了生产自用的有用之物。除畜牧业以外，他们"捉狼、

---

① ［美］乔纳森·特纳：《社会学理论的结构》（上册），邱泽奇等译，华夏出版社 2001 年版，第 335 页。
② 吴承明：《中国的现代化：市场与社会》，生活·读书·新知三联书店 2001 年版，第 25 页。
③ 齐玉琢：《西北畜牧业之检讨》，《新青海》1936 年第 4 卷第 5 期。

毒狐、杀熊、捕豹之事，谁都乐意干……把大自然内的各种野兽，均拥为他们所有，一举手的劳，便可获利千倍，一支枪是他们的额外摇钱树"①。故而，长久以来，甘宁青"畜牧区的人民职业，除了打猎以外，更无什么副业。他们饲养牲畜，世世相传，始终在原始状态下，不但饲养牲畜如此，就是他们一切的生活，教育、法律、政治等等，都是这样。所谓的'科学化'、'现代化'等一类的方法，不要说没有走进蒙藏区域的门槛，连蒙藏区域的脑筋，还没有进去，他们没有发现，世界上有所谓的科学，他们还没有发现所谓的改进"②。

自光绪末年，甘宁青的皮毛等农畜产品大规模输出以后，生活在包括甘宁青在内的西北地区的牧民财富得到极大的增长。"其财富至少增加了80%（仅就牧民而言），也就是说牧民们手里的货币（广义）忽然增加了80%。这些多出来的货币主要用来购买粮、布、茶、棉花、糖及其他生活用品。"③ 换言之，随着皮毛等畜牧业产品对外输出的增多，蒙藏人民可以用皮毛交换更多的粮食等日常生活物资。青海"皮市初春最盛，每于寺庙会期为交易之地，平津皮商前来坐庄收货者，年数十家。牧地人民，以皮易粮及日用品"④。就拉卜楞而论，1936年从拉卜楞输出之货物总价为533592元，其中羊毛达到了168000元、皮类212739元，皮毛输出已经占到71.35%，这还不包括被本地人消费的熟羊羔皮衣、马、牛、羊等。⑤ 正如时人所评论的，拉卜楞商业最大的特点是以羊毛、皮革换取粮食。⑥ 很显然，市场需求刺激了皮毛畜牧业产品商品化，大量的粮食进入市场中，因而改变了蒙藏民族传统社会依赖动物类为主要消费品的消费结构，近代以来已经有了很大的变化，除茶叶外，糖、酒、食盐也成了他们日常消费之大宗。其中，特别是蒙藏民族潜在的粮食需求量在财富增加、购买力的不断扩大下，"便急剧改变了游牧民的食物消费结构，他们所需，这也可从近代人们对甘肃、青海等藏蒙族游牧区的调查

---

① 张元彬：《青海蒙藏两族的经济政治及教育》，《新青海》1933年第1卷第10期。
② 顾少白：《甘宁青三省羊毛之生产》，《中农月刊》1943年第4卷第4期。
③ 胡铁球：《近代西北皮毛贸易与社会变迁》，《近代史研究》2007年第4期。
④ 《青省皮产调查》，《开发西北》1934年第2卷第4期。
⑤ 丁明德：《拉卜楞之商务》，《方志》1936年第9卷第3—4期合刊。
⑥ 李式金：《拉卜楞之商业》，《边政公论》1945年第4卷第9—12期合刊。

结果得到印证,当然这些地区主要集中于农耕区的边缘,但随着商贸的发展,有逐渐向青藏高原腹地推进之势"①。

据统计,光绪末年"丹噶尔市场销售的粮食达 17200 多市石,为 68800 仓石,共 688 万斤。另还有 50 余万斤挂面,共 738 万斤,其中大约 422 万斤销往牧区,价值达 7.28 万两白银,加上酒的 2800 两,共为 7.56 万两"。其中青稞的消费更是相较清中晚期有了显著的增加。②

20 世纪 30 年代,甘宁青三省番人所食,为酥油一块,"加湖茶半碗,再盛炒面满碗,加糖少许,用手和拌成橛形后取出,载用原碗盛茶,且引切食……番人制馍甚佳,且样式极多,有名曰空壳、高炉、炕子、疙瘩子、干粮等名称,其形虽不一致,而极似西洋之面包"③。可见,藏族人民已经以炒面、馍馍为主要食物来源了,当然这一结果也可以在时人的相关调查中得到更进一步的确定。

在甘南藏区,据时人估计:"夏河县沿大夏河一带所产粮食,只够全县人口三个月之用,所缺九个月五万人口之粮,七成仰给临夏,三成仰给临潭,因之全区惟夏河县年缺粮约一千二百五十万斤,茶、盐、糖,则更要仰给于外地。"④ 夏河县缺粮达一千多万斤,尽管应为所需之数额,不能够据此判断该县五万人口所需粮食已达到如此之多,但是当地藏族居民已不是以肉及乳制品为生,而开始转变为以粮食为主食,已为不争之事实,故而时人对此多有关注。高长柱在《拉卜楞之近况及其开发意见》中这样描述:"青稞炒面最为不可缺乏之食品。城市人民及已汉化之龙哇(半汉化之藏民),固赖食粮为生,即远处之藏民,亦来城(或寺)购买。"⑤ 顾执中、陆诒在《到青海去》亦记有,拉卜楞地区"番民逐日赖以为生的炒面,都是从临夏县运来的"⑥。而作为记者的马无忌更是明确提出:应奖励平坦之地的游牧民族垦殖,"不但全县食粮问题可迎刃而

---

① 胡铁球:《近代西北皮毛贸易与社会变迁》,《近代史研究》2007 年第 4 期。
② 勉卫忠:《近代青藏地区民间商贸与牧民社会变迁》,《中国农史》2012 年第 4 期。
③ 安汉、李自发:《西北农业考察》,正中书局 1936 年版,第 58—59 页。
④ 徐旭:《西北建设论》,中华书局 1945 年版,第 64—65 页。
⑤ 《拉卜楞之近况及其开发意见》,载高长柱编著《边疆问题论文集》,正中书局 1948 年版,第 437 页。
⑥ 顾执中、陆诒:《到青海去》,商务印书馆 1933 年版,第 85 页。

解,尚可运销外县,且游牧民族,可渐变为半耕半牧民族"①。

从表 4-1 可以估算出,1936 年拉卜楞每年输入货物大约为 409755 元,其中各种茶叶输入为 109000 元,占总输入 26.6%;面粉和挂面等粮食输入为 141120 元,已经占到了 34.4% 左右,粮食输入已经超过了传统社会拉卜楞藏族人民日常消费最大商品的茶叶,到 1939 年,当地粮食输入更是提高到了 47.6%。② 粮食输入的持续增加并成为当地输入之大宗,说明藏民族人民粮食消费之增加已成为不可讳言之事。这对长期以来"嗜乳酪"的广大藏区社会的自身发展而言,确实是一个不小的进步。

表 4-1　　　　　1936 年拉卜楞每年主要输入货物表③

货物名称	数量	总值(元)	货物名称	数量	总值(元)
松茶	1600 包	76800	斜布	500 板	5500
蓝绸	6000 疋	42000	色粗布	1800 疋	3780
副茶	11500 块	32200	青盐	135000 斤	16200
黄烟	56000 斤	11200	清油	62000 斤	12400
青蓝市布	180 板	3360	酒	7650 斤	3825
纸张	2400 合	19200	糖类	9200 斤	5060
各种彩缎	250 疋	12500	面粉	200000 斤	140000
瓷器	53 担	10240	挂面	5600 斤	1120
官布	120 板	2040	纸烟	2200 条	6440
棉花	7200 斤	4680	铜器	25 担	1160

当然,这里还值得指出的是,丹噶尔、拉卜楞等地都处于游牧和农耕交界地带,所以伴随着商贸的发展,当地的转型必然是较快的。与此同时,在商人追逐财富的过程中,他们无远不至、无险不探对偏远市场的拓展,使地处堂奥之地的蒙藏族居民亦开始"运载上大批的皮毛,赶上出卖的肥羊,成群结队地向目的地去交换他们的必需品——茶粮"④。

---

① 马无忌:《甘肃夏河藏民调查记》,文通书局 1947 年版,第 23 页。
② 李式金:《拉卜楞之商业》,《边政公论》1945 年第 4 卷第 9—12 期合刊。
③ 丁明德:《拉不楞之商务》,《方志》1936 年第 9 卷第 3—4 期合刊。
④ 张元彬:《青海蒙藏两族的生活(续)》,《新青海》1933 年第 1 卷第 3 期。

丹噶尔"青稞销番民,番民以羊毛易去,磨粉炒熟,吃时用茶水合以酥油"①。民国时期,许公武的《青海志略》也载有,无论是北部蒙古人每年秋冬二季,至湟源、门源、大通一带互市,还是南部番人到西宁、都兰、玉树等地的贸易,都是"以羊毛等土特产兑换粮食布疋,足以一年之用"②。

正如我们前文中所提及的,青海牧区蒙藏人民皮毛等畜牧产品的出卖,经常依靠歇家等商人来完成。"牧民们将羊毛、皮张等出售后,又托原'歇家'买回一年所需的青稞、面粉、挂面、茶叶、馍馍等生活资料。"③ "果洛番每年运牛羊、酥油、羊毛、羔皮、牛皮等物,前往卡卜恰、郭密、丹噶尔、塔儿寺等处贸易,回运青稞、布匹等物。"④ 即便是在平均海拔 4000 多米以上的玉树,炒面也成为了当地藏族居民的主要食物,尽管这种炒面是青稞面炒熟然后磨成粉而成,但是由于"玉树地高气寒,而地旷土瘠,故可种植青稞之处,仅限于海拔四千米以下的谷地,其产量甚少",大都从外地输入,除炒面外,还有一种挂面,也从外地输入,甚至一些有钱的人家,已经有米饭招待贵客了。⑤ 更有尊客到来,"额外给一颗糖吃。——糖是由内地带去的"⑥。其时,糌粑(炒面)、挂面、小麦、青稞等粮食制成品,已经成为当地牧民餐桌上的重要食品。⑦

宁夏阿拉善亲王所驻之处定远营,民国时期,这里"住民约七百户,均以畜牧为主"⑧,但是食粮也不足供地方三四个月之需。而附近的蒙古族人民,亦常来定远营交换米、面等物品。⑨ 由此可见,尽管这些地区的蒙古族人民依然以畜牧业为生,但是他们的食物种类已经开始以粮食为大宗了。

---

① 李烛尘:《西北历程》,杨晓斌点校,甘肃人民出版社 2003 年版,第 37 页。
② 许公武:《青海志略》,商务印书馆 1945 年版,第 80 页。
③ 蒲涵文:《湟源的"歇家"和"刁郎子"》,载《青海文史资料选辑》(第 18 辑),青海人民出版社 1981 年版,第 38 页。
④ 周希武:《宁海纪行》,甘肃人民出版社 2002 年版,第 38 页。
⑤ 李式金:《玉树的民风》,《西北学术》1943 年第 1 期。
⑥ 杨希尧:《青海风土记》,林竞校,新亚细亚学会 1933 年再版,第 17 页。
⑦ 《调查:青海玉树之风尚》,《新青海》1934 年第 2 卷第 9 期。
⑧ 倪良钧:《宁夏之茶叶》,《中农月刊》1943 年第 4 卷第 7 期。
⑨ 叶祖灏:《宁夏纪要》,正论出版社 1947 年版,第 21、25、87 页。

食物消费已经发生了很大的变化,至于服饰,我们亦可以从表4-1中看出,除粮食、茶叶外,包括棉花在内的服饰支出已经占到了16.5%。棉布等消耗数量的提高,表明了游牧民族生活水准的提升。在拉卜楞"比较开化而富裕的番民,也着布衣、布袜和布靴"①。布衣、布袜等也成为了普通番民的日常穿着。特别值得一提的是,虽然在拉卜楞市场上所销售的各种彩缎,每匹价格高达50元之多,但是当地人民依然年消费达260匹之多。② 即便是只用光面毛皮为衣的甘南藏区的极高寒地带,"富者以缎子等为面子"③。甘肃卓尼等地藏族人民布匹之消费量亦不少。"若每人每年平均只添制内衣小衫一件以五尺计,则十万人口每年即需五十万尺。以十丈为一匹,则年需五千匹棉布,何况富有之藏民,尚需绫罗绸缎呢?"④

青海丹噶尔地区,自天津、西安等内地运来洋布每年约5000匹,大多售于蒙番。洋缎400匹,售于蒙、番者亦占有200匹。⑤ "稍注意外表的人,他们的衣服就在白皮袄外面,罩上红棕蓝色的棉布,或在白皮袄前后襟边镶上三寸宽的黑色棉布或呢纹,领袖也罩着红布面,较富的人们的衣服,不仅求得温暖算满足,同时要求华丽美观些。"⑥ 与甘南藏区一样,富贵者也开始"着绸缎,颜色最喜红黄紫三色,亦有用蓝黑色者。灰白两色几认为禁色"⑦。甚至有时人认为青海一些蒙藏民族地区,由于不产棉布,"衣料布匹,不惟昂贵异常,更且难以求到,以是长其袄而废其裤"。但棉布为其"长袄"了。⑧ 20世纪30年代,玉树藏族居民的衣料除了用氆氇等毛织品外,其余多用布匹,富贵者亦用绸缎。⑨ 有学者统计,1937年,玉树结古镇仅在5—7月的3个月时间内,"输入的庄斜布

---

① 顾执中、陆诒:《到青海去》,商务印书馆1933年版,第87页。
② 丁明德:《拉卜楞之商务》,《方志》1936年第9卷第3—4期合刊。
③ 王志文:《甘肃省西南部边区考察记》,甘肃省银行经济研究室1942年版,第35页。
④ 徐旭:《西北建设论》,中华书局1945年版,第65页。
⑤ (清)张廷武:《丹噶尔厅志》卷5《商务出产类》,甘肃官报书局宣统二年(1910年)。
⑥ 张元彬:《青海蒙藏两族的生活(续)》,《新青海》1932年第1卷第2期。
⑦ 时新:《青海社会状况》,《社会杂志》1931年第1卷第3期。
⑧ 顾执中、陆诒:《到青海去》,商务印书馆1933年版,第377页。
⑨ 《调查:青海玉树之风尚》,《新青海》1934年第2卷第9期。

就有 7200 丈，总价为 14400 元"①。当地藏族牧民戴的帽子花样非常多，除了传统的狐皮小帽外，亦有长半尺长的尖顶帽，还有西欧式的毡帽，由于他们自己不会做，所以这些各式各样的帽子，都是从外地贩运而来。②

宁夏阿拉善、额济纳两旗人民除过冬季着皮裘外，其余时间"衣着则窄袖长裰，富者绢帛，贫者棉布，长带束腰"③。显然，尽管蒙古族人民冬天依然冬用皮毛，但是其"着于内部者为衫和大衽，衫为单衣而贴肌肤，衽为上衣，有夹棉皮之分，便服无阶级，惟所用材料，亦随贫富而有布绢缎等之不同"④。

此外，一些藏区广大妇女下身不着衬裤之习俗也逐渐得以改变，在甘肃西南部临潭、卓尼等地，男子下体已穿短裤，而妇女亦开始穿衬裤。⑤ 1937 年，马鹤天在当时甘肃循化、拉卜楞以及保安城一带藏族居民中之"吾屯族"居住土房中看到，"妇女短衣着裤，且多红裤宽腿"⑥。服饰这一民族属性的变化，说明当地藏族居民已渐渐地与汉族人民同化了。

伴随着商业往来、经济的增长，不仅使蒙藏民族的生活方式发生了变迁，而且在商人的往来穿梭和长期合作的带动下，甘宁青蒙藏游牧民族的价值观念和思想观念也发生了变化。近代以前蒙古、藏族人民只知道从事畜牧生产，对于商业贸易完全观念淡薄。晚清学者徐珂在《清稗类钞·农商类》中的《蒙人贸易》就有如下记载：

> 蒙人不知商术，大率以物易物。与汉人交易，惟通事之言是听，通事遂得上下其手，以获厚利。奸商复有与蒙人共同经商者，蒙人出资本，不敢张扬，盖恐王公等闻其富名，致多需索也。岁一结账，汉人习知其性，第一年纵有亏折，辄言获利以给之，藉求益其资本。

---

① 勉卫忠：《近代青藏地区民间商贸与牧民社会变迁》，《中国农史》2012 年第 4 期。
② 李式金：《玉树的民风》，《西北学术》1943 年第 1 期。
③ 叶祖灏：《宁夏纪要》，正论出版社 1947 年版，第 43 页。
④ 王金绂：《西北之地文与人文》，商务印书馆 1935 年版，第 166 页。
⑤ 侯鸿鉴、马鹤天：《西北漫游记·青海考察记》，甘肃人民出版社 2003 年版，第 183、184 页。
⑥ 王志文：《甘肃省西南部边区考察记》，甘肃省银行经济研究室 1942 年版，第 35 页。

次年不损不益，再次年略有亏折，不数年本利全没，蒙人亦无可如何也。

周希武在《玉树调查记》中，亦言玉树"番族生活甚低，交通不便，居民往往以实物相交易"①。由于没有商品价值观念，所以在皮毛出口前的一段时期里，蒙藏民族地区常常存在"一只针换一张羊皮，一盒火柴换一张狐皮的情形"②。近代以来，从皮毛出口进入国际市场之日起，商品经济就不断地注入到甘宁青蒙藏游牧社会中，尽管他们依然采取以货易货的交换方式，但是藏族居民所需的货物，是粮食、砖茶、白糖、布匹、针线等等，他们所用来交换的皮毛等已经有了比价的标准——酥油。例如，他们认为一两银子，可换酥油二斤，他们就以此来估计自己卖物的价格，同时亦估算自己需换货物的价格，如果认为合意就成交了。③

至20世纪30年代，青海蒙藏民族地区，货物作为交换中介已经非常普遍了，比较通行的如"一块茶（五斤重）当作三两银子使用，三方斜布（每方为二方尺）或二方酥油（共四十八两重）当作一两纹银使用"④。而与"蒙新毗邻之区，甚或有以羊茶货币单位"，进行以货易货。⑤尽管这种交换，没能摆脱物物交换的束缚，但是它已经使人们在交换中"斤斤计较"了。实形等价货酥油的出现，交货市场开始扩大，交换地区的范围也不再受到限制。⑥蒙藏人民在实际交易过程中，已经懂得了在交换过程中获利的概念，从而推动了商品经济的进一步发展。比如在青海塔尔寺农历正月十五日的"满烂"会上，蒙古族和藏族群众，"都拿着几张羔羊皮，在寺前新立经商交易所，交换着他们素所心慕的物品，他们固然能识别货物的优劣和价格的标准直接举行交易。而他们也有选择商品和估定价格高低的经验，煞有介事地与货主榷商着，毫无羞答答

---

① 周希武：《玉树调查记》，青海人民出版社1986年版，第92、153页。
② 徐旭：《西北建设论》，中华书局1945年版，第68页。
③ 徐旭：《西北建设论》，中华书局1945年版，第68页。
④ 张元彬：《青海蒙藏两族的经济政治及教育》，《新青海》1933年第1卷第10期。
⑤ 孔祥熙：《甘青宁经济纪略》，中央银行经济研究处总务科1935年版，第42页。
⑥ 谭文熙《中国物价史》，湖北人民出版社1994年版，第3页。

红着脸不敢直接榷商的穷迫态度。这样女子们和男子们都能与商人交易的情形，也已成了普遍的现象"①。

在商品经济的不断推进中，也使海西蒙藏居民开始积极从事商业活动，毕竟"商业繁荣会提升区域内居民对商业活动的认可程度"②。蒙藏商人常常"驱牛羊十数群，络绎而来，每群牛羊约数百头，中有番骑三十余，均负枪（有毛瑟、来福、土枪数种），上有机子，怒马飞至，状颇凶悍。令迄事询，悉系汪什台克族，所驱牛近万头，多驮羊毛，间有驮酥油者"③。他们沿途用羊只交换银两，一边消费一边做着熟悉的生意。在青海的货物输出集中地及腹地货物输入地，有时候，牧民们还常常做汉商们的代理人，他们按照汉族商人的指示协助其专收皮毛，在他们心目中，汉族商人是客人，他们是主人，除对与其建立了信用关系进行商品交易的汉族商人十分热情，予以特别照顾以外，他们"到牧民生产羔皮，或在剪毛时期，或在猎夫打猎丰获，将驮兽皮、鹿茸、麝香等物，凯旋回幕时，总在他人听闻之前，就敏捷的自费人工、时间、齐备牛马，去替客商收账或去争先收买的"④。在拉卜楞地区，受到近代商业理念浸染的藏族居民中：

> 一少部分头脑清晰的，做一点中间人的买卖，取些微利。比如草地的羊毛来了，他于卖主买主之间来往跑几趟，等交易成功，他可取些中人钱。资本多些的，天天带上几元或几十元走到"丛拉"（集市），见到各种兽皮、麝香之类便买到手，立刻拿到内地来收货的人面前卖出，在经手之间，他从中取些利而已。⑤

在接受了新的商业贸易理念的基础上，他们也给自身的发展创造了

---

① 张元彬：《青海蒙藏两族的生活（续）》，《新青海》1933 年第 1 卷第 4 期。
② 刘蓝予、周黎安、吴琦：《传统商业文化的长期经济影响——基于明清商帮的实证研究》，《管理世界》2021 年第 11 期。
③ 周希武：《玉树调查记》，青海人民出版社 1986 年版，第 153 页。
④ 张元彬：《青海蒙藏两族的经济政治与教育》，《新青海》1933 年第 1 卷第 10 期。
⑤ 李安宅、于式玉：《李安宅—于式玉藏学文论选》，中国藏学出版社 2002 年版，第 322—323 页。

条件，涌现出了一些商业精英，如青海湟源本地商人车虎臣在皮毛贸易中成为了当地的富商大贾。①

不惟如此，由于蒙古族、藏族社会中一直在习惯上充分表现着荣耀的"男女平等"，所以伴随着近代商业的发展，20世纪30年代，蒙藏民族中不仅有男子经商，"有些妇女们，在未婚以前——少女时代，常跟着父母到库伦、拉萨、湟源等地，习惯了交易行为，所以出嫁结婚以后，把牧养牲畜和帐幕内的一切琐碎事都交到他们丈夫手中去管理，她们自己不是牵了骆驼队运载上羊毛、牛皮、羔皮、野兽皮，到湟源、西宁去出售……回到自己的帐幕，在他们的旗族部落中，作了经商交易的钜子"。她们兼通蒙藏汉三种语言，在民族庞杂的青海社会内，她们在交际场中，独放着异彩，不失为交际花的地位。②

在青海蒙藏人民中，由于经商的人，在他们社会中都是禀性活动的人，不分男女借着经商的事业，牵着骆驼、赶着牛羊，把当地收买的羊毛、兽皮等运到集中地，再把茶、布、酒、面粉等运回自己的部族，他们获利甚巨，经验丰富，所以同族人民，对于他们这个"伟大的壮举"，抱着钦佩和羡慕的心理，使"他们成了全族的一等人物，全族民众也依藉着，敬意着他们"③。甚至"营商年久，德高望重的商人，都成了蒙藏王公头目们的咨询人员，支配着蒙藏各旗族的政治，为蒙藏人民解除一切疑难痛苦，调节着各族间的争衡，维系着全青海各民族间感情的融洽"④。可见，不仅商业观念广泛地渗透到了蒙藏民族社会内部中，而且伴随着他们的商业往来，本民族商人的社会地位也不断地得以提升，在他们获得本民族群体认可的同时，也更好地带动了游牧民族畜牧业生产的积极性，引导了区域内更加活跃的商业合作。"据资料显示：在此期间的头几年，羊毛出口量逐年增加，由起初的200万—300多万斤，增加到700多万斤。以1924—1927年为例：1924年为750万斤，1925至1926年700多万斤，1927年为750万斤。畜产品的增加，直接反映了畜产业的发

---

① 张志珪：《清末民初畜产品交易中的歇家》，载《西宁城中文史资料》编委会编《西宁城中文史资料》（第19辑），2007年（内部资料），第85页。

② 张元彬：《青海蒙藏两族的生活（续）》，《新青海》1933年第1卷第4期。

③ 张元彬：《青海蒙藏两族的经济政治与教育》，《新青海》1933年第1卷第10期。

④ 张元彬：《青海蒙藏两族的生活（续）》，《新青海》1933年第1卷第3期。

展,畜牧头(只)数量的增加。"①

尽管"变政难,移风易俗更难"②,但是经济结构注入了新因素,使得越来越多的新生事物被民众所接受和吸纳,正如王明珂所强调的,每个人都有边界。边界不仅是实质的空间上的,也是人们主观意识上所建构的。由于资源、国家主权及跨边境交流等因素,国家与民族"边界"是最神圣也是最危险的,最遥远也是最切身的。"无论是哪一种边界,都涉及人们的集体历史与文化想象与建构。人们想象有一'真实的过去',也就是'根基历史',造成'我们'与'他们'间的国家与民族边界,也在此种历史想像上,强调'我们'与'他们'在饮食、服饰、生活习俗上的种种文化边界。"③甘宁青蒙古族、藏族居民近代以来,饮食、服饰、生活习俗等诸多层面不断地改变,甘宁青蒙藏游牧与内地之间文化上的"边界"渐趋消失。

要之,甘宁青地区幅员辽阔,特别是蒙藏游牧民族迁徙无定,狉獉之俗,未开教化,每有设施,常苦扞格。④近代以来,伴随着皮毛等畜牧业产品的大量输出,"收买羊毛之商来者日多,各项皮货贩者亦众,故货价皆蒸蒸日上,视曩昔似大有进步矣"⑤。为满足商贸往来之所需,各类商人组织在符合甘宁青蒙藏民族习惯,采取了不同方式的交易方式,满足了他们日常生活所需的同时,也促进了他们与外界的交流,他们销售自己农畜产品时原来被商人所操纵的局面不仅得到了改观,而且他们中的一部分也开始自己从事商业经营,这一切,都使得蒙藏民族收入增加,使他们长期以来传统生活方式发生变迁,甘宁青蒙藏民族已改变了"五谷不成资奶酪,皮裘毡帐亦开颜"的生活方式,他们朝向更高层次文明社会迈进。在他们衣食方式变迁之际,他们自身也从传统向现代社会演变,此诚为时人所认识到的,设法开发蒙藏民族重要的皮毛事业,通过

---

① 张志珪:《清末民初畜产品交易中的歇家》,载《西宁城中文史资料》编委会编《西宁城中文史资料》(第19辑),2007年(内部资料),第85页。

② 陈旭麓:《近代中国社会的新陈代谢》,中国人民大学出版社2015年版,第321页。

③ 王明珂:《英雄祖先与弟兄民族:根基历史的文本和情景》,中华书局2009年版,第244页。

④ 《经营青海意见书》,《地学杂志》1923年第14卷第5—6期。

⑤ (清)张廷武:《丹噶尔厅志》卷5《商务出产类》,甘肃官报书局宣统二年(1910年)。

交换，使他们经济富裕，"衣食爽适，则向上之心也，自必油然而生，于是诱导而勤勉之，教育其子女，感化其头脑，使其深沐于中国伟大文化氛围中。由狉獉之野蛮状态，进而为开明之大众"①。很显然，作为多民族聚居区的甘宁青地区，各族人民内地化的进程无疑是基于多种因素的共同驱动，但是商人及其所从事的商业活动，显然是不能也不应该被忽视的重要因素之一。

小 结

中国传统社会以农为本，视商为末业的观念是根深蒂固的，在长久的历史发展进程中，严重束缚着人们的经济行为。近代以来，在商品经济不断发展拉动和刺激下，地处西北内陆地区的甘宁青地区，伴随着交换的增加，货物往来的频繁，农牧社会的自然经济状态逐渐解体，传统的经济结构发生了转型。换言之，借助近代商业的发展，使经济因素成为甘宁青社会不断变革的动力和整合力量。虽然传统的交通工具在近代甘宁青社会经济中仍然发挥着举足轻重的作用，并在很大程度上制约了区域市场和商品流通的高水平发展，但是，它们仍然为甘宁青农牧产品的商品化和长距离的运输，发挥出了必要和可能的作用，进而推动着甘宁青区域性市场向全国性乃至世界性市场发展。近代甘宁青社会，虽然交通方式没有发生根本性的变革，但是产生于近代以来的"外部"因素却引发了甘宁青商路的变迁，甘宁青城镇经济的发展开始有别于传统社会。

商人是促进社会发展的重要组成部分，作为商人活动重要空间载体的众多城镇，也是内地与农牧地区，特别是偏远的游牧地区货物往来的集散地。在内在固有的渐进因素，特别是强有力的外部因素的共同作用下，甘宁青城镇经济也不断地向符合社会发展的进程中迈进，而城镇深广的辐射能力，又为农牧社会的发展商品生产和资源的开发提供了可能。越来越多的货物流入市场，必然促使农牧社会中承担收购农牧产品和推销现代工业制成品的商人数量的增加及其规模的扩大。随着社会风气的

---

① 业：《青海羊毛事业现在与将来》，《新青海》1933 年第 1 卷第 4 期。

转变，传统的重农抑商观念也在不停地得以更新和蜕变，处于甘宁青堂奥之地的蒙古族、藏族游牧地区也跳出了传统畜牧业的老路子，出现了行商坐贾之人。不唯如此，与货物的流通息息相关的，必然是各民族之间联系的加深及其贸易双方友好关系的奠定，换言之，在商贸不断促进甘宁青社会内地化趋势的同时，亦为推动中华民族一体化的进程做出了贡献。当然，在这同时我们也必须看到的是，近代商人、商业所推动的甘宁青的发展，大多源于原材料的输出，这种缺乏自我发展能力，没有强劲的后续力量，加之近代以来动荡的时局和军阀政府统治的乱政，必然使甘宁青在近代社会发展和转型过程中存在着诸多局限。

结　　语

一　从自然地理中透视甘宁青的商人兴起

甘宁青是一个地域上的概念，而在"这里"活动的近代商人，包括与该区域商贸市场密切关联的所有工商业投资者与经营者。事实上，任何地区的商业活动在商品生产和商品交换过程，都必须依托特定的自然地理环境而进行，脱离自然地理环境而为所欲为的商业活动是不现实的。嵌入甘宁青自然地理空间中的商人，其行为模式必然受到自然地理环境的影响。换句话说，虽然商人在甘宁青的兴起和发展是多因合力作用的结果，但是该地区的自然地理环境是不能忽视的重要原因。

就自然地理环境而言，甘宁青地处西北。"居蒙藏新康之间，大部分为高原地带，高出海面在两千米以上，地理学家尝谓人文经济发达与否，系乎地理之环境，地势在离海平面一千米以下者，较易进展；在一千米以上者，较难发达。"尽管甘宁青大部分俱属于后者，① 但是由于其经济结构具有农业经济和畜牧业经济相结合的特点，因而形成了不同区域抑或不同地区的不同的产业分工，资源禀赋的差异，构成了不同区域或地区间商品流通的格局。畜牧区需要茶叶、粮食、布匹，而中原王朝需要马匹，所以直到清王朝建立，官营茶马贸易依然在西北地区持续进行，原本粮食、茶叶、布匹等生活用品缺乏的蒙藏民族地区，是马匹等的拥有地，而广大农耕地区则成为了蒙藏民族的粮食、茶叶等生活资料的供应地，于是，在甘宁青区域内就形成了不同资源在不同地区的分布，进

---

① 孔祥熙：《甘青宁经济纪略》，中央银行经济研究处总务科1935年版，第1页。

而形成了双方之间的互需，资源的配置，以己所有易其所无的余缺调剂就为商人群体在甘宁青的兴起和发展提供了客观基础。

清代前中期甘宁青商业经济发展较为缓慢，承担以茶易马贸易任务的商人一方面受官府的控制，另一方面也享受官方的保护，因此，他们对官府有着极强的依赖关系。在茶叶贸易中，虽然茶商不但自身积累了财富，而且在很大程度上满足和丰富了甘宁青地区广大民众、特别是周边蒙藏民族对茶叶之所需。在国家"制其有余，调其不足"的管制下，茶商所从事的商业经营从本质上而言，依然是封建经济的附属品，茶商受到政治权力的左右，因此经济效益较为有限。直到茶马贸易停罢后，官方垄断的官茶才蜕变成商茶，而原本受官方直接控制的茶商才真正地开始向自由贸易方向转化，并将茶叶作为一项大宗的普通商品，继续销往甘宁青周边民族地区。民间贸易同时也不断以扩散态势逐渐取代了官府主导的格局，商人活动开始渐趋活跃，甘宁青地区商业和各级市场也有了一定程度的发展。尽管此时甘宁青商人受地理环境的限制，他们所经营的商业品种十分单一。但是，随着商品经济的发展，商人活动也不断地得以增加，甘宁青地区的专业化市场亦越来越多，商人活动已经遍及兰州、西宁、宁夏府城等重要商业市镇的各大街市。而甘州、肃州、凉州、丹噶尔、石嘴山等商业贸易活动也有了发展。日趋密切的商贸和货物往来，不仅对带动农畜牧产品的商品化起了催化作用，而且在商人奔赴不息中，区域城镇市场体系雏形逐渐形成。这些区域城镇的发展，不仅为清中前期甘宁青商人的商业活动提供了空间，而且也为近代以后商人在甘宁青的茶叶、水烟及皮毛贸易等奠定了市场空间基础。换言之，近代以来的甘宁青市场网络的形成正是嵌合到清中前期所形成的商业市场之中，并在不同商人群体的拉动中，进一步发挥其集散和转输功能。

应该说，在近代之前的一段时期内，在商品经济的冲击下，甘宁青的传统商人已经有了细微的变革。直至步入近世，虽然甘宁青也是内忧外患不断，但是诸多新旧因素的交替出现或并存，远距离贸易日益打破了地方市场与封闭环境的限制。商品经济迅速发展，应运而生的甘宁青商人，在商业市场不断整合的背景下，推动着地方社会经济向前发展。

"地无弃货,人多通材(才),惠工通商,款不虚糜。"① 近代意义上的商业化迹象开始不断涌现,商人成为了甘宁青社会进步发展的重要主角。在商品经济的冲击下,无论是茶商形成的商收、商储、商销体系,还是烟坊商的自产、自制和自销;无论内地洋行、外客,还是歇家、毛栈;不论是本地商帮,还是外地客商;无论是行商,还是坐贾,他们都在符合甘宁青特有的、具有地域特点的商业领域中,通过自己的经营活动,带动着皮毛、水烟等商品"向外"输出及茶叶等多种货物"向内"输入。不断扩大的商品流通不可避免地冲破着地处偏僻的甘宁青传统市场及其区域的局限。运销体系的日渐成熟,依托不同层级的市场网络,甘宁青商品经济发展与中国近代经济潮流产生了紧密的关联。特别是近代以来,在西方列强不平等条约的刺激下,西方国家的商潮渐趋东来,并深入包括甘宁青等地的堂奥之地。"皮毛等物为番区所生产者,以有易无,于是交易以成。"② 此后,以皮毛为主体的畜牧业经济出口贸易,成为甘宁青商品经济发展中的重要亮点,这不仅表现为商业组织的日益增多,而且甘宁青地区从事皮毛经营的组织自身也不断地发生着蜕变和转型。

滚滚商业浪潮的冲击,不但带动着甘宁青地区的城镇发展,而且商人自身也在不断壮大,除传统社会的山陕商人,在兰州水烟贸易往来中,本地商人也开始占据了一席之地。在皮毛输出贸易的推动下,本地商人更是得以发展起来,如酒泉商人张积德开设的永顺源商号,萧文玉开设的和义成商号,其资金数额也都在200万两以上,而王子厚开设的三义堂商号资金更是达到了300万两。③ 不唯如此,受到天津等地客商的影响,特别是在自身资金持续累积下,为赢得自身的经济利益,甘宁青本地商人也在不断推演或改变着自己的商业经营轨迹。

如1921年以后,内地洋行陆续撤走后,甘宁青地区的皮毛收购和向天津输出皮毛的任务,就由甘宁青本地商人来完成,而不复转卖于洋行。仅就酒泉商人张积德而论,其所经营的永顺源商号在洋行撤走后,很快

---

① 甘肃省档案馆编,张蕊兰主编:《甘肃近代工业珍档录》,甘肃文化出版社2013年版,第136页。
② 叶知水:《青海茶市(续)》,《经济汇报》1944年第9卷第5期。
③ 拙文:《论对外贸易与区域经济发展:以近代河西走廊的羊毛出口为例》,《历史教学》2015年第11期。

便与天津德盛行联手，经营"皮毛、绸缎、布匹、日用杂货等。同时，在祁连山内建立公庄畜产基地，大力畜养牛、羊、骆驼等，经营皮毛山货。并组建了80余峰骆驼的运输队，将酒泉的皮毛行销包头、天津等地"①。武威所谓的"过塘行"，即为本地人与晋帮信用之合作的商业组织，他们承销原料，代订制造品中，收取佣金。据1934年武威商会统计，每年经过"过塘行"的"过塘货一项，每年出口羊皮约三万余张，价值四万五千，羊毛二十余万斤，价一万六千余元。烟土三百余万两，价值十万余元"②。由此可见本地"过塘行"之规模。在青海的湟源，以歇家发迹的巨商李耀庭、杨春庭等均为湟源本地人。③ 地域性商人的兴起和不断扩张，使甘宁青商人在经济上的自主性不断增强，而商业规模的扩大又促使着本阶层政治上的独立，光绪末年甘肃总商会的成立恰恰说明了这一点。与此同时，甘肃总商会的成立亦标志着甘宁青的传统商业向近代商业的转型。

要之，商人作为一个革命的要素，推动了甘宁青社会的近世变迁。毫无疑问，近代以前，甘宁青地区依然保持传统的自然经济状态，大多数交易也近距离地余缺调剂，虽然"旧有的生产方式的坚固性和内部结构"④ 限制着甘宁青商品经济的发展，但近代以来，在烟坊商、皮毛商及一些新式商人的贸迁往来中，伴随着水烟、皮毛等农畜产品的输出及京、津等货物输入的刺激下，商品经济在甘宁青地区得以发展和壮大，尽管甘宁青的发展相较于同时期东部沿海地区的发展是缓慢的，但是在旧有的经济制度不断解体，新的经济因素不断产生的大背景下，符合地区经济发展的运输方式及交易机制的灵活应用中，商人群体也在不断整合，在获得商业利益，使自己地位得以上升之际，财富走向与价值观也开始逐渐影响着甘宁青社会发展的方向，特别是边缘的蒙藏游牧民族地区也出现了一些新气象。这一切，都为打破传统落后的封闭格局，带动甘宁

---

① 政协甘肃省酒泉市委员会等编：《酒泉文史资料》第7辑《人文地志专辑》，酒泉市印刷厂1994年版，第122页。

② 徐弋吾：《新疆印象记》，西安和记印书馆1934年版，第54页。

③ 张志珪：《清末民初畜产品交易中的歇家》，载《西宁城中文史资料》编委会编《西宁城中文史资料》（第19辑），2007年（内部资料），第85页。

④ 《资本论》第3卷，人民出版社2004年版，第370页。

青社会经济和提高该区域人民物质生活水平起了积极作用。"食所以养民，货所以通食而济民用，养生备矣。"①

在商人的无幽不瞩、非险不探的商业活动中，甘宁青地区商贸往来及商业网络，无论在"深度"还是在"广度"方面都远远超过了传统时期。商人的绾合贯通，为甘宁青社会各民族人民之间搭建了友好往来的平台，为他们的互相信任提供了基础，而各民族人民交融互通、团结互助，反过来又保障和拉动着甘宁青地区商品经济的发展，使蒙藏游牧民族社会在商品开发中得到了生活质量的提升，"近年皮毛各货，价极腾跃。番、蒙皆蓄积丰饶"②。传统社会中较为封闭的多民族聚居的甘宁青社会，特别是地处堂奥的蒙藏游牧社会，随着对"外部"世界的了解和感知，他们也在日益频繁的"对外"交流和贸易中，在整个中国社会由旧趋新的变迁中，不断出现了转型和嬗变。

总的来讲，近代以前，甘宁青地区由于受到自然地理环境所限，商品经济发展相较东部沿海一带是落后的，而自给自足的农牧经济更使商品交换的规模十分有限。近代以来，在商品经济的冲击下，由商力所激活的生产力、组织力、创造力以及与之密切相连的价值观，都对地处内陆的甘宁青社会产生了巨大的影响，特别是各种类（洋货），"销入内地，人置家备，弃旧翻新"③。在与外界往来不断加深之际，甘宁青千百年来所形成的传统农牧社会发生了改变，特别是随着国际市场的被迫卷入，甘宁青亦发生着一系列的变化。因此，有学者认为我国经济发展的道路有两条，一条即为由市场分工决定的，"外向的、通过市场交换发展经济的道路"；另一条则是传统的力求自给自足的，"内向的，以农为本的经济发展取向"，这是中国传统经济发展过程中，依靠自身资源和条件所发展起来的一条道路。④ 应该说，在很大程度上甘宁青地区近代以来正是通过"外向的、通过市场交换发展经济的道路"而发展起来的。商人作为市场交换的主体和商品流通的媒介，虽然他们趋利的本性是根深蒂固的，

---

① 唐仲友：《帝王经世图谱》卷4《周政废兴之图》，《金华丛书》第126册，广陵古籍刻印社光绪二十一年（1895年）版，第14页。
② （清）张廷武：《丹噶尔厅志》卷5《商务出产类》，甘肃官报书局宣统二年（1910年）。
③ 夏东元编：《郑观应集》上册，上海人民出版社1982年版，第587页。
④ 林刚：《关于斯密型动力及其对中国经济的影响》，《中国经济史研究》2006年第4期。

特别是受困于自然地理环境下市场和群体发育未成熟的制约，但具有明显地域特征的商人，依然成为近代甘宁青时代进步的不可或缺的组成因素，不断地实现着对甘宁青传统社会的改造。

二 从社会环境角度看甘宁青商人发展及所存困境

通过梳理近代甘宁青社会变动中的商人群体，我们可以发现，他们的成分较为复杂，有"开铺从贾者""出口贸易者""开歇店招住蒙、番者""提篮行贾者"① 等诸多类型。如果从地域上划分，有本地商人和山西、陕西、天津等地客商；就民族成分而分，又有汉族商人和回族、藏族、蒙古族等各族商人；从经营方式上分，又有行商和坐商。这些商人群体，相较于传统社会中的商人已有了较为明显的变化，他们自主经营的特色在不断显现的同时，也为追逐自身的经济利益，已开始积极参与社会生活抑或政治生活，以便不断为自己营造良好商业秩序与稳定的商业环境，在他们自身不断蜕变之际，也带动着甘宁青从传统向现代社会的变迁。

事实上，人类社会总是在不断地从封闭走向开放中获得发展的契机。步入近代后，中国社会在政治、经济及社会生活等各个层面都出现了剧烈的变动，虽然地处西北的甘宁青社会的经济结构在这种大变局中也发生了剧烈的变化，在商人的贸迁往来中，传统的生产、需求、交换等诸多方面都产生了新的因素，在旧有格局不断受到挑战之际，甘宁青社会也在不断地发生变迁，而这一切也都体现了社会发展的一般趋势和客观规律。因此，近代中国欲图自强，必须给商人以良好的社会环境，至于商人本身，考虑到商业的发展与政治的治乱息息相关，因此"如何在一定区域内确保环境的稳定乃成为各地商人的首务"②。

近代社会各种变动及其转型为商人提供了辗转腾挪的空间，而他们的商业活动也有力地带动了各地区的商业繁荣和社会经济的发展，但是时人所提出的"为今之计，惟有保商、护商，自重其商，或借商人以助

---

① （清）张廷武：《丹噶尔厅志》卷 5《实业》，甘肃官报书局宣统二年（1910 年）。
② 冯筱才：《在商言商：政局变动中的江浙商人》，上海教育出版社 2019 年版，第 142—143 页。

国势"也是不可能完全得以实现的,①因为社会变动所延续的诸如战乱、兵燹等诸多社会危机都会给商人的商业活动造成巨大的破坏。实际上,无论是水烟、皮毛等的输出还是茶叶等的输入,都受到多种因素的制约或限制。比如水烟之输出数额的下降,是受纸烟冲击,而茶叶价格的变动,又与皮毛价格涨落有着密切之关系。皮毛价格涨落不仅与主要出口国家——美国的供需变化密切相关,而且也在时局的变化及其政治秩序的变动中有所起伏。各种间接因素制约着甘宁青商业往来,而各种直接因素如自然灾害、各种沿途税费征收等亦给商人的经营环境带来了极大的危害。换言之,区域资源优势在历史机遇中想要释放出其强大潜力在诸多因素的制约下常常不能实现。如我们前文中所提到的咸同兵燹及同治回乱对茶商组织之东柜、西柜所带来的影响基本上是毁灭性的。特别是民国建立以后,与中国政局变动相始终,甘宁青地区也多次出现了兵荒马乱的混沌局面。袁世凯死后,段祺瑞掌权,为掌控甘肃,于1914年派皖系军阀张广建代甘肃督军。张广建督甘期间,吏治腐败,贪污受贿,很快激起了甘肃人民的反抗,也引起了以陆洪涛、马福祥为首的地方势力的不满,终于在1920年爆发了甘肃的争督风潮。风潮期间,各地军阀混战,各自为政,关卡林立,地方不靖致使外庄、外客纷纷撤庄回津,导致了这一年甘宁青皮毛出口数额达到了历史最低值。

始于1928年的河湟事变,不仅使河湟地区遭到了巨大损失,而且也给西北地区尤其是青海东部、甘肃河西走廊等地商业经济发展带来了十分不利的影响。1929年正月,素有"小北京"之称的湟源,被宁海军骑兵营长马仲英勾结湟源驻军首领马步元攻陷(城由汉民绅商组织的民团防守)后,当地居民被杀2000多人,商民财产被抢劫一空,部分商店被烧毁,商业受到严重破坏,后虽有所恢复,但规模不如从前。②甘肃临潭旧城,"十七年乱事之前,居民二千五百户,回族占一千七百户,今则一片焦土,满目萧条,户口仅占从前之十分之一,商业遂移于夏河"③。人民谋生无路,多数铤而走险,西宁、宁夏运送皮毛等货物的客商,常常

---

① 《申报》1903年2月10日。
② 杨景福:《青海商业志》,青海人民出版社1989年版,第101页。
③ 张其昀:《洮西区域调查简报》,《地理学报》1935年第2卷第1期。

被劫掠①，商品经济受到了极大的破坏。

1931年日本帝国主义发动了"九一八"事变，不仅使兰州水烟失去了广大的东北市场，而且使"皮毛受阻，因之金融拮据，市面停顿，商号相继歇业了"②。1933年冬，爆发于宁夏境内的孙（殿英）马（鸿逵）大战，不仅给"塞上江南"的宁夏人民带来了巨大的灾难，而且使他们饱受兵灾之苦，宁夏各地城门久闭，交通断绝，家家无粮吃，户户无籽种。战后，宁夏多地庐舍田园，半为废墟，形成严重的兵灾区，地方公私损失，直接间接，总计达二千多万元。③战乱造成的社会秩序紊乱是显而易见的。

兵燹、战争及中央、地方权力的纷争不休等社会危机，导致的后果自然是甘宁青社会经济增长难以为继。当区域内的和平环境被破坏时，就商人群体而言，社会动荡所造成的结果，必然是交易成本的增加，尽管为保证商业贸易的往来，政府也会采取一定的积极举措以应对"商不出则三宝绝"之窘境，但是更多时候，各种乱象所致的是社会失序局面的加剧。

军人跋扈、官吏贪污、政治腐败、劣绅中饱，无不以人民膏脂为对象，更为西北税收机关之陋习的税局承包制，使承包者任意征收苛捐杂税、苛索无度，各种捐赋一直有增无减，而商人对减轻捐税，常常无能为力。自民国二十年（1931年）正月起，国民政府通令全国废除厘金，在青海"厘金"之名虽废，而"厘金"之实仍存，且变本加厉，美其名曰产销费。其他如粮茶、百货、皮毛等等各种赋税，名目百出，局卡林立，阻碍交易。除正税之外，又随时摊款加捐，以致商人裹足不前。④到1934年，甘宁青三省计有捐赋127种，其中，青海最多为53种、宁夏41种、甘肃33种。青海53种捐赋，包括收买羊肠专利营业费、皮毛捐、盈余陋规费、出山税、入山税、羊毛筏捐等与商业有关的25种；宁夏亦有船户营业捐、驼户营业捐、驼捐、牙税等与商业有关之税19种。⑤处处

---

① 《西北各省本年出口皮毛之趋势》，《农声》1929年第126期。
② 顾执中、陆诒：《到青海去》，商务印书馆1933年版，第386页。
③ 陈赓雅：《西北视察记》，甘肃人民出版社2000年版，第75页。
④ 李自发：《青海之蒙藏问题及其补救方针》，《新青海》1933年第1卷第12期。
⑤ 安汉、李自发：《西北农业建设》，正中书局1936年版，第47—50页。

设卡，卡卡有税，繁重的苛捐杂税，使贩卖皮毛之商人常常无利可图。失去了贩货之利，商人创造财富的热情被消耗掉，故而皆裹足不前，蒙藏人民所产皮毛等畜牧业产品，皆囤积待售，积岁累月，因无人收买而多被腐化。尽管蒙古族、藏族居民不停地降价出售，然而"商人咸曰捐税繁苛，无力收买"①。

此外，甘宁青地区偏居西北一隅，自然环境脆弱亦是不可讳言之事，近代以来，自然灾害频仍，如1920年，甘肃海原8.5级的强烈地震，使近25万人丧生，牲畜死亡不计其数。1927年的武威地震，更是波及全省50多个县。同年，青海北部蒙古族居地瘟疫流行，"二十九旗，人亡七万余，毙牛羊一百二十余万。海南八族，人亡九万余，毙牛羊一百九十余万。玉树二十五族，人亡七十余万②，毙牛羊二百二十余万"③。各种自然灾害对于原本就地瘠民贫的甘宁青地区商人和商业发展来说，更是雪上加霜。

总之，近代以来，甘宁青社会的各种失序必然对区域社会的商业发展产生着一定消极影响，从而使该区域商人群体所从事的商品活动多受到掣肘，因此他们在中国的商业群体中并不占据主体性的地位。但是，在甘宁青这一区域的近代兴起和发展中，通过他们夜以继日，勤勤恳恳地贸迁往来、负重致远，将偏居西北内陆的甘宁青地区与我国商品流通体系联结了起来：一端联结东部乃至西方资本主义国家，另一端联结发展缓慢的西北农牧社会。虽然联结起来的两端之间商品流通数量有限，但是随着商贸活动的扩大，他们也不断地把他们的商业目光向全国乃至更大的世界范围拓展，特别是在经济结构的变化与调整方面，为追求商业利益，他们自身不断地嬗变，在甘宁青地方政治混沌、军政变乱、自然灾害所导致的各种社会失序中，风雨飘摇中的商人常常抱团共济，以便较好地应对近代甘宁青社会的变动和急剧动荡，他们除了依靠血缘、

---

① 李自发：《青海之蒙藏问题及其补救方针》，《新青海》1933年第1卷第12期。
② 傅安华的《西北宗教人口与宗族人口的分布》一文中，指出青海玉树附近二十五族人口共71000人，参见《抗建》1940年第2卷第11期，因此陆亭林的这一人口统计数据应该是有错误的。
③ 陆亭林：《青海省帐幕经济与农村经济之研究（上、下）》，出版者及出版时间不详，第244页。

亲缘、地缘外，有时也依靠业缘来进行合作。他们经营谋利的同时，为维护自身利益也开始积极参与社会政治生活。

与此同时，随着甘宁青商业活动的近代勃兴，商人在追逐财富的同时，作为社会经济发展的中坚力量，他们也不断地推动着甘宁青社会从传统的农牧社会向现代工商社会的变迁。在利用传统的水陆运输网络进行茶叶、水烟、皮毛等商品的运输之际，也带动了沿线城镇的快速发展。在商品经济不断发展的刺激下，商人的商业活动亦不断向甘宁青偏远的游牧之地拓展，这不仅扩大了甘宁青与东部地区商贸往来的空间，而且带动了蒙古族、藏族居民内地化进程，使他们处于华夏边缘的社会属性变淡，并具备了近代社会变迁所需之政治、经济与文化基础。这一切，反过来又促进了甘宁青社会整体的近代化进程。

最后值得说明的，正如克罗齐所说，"一切历史都是当代史"，由于近代甘宁青各种乱象所致的社会"失序"，常常给商人群体之发展带来巨大的灾难，从而必然导致商人在从事商业经营中其主观能动性的丧失，商业不能进步，则民穷财困，因而，甘宁青社会的近代发展，"苟非振兴商政，藉图财赋充裕，而欲易危而为安，转弱而为强"[①]，特别是对"行人甚稀，货物亦少"之蒙藏游牧地区发展而言[②]，更是离不开商品经济的推动，因此他们对商人有着更强的依赖性，值于此故，尽管商人群体在甘宁青社会由传统向现代社会的迈进中充当着重要的角色，但是如何帮助商人走出制约他们穿针引线作用的各种时代困局，积极利用各种制度创新、市场调控等不同的手段达到对商业经济发展有利之布局，从而使商人能以更为积极的态度投入到他们的商业经营活动中去，确实是值得我们进一步思考的问题，这无疑也是本书研究的应有之义。

---

① 宁欣：《中华大典 经济典 商业城市贸易分典3》，巴蜀书社2017年版，第1826页。
② 《为筹备立宪查报蒙旗各项事宜并填送藩属要政统计表（表略）》，青海省图书馆地方志阁览室内部档案资料：《青海近代史料辑录》，档号：1523：176。

参考文献

一 古籍及史料汇编

［日］东亚同文馆：《中国省别全志（第6册，甘肃省附新疆省）》，台北：南天书局1988年版。

［日］田中时雄：《支那羊毛》，南满铁路株式会社昭和5年（1930年）。

［日］小林元：《回回》，东京：株式会社博文馆昭和15年（1940年）。

［日］中村信：《蒙疆经济》，徐同功译，《内蒙古史志资料选编》第9辑，内蒙古地方志编纂委员会总编室编印，1985年。

［日］中国驻屯军司令部编：《二十世纪初的天津概况》（原名《天津志》），侯振彤译，天津市地方史志编修委员会总编辑室，1986年。

（西汉）司马迁：《史记》，中华书局1982年版。

（东汉）班固：《汉书》卷96，中华书局2000年版。

（清）龚景瀚：《循化志》，青海人民出版社1981年版。

（清）黄璟：《皋兰县续志》，道光二十七年（1847年）刻本。

（清）黄钧宰：《金壶七墨全集》，台北：文海出版社1973年版。

（清）刘斗修、陈如穗纂：《兰州志》，康熙二十五年（1686年）刻本。

（清）慕寿祺：《甘宁青史略正编》，俊华印书馆1937年版。

（清）那彦成：《那彦成青海奏议》，宋挺生校注，青海人民出版社1997年版。

（清）苏铣纂：《西宁志·地理志》，青海人民出版社1993年版。

（清）吴鼎新修，黄建中纂：《皋兰县志》，乾隆四十三年（1778年）刻本。

（清）许容、李迪等：《（乾隆）甘肃通志（上）》，刘光华等点校，兰州大学出版社 2018 年版。

（清）张金城修，杨浣雨纂：《乾隆宁夏府志》，陈明猷点校，宁夏人民出版社 1992 年版。

（清）钟庚起：《甘州府志》，张志纯等点校，甘肃文化出版社 2008 年版。

（清）左宗棠撰：《左宗棠全集札件》，刘泱泱等校点，岳麓书社 2014 年版。

（清）左宗棠：《左宗棠全集奏稿（6）》，罗文华校点，岳麓书社 1992 年版。

包头市政协文史资料委员会：《包头文史资料选编》。

陈重民：《今日中国贸易通志》，商务印书馆 1924 年版。

陈祖槼、朱自振编：《中国茶叶历史资料选辑》，中国农业出版社 1981 年版。

戴季陶等：《西北》，《新亚细亚学会》，1933 年。

邓承伟等：《西宁府续志》，青海印刷局 1938 年版。

甘肃省地方史志编纂委员会：《甘肃省志·外经贸志》，甘肃文化出版社 2005 年版。

国家民委《民族问题五种丛书》编辑委员会、《中国民族问题资料·档案集成》编辑委员会编：《当代中国民族问题资料·档案汇编〈民族问题五种丛书〉及其档案集成 第 5 辑 中国少数民族社会历史调查资料丛刊 第 67 卷》，中央民族大学出版社 2005 年版。

湟源县志编纂委员会：《湟源县志》，陕西人民出版社 1993 年版。

康敷镕：《青海志》，台北：成文出版社 1968 年版。

李文海：《民国时期社会调查丛编·少数民族卷》，福建教育出版社 2005 年版。

梁份：《秦边纪略》，青海人民出版社 1987 年版。

廖兆骏：《绥远志略》，正中书局 1937 年版。

临夏市政协：《临夏市文史》。

贸易委员会西北办事处调查课：《甘肃羊毛调查报告》，贸易委员会西北办事处调查课，1943 年。

岷县编纂委员会办公室：《岷州志校注》，1988 年。

西宁城中文史资料编委会：《西宁城中文史资料》（内部资料）。

宁夏区政协文史资料委员会：《宁夏文史资料》。

宁夏通志编纂委员会编：《宁夏通志·行政建置卷》，方志出版社 2010 年版。

《宁夏资源志》，宁夏省政府，1946 年。

秦孝仪：《革命文献》，台北：文物供应社 1982 年版。

青海省地方志编纂委员会：《青海省志·商业志》，青海人民出版社 1993 年版。

青海省地方志编纂委员会：《青海省志·宗教志》，西安出版社 2000 年版。

青海省委员会文史资料研究委员会：《青海文史资料选辑》。

青海省政协学习和文史委员会：《青海文史资料集萃》（工商经济卷），2001 年。

青海省志编纂委员会：《青海历史纪要》，青海人民出版社 1980 年版。

全国政协文史资料委员会：《文史资料存稿选编》。

升允、长庚、安维峻：《中国西北文献丛书》，兰州古籍书店 1990 年版。

石嘴山市志编纂委员会：《石嘴山市志》，宁夏人民出版社 2001 年版。

天津市地方志编修委员会办公室、天津图书馆编：《〈益世报〉天津资料点校汇编》，天津社会科学院出版社 1999 年版。

铁道部业务司商务科：《陇海铁路甘肃段经济调查报告书》，1935 年。

汪绎辰：《银川小志》，宁夏人民出版社 2000 年版。

王昱：《青海方志资料类编》（上册），青海人民出版社 1987 年版。

吴丰培：《豫师青海奏稿》，青海人民出版社 1981 年版。

吴生贵、王世雄等：《肃州新志校注》，中华书局 2006 年版。

《新修支那省别全志》宁夏史料辑译，和龚、任德山译，燕山出版社 1995 年版。

徐保宇：《平罗记略》，宁夏人民出版社 2003 年版。

许道夫：《中国近代农业生产及贸易统计资料》，上海人民出版社 1988 年版。

杨建新：《中国西北文献丛书续编·西北史地文献》，甘肃文化出版社 1990 年版。

杨景福：《青海商业志》，青海人民出版社 1989 年版。

姚钧：《贵德县志（简本）》，青海省图书馆油印本。

叶超编纂：《（民国）固原县志》，宁夏人民出版社 1992 年版。

张国常：《重修皋兰县志》，1917 年。

张克复等：《五凉全志校注》，甘肃人民出版社 1999 年版。

张其昀：《夏河县志稿》，台北：成文出版社 1970 年版。

张廷武：《丹噶尔厅志》，甘肃官报书局铅印本，清宣统二年。

赵尔巽：《清史稿》，中华书局 1977 年版。

政协甘肃省酒泉市委员会等编：《酒泉文史资料》。

中国第二历史档案馆：《中华民国史档案资料汇编》，凤凰出版社 2018 年版。

中国第二历史档案管、中国海关总署办公厅：《中国旧海关史料（1859—1948）》，京华出版社 2001 年版。

中国第一历史档案馆编：《清代档案史料丛编》，中华书局 1984 年版。

中国人民政治协商会议甘肃省兰州市委员会文史资料研究委员会编：《兰州文史资料选辑》，1984 年。

中国人民政治协商会议甘肃省委员会文史资料研究委员会编：《甘肃文史资料选辑》，甘肃人民出版社 1987 年版。

中国人民政治协商会议湟源县委员会文史资料组：《湟源文史资料（内部资料）》，青海省湟源县印刷厂 1996 年版。

周希武：《玉树县志稿》，台北：成文出版社 1968 年版。

二 著作

［美］E. A. 罗斯：《E. A. 罗斯眼中的中国》，晓凯译，重庆出版社 2004 年版。

［美］Hsiao liang-lin, *China's Foreign Trade Statistics*, 1864–1949, Harvard University press Cambridge, Mass., 1974.

［法］白吉尔：《中国资产阶级的黄金时代（1911—1937）》，张富强、许世芬译，上海人民出版社 1994 年版。

［俄］鲍戈亚夫连斯基：《长城外的中国西部地区》，商务印书馆 1980 年版。

［美］道格拉斯·C. 诺思：《经济史中的结构与变迁》，陈郁、罗华平等

译，上海三联书店、上海人民出版社 1994 年版。

［美］道格拉斯·C. 诺斯：《西方世界的兴起》，历以平等译，华夏出版社 1999 年版。

［法］费尔南·布罗代尔：《菲利普二世时代的地中海和地中海世界（上卷）》，唐家龙等译，商务印书馆 1996 年版。

［法］费尔南·布罗代尔：《15 至 18 世纪的物质文明、经济和资本主义》，顾良、施康强译，生活·读书·新知三联书店 1992 年版。

［法］费尔南·布罗代尔：《资本主义的动力》，杨起译，生活·读书·新知三联书店 1997 年版。

［美］费正清、费维恺：《剑桥中华民国史（下卷）》，中国社会科学出版社 1993 年版。

［加］贡德·弗兰克：《白银资本：重视经济全球化中的东方》，刘北成译，中国编译出版社 2000 年版。

［日］几志直方：《西北羊毛贸易と回教徒の役割》，东京：东亚研究所昭和 15 年（1940 年）。

［美］柯文：《在中国发现历史——中国中心观在美观的兴起》，林同奇译，中华书局 1989 年版。

［俄］克拉米息夫（W. Karamisheff）：《中国西北部之经济状况》，王正旺译，商务印书馆 1933 年版。

［美］拉铁摩尔：《中国的亚洲内陆边疆》，唐晓峰译，江苏人民出版社 2008 年版。

［美］罗威廉：《汉口：一个中国城市的商业和社会（1796—1889）》，中国人民大学出版社 2005 年版。

［美］乔纳森·特纳：《社会学的理论结构》，邱泽奇等译，华夏出版社 2001 年版。

［美］萨丽、拉齐恩等：《哈耶克与古典自由主义》，秋风译，贵州人民出版社 2003 年版。

［日］杉山正明：《游牧民的世界史》，黄美蓉译，北京时代华文书局 2020 年版。

［美］施坚雅：《中国的农村市场和社会结构》，史建云、徐秀丽译，中国社会科学出版社 1998 年版。

［美］施坚雅主编：《中华帝国晚期的城市》，叶光庭等译，中华书局2002年版。

Chin Chien Yin, *Wool Industry And Trade In China*（金建寅《中国羊毛业》），天津工商学院经济论文，1937年。

毕鸣岐：《天津的洋行与买办》，天津人民出版社1986年版。

蔡凤林：《中国农牧文化结合与中华民族的形成》，中国财政经济出版社2000年版。

陈赓雅：《西北考察记》，甘肃人民出版社2002年版。

陈琦：《黄河上游航运史》，北京人民交通出版社1999年版。

陈庆德：《经济人类学》，人民出版社2001年版。

陈澤湉：《宁夏省经济概要》，中国殖边社1934年版。

陈正祥：《河西走廊》，国立中央大学理科研究所地理学部专刊，1943年。

崔永红：《青海经济史（古代卷）》，青海人民出版社1998年版。

戴季陶等：《西北》，新亚细亚学会，1933年。

党诚恩、陈宝生：《甘肃民族贸易史稿》，甘肃人民出版社1988年版。

邓亦兵：《清代前期商品流通研究》，天津古籍出版社2009年版。

丁焕章：《甘肃近现代史》，兰州大学出版社1989年版。

丁馨伯：《市场学原理》，世界书局1934年版。

杜景琦：《兰州之水烟业》，兰州伦华印书馆1947年版。

多洛肯：《西北民族文献与文化研究丛书 明清甘宁青进士征录》，上海古籍出版社2018年版。

范长江：《塞上行》，新华出版社1980年版。

范长江：《中国的西北角》，新华出版社1980年版。

冯福宽：《陕西回族史》，陕西人民出版社1997年版。

傅安华：《傅安华西北社会经济研究论文选（1934—1941）》，安徽大学出版社2016年版。

傅衣凌：《明清时代商人及商业资本》，中华书局2007年版。

傅作霖：《宁夏考察记》，南京正中书局1935年版。

甘肃省档案馆、张蕊兰等编：《甘肃近代工业珍档录》，甘肃文化出版社2013年版。

甘肃省银行经济研究室编：《甘肃之特产》，甘肃省银行总行1944年版。

高长柱:《边疆地区论文集》,正中书局 1948 年版。

高荣:《河西通史》,天津古籍出版社 2011 年版。

顾颉刚:《西北考察日记》,达浚、张科点校,甘肃人民出版社 2002 年版。

顾执中、陆诒:《到青海去》,商务印书馆 1933 年版。

顾祖禹:《读史方舆纪要》,中华书局 2005 年版。

关丙胜:《民国时期的河湟地方社会》,知识产权出版社 2014 年版。

郝延平:《十九世纪的中国买办——东西间桥梁》,上海社会科学院出版社 1989 年版。

何一民:《20 世纪中国西部中等城市与区域发展》,巴蜀书社 2005 年版。

胡铁球:《明清歇家研究》,上海古籍出版社 2015 年版。

黄正林:《农村经济史研究:以近代黄河上游区域为中心》,商务印书馆 2015 年版。

蒋经国:《伟大的西北》,宁夏人民出版社 2001 年版。

李清凌:《西北经济史》,人民出版社 1997 年版。

李明伟:《丝绸之路与西北经济社会研究》,甘肃人民出版社 1992 年版。

李之干:《畜产品》,商务印书馆 1948 年版。

梁丽霞:《阿拉善蒙古研究》,民族出版社 2006 年版。

《列宁全集》(第 20 卷),人民出版社 1958 年版。

《列宁选集》(第 38 卷),人民出版社 1959 年版。

林竞:《西北丛编》,神州国光社 1931 年版。

林竞:《蒙新甘宁考察记》,甘肃人民出版社 2003 年版。

林鹏侠:《西北行》,宁夏人民出版社 2000 年版。

林永匡、王熹:《清代西北民族贸易史》,中央民族学院出版社 1991 年版。

刘峰:《经济选择的秩序一个交易经济学理论框架》,上海交通大学出版社 2006 年版。

刘劲:《中心与边缘——国民党政权与甘宁青社会》,天津古籍出版社 2004 年版。

刘向东:《兰州服务志》,甘肃人民出版社 1993 年版。

陆亭林:《青海省幕帐经济与农村经济之研究(上、下卷)》,出版者、出版年不详。

罗澍伟：《近代天津城市史》，中国社会科学出版社1993年版。

马鹤天：《西北考察记·青海篇》，台北：南天书局有限公司1987年版。

马鹤天：《甘青藏边区考察记》，甘肃人民出版社2003年版。

《马克思恩格斯选集》，人民出版社1972年版。

马克思：《资本论》，人民出版社1975年版。

马敏：《官商之间——社会剧变中的近代绅商》，天津人民出版社1995年版。

马敏：《商人精神的嬗变——辛亥革命前后中国商人观念研究》，华中师范大学出版社2011年版。

马啸：《左宗棠在甘肃》，甘肃人民出版社2005年版。

孟锡珏：《北京地毯业调查记》，北京京华印书局1924年版。

穆相林：《新疆民族贸易》，中国商业出版社1993年版。

宁欣：《中华大典 经济典 商业城市贸易分典》，巴蜀书社2017年版。

潘益民：《兰州工商业与金融》，商务印书馆1936年版。

庞玉洁：《开埠通商与近代天津商人》，天津古籍出版社2004年版。

彭慕兰：《大分流》，史建云译，江苏人民出版社2003年版。

彭泽益编：《中国近代手工业史资料》，生活·读书·新知三联书店1957年版。

秦永章：《甘宁青地区多民族格局形成史研究》，民族出版社2005年版。

曲金良：《中国海洋文化史长编·典藏版 上、中、下》，中国海洋大学出版社2017年版。

全国经济委员会：《毛织工业报告书》，太平洋印刷公司1935年版。

任美锷：《任美锷地理论文选》，商务印书馆1991年版。

上海市工商行政管理局毛纺史料组、上海市毛麻纺织工业公司毛纺中料组编：《上海民族毛纺织工业》，中华书局1963年版。

施林：《经济人类学》，中央民族大学出版社2002年版。

绥远分县物产图：《附阿拉善、额济纳旗》，文岚簃印书局1937年版。

谭文熙：《中国物价史》，湖北人民出版社1994年版。

唐力行：《商人与中国近世社会》，商务印书馆2006年版。

汪公亮：《西北地理》，正中书局1936年版。

汪敬虞：《唐廷枢研究》，中国社会科学出版社 1983 年版。

汪熙：《求索集》，上海人民出版社 2017 年版。

王笛：《跨出封闭的世界——长江上游区域社会研究》，中华书局 1993 年版。

王金绂：《西北地理》，立达书局 1932 年版。

王劲：《甘宁青民国人物》，兰州大学出版社 1995 年版。

王铭铭：《社会人类学与中国研究》，广西师范大学出版社 2002 年版。

王铁崖：《中外旧约章汇编（第 1 册）》，生活·读书·新知三联书店 1957 年版。

王一成、韦苇：《陕西古近代对外经济贸易研究》，陕西人民出版社 1990 年版。

王昱、聪喆：《青海简史》，青海人民出版社 1992 年版。

王志文：《甘肃省西南边区考察日记》，甘肃省银行经济研究室 1942 年版。

王致中、魏丽英：《明清西北社会经济史研究》，三秦出版社 1996 年版。

魏明孔、杜常顺：《历史上西北民族贸易与民族地区经济开发》，中国社会科学出版社 2012 年版。

魏永理主编：《中国西北近代开发史》，甘肃人民出版社 1993 年版。

吴承明：《中国的现代化：市场与社会》，生活·读书·新知三联书店 2001 年版。

吴慧：《翰苑探史——中国经济史论集萃二十五题》，中国经济出版社 2010 年版。

吴觉农、胡浩川：《中国茶叶复兴计划》，商务印书馆 1935 年版。

吴觉农：《中国地方志茶叶历史资料选辑》，中国农业出版社 1990 年版。

席微庸：《西北》，中华平民教育促进会 1937 年版。

夏秀瑞、孙玉琴：《中国对外贸易史》，对外经济贸易大学出版社 2001 年版。

萧梅性：《兰州商业调查》，陇海铁路管理局 1935 年版。

萧正洪：《环境与技术选择——清代中国西部地区农业技术地理研究》，中国社会科学出版社 1998 年版。

徐安伦、杨旭东：《宁夏经济史》，宁夏人民出版社 1998 年版。

徐旭：《西北建设论》，中华书局1945年版。

宣侠父：《西北远征记》，达浚、宗华点校，甘肃人民出版社2002年版。

薛仰敬：《兰州古今碑刻》，兰州大学出版社2002年版。

严重敏：《西北地理》，大东书局1946年版。

阳春：《制度正义论》，广东人民出版社2016年版。

杨建新：《中国西北少数民族史》，民族出版社2003年版。

杨劲支：《建设甘青宁三省刍议》，京华印书馆1931年版。

杨重琦：《百年甘肃》，敦煌文艺出版社2001年版。

杨重琦、魏明孔：《兰州经济史》，兰州大学出版社1991年版。

姚建根：《江南城镇通史》，上海人民出版社2017年版。

翟天松：《青海经济史（近代卷）》，青海人民出版社1998年版。

张其昀：《张其昀先生文集》，台北：中国文化大学出版部，1988年版。

章开沅、罗福惠：《比较中的审视：中国早期现代化研究》，浙江人民出版社1993年版。

赵竞南：《中国茶叶之研究》，北京银行月刊社1926年版。

政协甘肃省委员会文史资料委员会：《西北近代工业》，甘肃人民出版社1989年版。

中国近代纺织史编辑委员会编：《中国近代纺织史·下（1840—1949）》，中国纺织出版社1997年版。

周希武：《宁海纪行》，甘肃人民出版社2002年版。

周希武：《玉树调查记》，青海人民出版社1986年版。

周振鹤：《青海》，台北：南天书局有限公司，1987年。

朱英：《近代中国商人与社会》，湖北教育出版社2002年版。

三　期刊论文

［美］詹姆斯·艾·米尔沃德：《1880年—1909年回族商人与中国边境地区的羊毛贸易》，李占魁译，《甘肃民族研究》1989年第4期。

白寿彝：《清嘉庆二十五年石嘴山新街碑》，《回族研究》2000年第3期。

白振声：《茶马互市及其在民族经济发展史上的地位和作用》，《中央民族学院学报》1982年第3期。

炳炳：《兰州水烟之衰落》，《拓荒》1933年第2期。

曹博如：《水烟事业在兰州》，《农林新报》1935 年第 20 期。

陈国钧：《阿拉善旗经济状况》，《经济汇报》1944 年第 11 期。

陈君静：《近三十年来美国的中国地方史研究》，《史学史研究》2002 年第 1 期。

陈新海：《青甘宁民族关系的基本框架探析》，《青海民族研究》1998 年第 4 期。

达乌德：《驼家生活》，《西北论衡》1936 年第 6 期。

丁逢白：《西北的畜牧业》，《蒙藏月报》1936 年第 4 期。

《定远营商业概况》，《边疆经济》1944 年第 11 期。

杜常顺：《明清时期黄河上游地区少数民族经济浅论》，《青海社会科学》1995 年第 4 期。

樊如森：《清代民国时期西北区域市场的发育和整合——以茶叶贸易为中心》，《江西社会科学》2016 年第 9 期。

樊如森：《民国时期西北市场体系的构建》，《中国经济史研究》2006 年第 3 期。

樊如森、杨敬敏：《清代民国西北牧区的商业变革与内地商人》，《历史地理》2011 年第 25 期。

傅安华：《西北的皮毛及皮毛工业》，《抗建》1939 年第 18 期。

顾谦吉：《西北羊毛业调查报告》，《资源委员会季刊》1942 年第 1 期。

顾少白：《甘宁青三省羊毛之生产》，《中农月刊》1943 年第 4 期。

顾少白：《甘肃陇东羊毛皮货初步调查报告》，《西北经济》1941 年第 5、6、7 合刊期。

韩在英：《宁夏羊毛产销概况》，《中农月刊》1945 年第 5 期。

胡鸣龙：《西北垦殖的今昔》，《新亚细亚》1936 年第 1 期。

胡铁球：《近代西北皮毛贸易与社会变迁》，《近代史研究》2007 年第 4 期。

胡小鹏、敏政：《明代茶马制度新论——以卫所属番体制为中心》，《青海民族研究》2018 年第 2 期。

胡元民：《经济部西北工业考察通讯（下）》，《民国档案》1996 年第 1 期。

黄正林：《近代西北皮毛产地与流通市场》，《史学月刊》2007 年第 3 期。

黄正林：《民国时期宁夏农村经济研究》，《中国农史》2006 年第 2 期。

焦席襟：《黄河上的皮筏》，《现代邮政》1948 年第 6 期。

警中：《以天津为输出港之蒙古及西北各省的产毛研究》，《边事研究》1936 年第 5 期。

黎小苏：《青海建省之经过》，《新亚细亚》1934 年第 3 期。

李建国：《近代甘青农牧区商贸活动问题探析》，《西北师大学报》2016 年第 2 期。

李德宽：《西北回族"复合型经济"与宏观地缘构造的理论分析》，《回族研究》2003 年第 4 期。

李锐才：《包头之羊毛》，《国货研究月刊》1932 年第 1 期。

李晓英：《近代西北羊毛市场的交易方式》，《青海民族大学学报》2012 年第 4 期。

李晓英：《民国时期甘宁青的羊毛市场》，《兰州大学学报》2010 年第 1 期。

李晓英：《双重因素制约下的羊毛贸易（1894—1937 年）——以甘宁青为中心的考察》，《西北师大学报》2011 年第 5 期。

李自发：《青海之蒙藏问题及其补救方针》，《新青海》1933 年第 12 期。

梁桢：《近年来我国之羊毛贸易》，《贸易半月刊》1939 年第 6、7 期合刊。

廖兆骏：《兰州的金融业》，《钱业月报》1932 年第 5 期。

林刚：《关于斯密型动力及其对中国经济的影响》，《中国经济史研究》2006 年第 4 期。

刘鸣龙：《西北垦殖的今昔》，《新亚细亚》1936 年第 1 期。

刘友琛：《开发西北与中国经济之前途》，《西北问题》1935 年第 3 期。

龙登高：《中国传统市场的整合——11—19 世纪的历程》，《中国经济史研究》1997 年第 2 期。

陆亭林：《青海皮毛事业之研究》，《拓荒》1935 年第 1 期。

马鹤天：《青海产业之现状与其将来》，《新亚细亚》1930 年第 2 期。

慕少堂：《甘宁青疆域沿革考》，《新西北》1939 年第 1—2 期。

聂光达：《中国羊毛贸易（续）》，《综合评论》1948 年第 3 期。

《西宁商业调查》，《政治成绩统计》1936 年第 2 期。

乔南：《商路、城市与产业——晋商对近代西北经济带形成的作用》，《经济问题》2015 年第 5 期。

乔玉琇:《西北畜牧事业之检讨》,《新青海》1936 年第 5 期。

《青海贵德县畜牧概况》,《新青海》1936 年第 5 期。

《青海皮业调查》,《中行月刊》1934 年第 6 期。

尚际运:《西北羊毛与出口贸易》,《西北资源》1941 年第 5 期。

邵彦涛:《客商与同籍专业化模式:近代兰州客商的产业链条探析》,《湖北师范学院学报》2012 年第 5 期。

生入:《西北畜牧之利益》,《生活日报》1914 年第 2 期。

守实:《西北畜牧业概况》,《建国月刊》1936 年第 1 期。

舒联莹、焦培桂:《兰州水烟之产销与制造》,《农业推广通讯》1943 年第 10 期。

粟显倬:《甘青之畜牧》,《开发西北》1935 年第 6 期。

汤逸人:《西北皮毛业之现状及其前途》,《建国月刊》1936 年第 6 期。

唐晓峰:《长城内外是故乡》,《读书》1998 年第 4 期。

陶德臣:《清代民国时期西北茶叶市场空间分析》,《贵州茶叶》2015 年第 1 期。

西庭译:《甘肃定远营纪游》,《国文周报》1923 年第 15 期。

王化南:《西北毛业鸟瞰》,《新西北(甲刊)》1942 年第 1、2、3 期。

王建、张折桂:《甘肃羊毛产量的估计》,《新西北(甲刊)》1942 年第 1、2、3 期合刊。

王兴荣:《张掖经济概况》,《甘肃贸易季刊》1943 年第 2—3 期。

王自强:《中国羊毛之探讨(续)》,《新青海》1934 年第 11 期。

魏英邦:《中国羊毛事业之概况》,《实业计划》1934 年第 2 期。

魏崇阳:《西北巡礼(续)》,《新亚细亚》1934 年第 6 期。

魏丽英:《西北市场的地理格局与商路》,《甘肃社会科学》1996 年第 4 期。

翁文灏:《开发西北经济问题》,《中央银行经济汇报》1942 年第 10 期。

《我国羊毛及牧羊业》,《银行周报》1919 年第 5 期。

《我国羊毛之交易及其集散地》,《国际贸易情报》1936 年第 8 期。

吴汲:《如何挽救兰州水烟业》,《烟草月刊》1948 年第 1 期。

吴雄飞:《中国羊毛业》,《工商半月刊》1935 年第 3 期。

吴兆名：《西北畜牧业概述》，《中国实业杂志》1935 年第 7—12 期。

许元方：《忆兰州》，《笔谈》1941 年第 1 期。

许宗舜：《黄河上游的皮筏》，《旅行杂志》1944 年第 9 期。

杨红伟：《近代西北羊毛贸易研究中的几个问题》，《兰州大学学报》2019 年第 5 期。

业：《青海羊毛事业之现在及将来》，《新青海》1933 年第 4 期。

业：《青海羊毛事业之现在及将来（续）》，《新青海》1933 年第 5 期。

叶知水：《青海茶市》，《中央银行汇报》1944 年第 4 期。

易海阳：《宁夏省经济概况（下）》，《西北论衡》1937 年第 11—12 期。

张桂海：《河西羊毛产销概况（上）》，《贸易月刊》1942 年第 8 期。

张桂海：《河西羊毛产销概况（下）》，《贸易月刊》1942 年第 9 期。

张桂海：《最近我国羊毛对外贸易分析》，《贸易月刊》1941 年第 8 期。

张萍：《官方贸易主导下清代西北地区市场体系的形成》，《清史研究》2016 年第 6 期。

张其昀：《甘宁青三省之商业》，《方志》1935 年第 11、12 期合刊。

张其昀：《青海省人文地理志》，《资源委员会季刊》1942 年第 1 期（西北专号）。

张其昀、任美锷：《甘肃省人文地理志》，《资源委员会季刊》1942 年第 1 期（西北专号）。

张泰：《酒泉县现状》，《陇铎》1945 年第 4—5 期。

张羽新：《肃州贸易考略（上）》，《新疆大学学报》1986 年第 3 期。

张元彬：《拉不楞之畜牧》，《方志》1936 年第 3—4 期。

张元彬：《青海蒙藏两族的经济政治及教育》，《新青海》1933 年第 10 期。

张元彬：《青海蒙藏两族的生活?》，《新青海》1933 年第 1 卷第 3 期。

张元彬：《青海蒙藏牧民之畜牧状况》，《新亚细亚》1933 年第 6 期。

张元彬：《一蹶不振的青海羊毛事业》，《新青海》1933 年第 9 期。

张之毅：《西北羊毛调查》，《中农月刊》1942 年第 9 期。

张芝联：《费尔南·布罗代尔的史学方法》，《历史研究》1986 年第 2 期。

《中国毛织业之供求关系》，《工商半月刊》1929 年第 2 期。

四 报纸

《兰州水烟分黄绿两种为甘省名产 产量极丰为出品之大宗》,《西京日报》1934年1月27日第6版。

《兰州特产品黄条烟出台》,《申报》1912年4月13日第1版。

《兰州烟坊 营业萧条万分 发卖两行现仅有廿一家》,《中央日报》1933年7月8日第6版。

生入:《西北畜牧之利益》,《生活日报》1914年2月1日第2版。

《水烟市面近况》,《新闻报》1921年6月27日第14版。

汤亮公:《水烟筒赋》,《无线电》1926年4月16日第3版。

邬翰芳:《西北的畜牧与毛皮工业》,《西京日报》1944年1月27日第3版。

五 学位论文

[美]查理斯·格利尔:《青海省,文化边境的变革》,硕士学位论文(未刊稿),华盛顿大学,1969年。